U0594521

民族传统体育运动之美：
体育教学应用与传承发展

徐明杰◎著

吉林科学技术出版社

图书在版编目（CIP）数据

民族传统体育运动之美：体育教学应用与传承发展 /
徐明杰著. -- 长春：吉林科学技术出版社，2024. 8.
ISBN 978-7-5744-1708-3

Ⅰ. G852.9

中国国家版本馆 CIP 数据核字第 2024NG8870 号

民族传统体育运动之美：体育教学应用与传承发展

著	徐明杰	
出 版 人	宛 霞	
责任编辑	安雅宁	
封面设计	金熙腾达	
制 版	金熙腾达	
幅面尺寸	170mm×240mm	
开 本	16	
字 数	257 千字	
印 张	16.5	
印 数	1~1500 册	
版 次	2024年8月第1版	
印 次	2024年12月第1次印刷	

出　　版　吉林科学技术出版社
发　　行　吉林科学技术出版社
地　　址　长春市福祉大路5788号出版大厦A座
邮　　编　130118
发行部电话/传真　0431-81629529 81629530 81629531
　　　　　　　　　81629532 81629533 81629534
储运部电话　0431-86059116
编辑部电话　0431-81629510
印　　刷　三河市嵩川印刷有限公司

书　　号　ISBN 978-7-5744-1708-3
定　　价　98.00元

前 言

民族传统体育是中华民族文化的瑰宝。它在文化全球化发展的今天，对促进我国民族传统体育在世界范围的传播、培养民族传统体育优秀人才、弘扬我国优秀传统文化具有重要的现实意义。现阶段，随着社会环境不断变化、人们思想观念不断更新、体育全球化不断发展，我国民族传统体育也必须顺应时代发展潮流，不断进行改革和创新。

民族传统体育作为中华民族文化的重要内容，对我国高校体育健康教学有着至关重要的作用。在国家倡导传承和弘扬民族文化的背景下，民族传统体育不仅能为我国高校体育教育改革注入新鲜活力，还能在很大程度上弘扬民族传统体育文化。对在校大学生来说，强健的体魄是其学有所成、学有所为、服务社会的基本前提，也是中华民族优秀人才体质强盛的体现。将民族传统体育文化融入大学生体育健康教育中，不仅能增强大学生身体素质，而且能提升大学生的民族认同感与自豪感。

本书是探讨民族传统体育与教育教学方向的书籍，主要研究民族传统体育运动在高校体育教学中的应用与传承发展。本书从民族传统体育的基础理论入手，对民族传统体育的内容、分类、特点、功能及文化内涵做了简要说明；其次，分析了民族传统体育教学理论知识，着重对娱乐项目、武术项目及搏击项目的教学实践进行了研究探讨；再次，结合健康教育对民族传统体育在高校学生体育健康教学模式中的融合发展做了剖析；最后，对多维视角下民族传统体育的发展及教学创新提出了一些建议，对民族传统体育的教学传承与创新有一定的借鉴意义。

作 者

2024 年 5 月

目　录

第一章 民族传统体育概述

我国是一个有着众多民族的国家，也是一个历史悠久的文明古国。在我国5000多年的发展历史中，民族传统体育随着社会经济和生产力的发展逐渐形成了丰富多彩的传统体育项目。首先，本章节对民族传统体育进行了分类和内容梳理，明确了其多样性和广泛性。接着，深入探讨了民族传统体育的独特特点和功能，强调了其在增强体质、传承文化、促进社会和谐等方面的重要作用。最后，章节着重分析了民族传统体育的文化内涵，揭示了其在反映民族精神、维系民族认同、丰富民族文化生活方面的重要价值。通过这一章节的学习，读者可以全面了解民族传统体育的多维度特征，认识到其在当代社会中的重要地位和积极作用。

第一节 民族传统体育的内容与分类

一、民族传统体育的内容

（一）武术

1. 概念

总体上来讲，关于武术的定义是在中华人民共和国成立之后开始不断走向成熟并不断得到完善的。诸多专家和学者普遍认同武术属于传统体育的范畴，不仅将武术纳入体育中，还对武术的运动形式进行了清晰的界定。不仅如此，对于武术的内涵及特征都进行了详细的阐释。尽管对武术的定义存在细微的差别，但一致的观点是，武术尽管在某些功能上属于体育的范畴，但它还拥有很多内涵，而且蕴含着许多民族传统优秀文化。从这个层面来讲，武术又高于一般体育的概念。因此，应该辩证地看待武术和体育的关系。

2. 内容与分类

如今，武术已然成为一种全世界人们喜爱的体育项目，武术的种类有很多，每个民族的武术都带有自己民族的风格，相应地，也具有展现自己民族特色的套路。总体来讲，武术分为"击"和"舞"。具体来讲，"击"就是技击的意思，最早是指徒手搏斗的拳术，现在已经发展为搏击敌人的武艺，武术的这一层意义已经在人们心中根深蒂固；"舞"也就是武舞，举个例子来说，就是如今的武术套路动作，是以表演为目的，与"技击"不同。

武术的分类可按照以下两种方式：

第一，根据武术的形式划分，武术的形式有很多种，大体上主要分为两种：一种是用来表演的套路运动；另一种是用来对抗敌人的搏斗运动。具体来讲，套路运动选材于技击动作，通过分析攻守进退、动静疾徐、刚柔虚实等矛盾运动的变化后，编成的成套的练习形式。根据套路的演练形式，又可以将套路运动分为三种类型，即单练、对练和集体演练。搏斗运动是指在一定的条件下，两个人按照一定的规则进行对抗性的实战运动。在这类武术运动中，甚至有一些已经列为比赛项目，比如散打、推手等。

第二，根据武术的功能划分，武术的功能有很多种，主要可以分为四大类，即竞技武术、健身武术、实用武术和学校武术。

（二）导引术

导引术也是一种运动方式，其特点是以肢体为主，配合吐纳。意、气、形三者合一是其主要特点，主要作用是用来养生健体或者康复体疗。我国秦汉时期是导引术发展比较繁盛的时期。纵观史料，在《淮南子》中我们可以发现有关利用模仿动物进行养生练习的记载，比如"鸟伸""熊经""虎顾""猿耀""凫浴""鸱视"等，这也就是后来所谓的"六禽戏"。

迄今，关于导引术的可靠的记载，是1973年在湖南长沙马王堆3号西汉墓中出土的一幅《导引图》。这也是迄今为止最早最完整的导引图解。在这幅图中，我们可以看到大量模仿动物形态的仿生类导引。由此可见，我国古代的体育具有鲜明的仿生性。如今，导引术已经经历了数千年的发展历程，早已发展为一个博大精深的养生和医疗体系。

秦汉时期的导引术得到了巨大的发展，在秦汉以后，先秦的阴阳五行哲学一直影响着导引术的发展，加上精、气、神等原理的推动，一种名为"行气术"的体系开始形成并得到发展。行气又称为吐纳、炼气、服气、胎息等，是一种在意念引导下，按照一定的规律进行的呼吸锻炼，这种养生功法也得到了我国众多养生家的推崇。除了导引术、行气术之外，还有一种养生术也备受养生学家的推崇，那就是按摩术。大家所熟知的太极拳，在形式上属于武术，因为其整个过程可以说是一套成体系的拳法，并且具有技击的特性。但实际上太极是融导引、行气和按摩术为一体的一种养生体育。它完美地将武术和技击结合在一起，为我国养生体育的发展指明了方向。另外，保健养生按摩术的流行也充分体现了我国民族传统体育在发展过程中所具有的浓厚的中华民族传统体育文化的民族特色。

（三）民间体育游戏

民间体育游戏，顾名思义就是指在民间广为流传和开展的娱乐性活动，也是我国民族传统体育的一个重要组成部分。随着社会发展，已经有很多民间体育游戏被人们遗忘，但也有一些被保留了下来。民间体育游戏因其具有鲜明的趣味性，无论是在少年儿童中还是在成人中都很受欢迎，甚至有的体育游戏已经发展成了竞技项目或者杂技艺术。我国是一个多民族国家，每个民族都带有自己民族特色的民间体育游戏，因此我国民间体育游戏种类繁多，但在性质和方式方面又具有一定的相似性。

（四）少数民族传统体育

1. 概念

我国各族居民在千百年的演变和发展过程中创造了品类多样、风格各异、价值多元的传统体育活动，通过不同地域文化孕育而生的少数民族传统体育，可以窥见各少数民族居民的生存样态和生活状态，各民族的历史、文化、社会也不同程度地体现于内。

　　我国民族传统文化瑰宝。在我国幅员辽阔的大地上，生活着勤劳质朴的各族人民，他们在长期的生产生活中不断积累和沉淀，创造了风姿各异、内涵丰富的传统文化。其中，以身体为主要载体的传统体育，是一种最原始和最直接的情感表达方式，承载的是人们对于自然的敬畏、对于生活的体验和对于自我的认知。多姿多彩的少数民族体育还是广大各族群众集体智慧的表现和表达，既有个体项目也有集体项目；既以速度比拼为主的"赛马、赛牦牛和赛龙舟"，也有以命中率决出优胜的"射箭、射弩和吹枪"；既有比试力量的"抱石头"，也有比拼力量和技巧的"摔跤"；既有竞智的"藏棋"和"三三棋"，也有游戏类的"抱蛋"和"丢窝窝"……这些丰富多彩的传统体育项目并非孤立存在，而是于祖国大地上遍布各民族特色文化活动中。传统体育也发挥了超越体育本身的重要作用。例如：惊险刺激的赛马和独具特色的摔跤在蒙古族"那达慕"大会和彝族的"火把节"上均扮演了重要角色，藏族、蒙古族的系列赛马节（会）搭建了以传统体育为主题的物资交流平台，壮族的"陀螺节"和苗族的"独木龙舟"更是将传统体育和节日文化完美结合起来。分散于各地、在不同时节开展的传统体育活动异彩纷呈，以五彩斑斓的样貌和"各美其美、美美与共"的总体形态展现了我国民族传统体育文化的丰富、博大和厚重。

　　地域文化铸就个性品格。纵观不同品类和不同类型的传统体育，地域文化在其个性品格的形成过程中发挥了巨大作用。从宏观层面来看，广阔无垠的大草原孕育的是场面壮观的赛马活动，星罗棋布的河流湖泊孕育的是适应自然、便利生活的舟船项目，林深树茂的大森林孕育的是形制较小、远距使用的弓弩项目等。在中观层面，相同名称的传统体育活动在不同的地域，其表现形式、开展方式、特点特征具有较大的差异性，如赛马、摔跤这两种多个民族普遍开展的体育活动，在内蒙古、西藏、四川等地都存在很大程度的不同。具体到微观层面主要体现在两个方面：一是同一个民族内为分布地域不同而在传统体育器材制作的原材料上表现出较大的差异性；二是同属一类的传统体育活动也在不同民族中呈现多种表现形式。如秋千，在苗族、阿昌族中是"四人秋千和八人秋千"，在哈尼族、布依族则是能够水平循环旋转的"磨秋"，用大马车轮子做成的"轮子秋"在土族中备受欢迎，而纳西族、朝鲜族、满族等则喜欢用两根绳子拴在树上或架子上的秋千。对于少数民族传统体育的地域文化特性的审视应立足高远。从纵向维度来看，地域文化不仅形成了各传统体育活动外在的表现形式，也在很大程度上铸就了其文化内核和外延；从横向维度分析，地域文化中所囊括的各类传统文化之间也是彼此影响的，节日文化、饮食文化、宗教文化等都不同程度地影响了传统体育文化的个性品格。可以说，是地域文化造就了少数民族传统体育的丰富多彩，是地域文化赋予了少数民族传统体育深厚的文化内涵，是地域文化铸就了少数民族传统体育独特的个性品格。

2. 影响因素

（1）文化源地维度

一般意义上的文化源地是指某一文化事物、文化现象和文化系统最初产生的地方。从文化源地的维度对少数民族传统体育的地域文化特性进行研究，可以更好地厘清少数民族传统体育的源起、演变和发展与其所处地理空间之间的关系，使地域文化对于少数民族传统体育的影响得到更具体的呈现。

（2）文化生态维度

少数民族传统体育的存续和发展不仅受到自然环境因素的影响，不断演化的社会环境也在其发展过程中发挥了重要作用；少数民族传统体育与上述两种环境的相互关系，加之各族群众，共同构成了少数民族传统体育存在的文化生态。对此维度的探究，可以使环境对于少数民族传统体育特质的影响得以明晰，也可以明确其产生和发展过程中地域文化所发挥的作用。同时，少数民族传统体育这种文化事项是各族群众的集体选择，这种选择在多大程度上受到地域文化的影响也是一个有趣的主题。从文化生态的角度进行研究，或许会有许多地域文化对少数民族传统体育塑造方面的新发现。

（3）文化区维度

广义的文化区是指文化事物、文化现象和文化系统覆盖的地区。从文化区的层面探讨少数民族传统体育的分布，是基于但不局限于地理空间的关于少数民族传统体育的探寻，很大程度上会打破行政区划意义上的地理区域限制，从而寻得一个以民族或项目为划分标准的分布区域图。研究文化区意义上的少数民族传统体育分布，或许会探知更多少数民族传统体育地域文化的特性，因地域分布不同而导致的地域性差异也会因此找到更有趣味的原因。

（4）文化扩散维度

少数民族传统体育与广大民族的生活是密不可分的，民族迁徙也会导致传统体育的扩散。从概念上而言，文化扩散是指文化从一个社会传到另一个社会、从一区域传到另一区域，以及从一群体传到另一群体的互动现象。在民族迁徙的过程中，传统体育因地域环境改变而发生哪些改变？这种改变在多大程度上是由地域文化因素造成的？再者，改变的是外在表现形式还是传统体育项目所蕴含的内部文化因素？抑或传统体育扩散到新的地域之后如何与当地的地域文化融合？一系列问题都可以从文化扩散的维度探寻答案，因此，少数民族传统体育流动、变迁和重塑是一个值得深究的问题，文化扩散维度的研究会让诸多具体问题找到解疑的方向或窗口。

概而言之，作为中国传统文化重要组成的少数民族传统体育，在地域文化的滋养下形成了独特的个性品格，展现了民族传统文化的不同侧面，承载着民族传统文化的厚重，55个少数民族的传统体育活动就如同文化大花园里不同颜色的花朵绽放在中华大地上，以"多元"的存在共同构筑传统文化的"一体"。

二、民族传统体育的分类

（一）按民族风俗分类

民族风俗在民间的历史源远流长，是一种历史积淀，并深深植根于其中。它是族群在长期发展过程中不断累积、沉淀出来的，是其生存基础的文化体系，也体现了该族群的特征，并以此为一个族群在形成和发展过程中的重要基础，与各民族体育文化的发展紧密相连。总之，一个族群的历史背景与民族风俗，在很大程度上对其体育文化活动有着深远影响。

民族风俗在民族体育文化的历史发展过程中的关系如下：民族风俗作为一个民族的传统文化而存在，积淀并凝聚了民族的心理深层和精神底蕴，且外化在其社会行为和物质形态中，既对民众的言行有所规范，又传承了民族传统，使社会成员在多角度、多功能下受到了很大影响。民族体育文化的形成和发展，在很大程度上与一个族群的历史背景和传统民族风俗有关，文化风俗的象征和体现是指民族体育文化，其往往具有极大的影响力与深刻的文化内涵。

从本质出发，民族文化的因素之一和民族文化传播的主要载体都是民族的体育文化。这也代表着民族体育有利于民族文化传递，并且其发展又离不开民族风俗的不断丰富和积累。因此，民族文化传播的主要途径之一就是民族体育文化，同时其在民族风俗与民族文化之间也扮演着不可或缺的角色。

1. 传统劳动生活中的民族传统体育活动

中国的民族传统体育，很多都体现在民俗中。民俗实际上是一种传统文化，也是一种行为方式，这种行为方式是社会群体共同拥有的，经历世代相传而留存下来的。民俗作为一种文化，影响着人类文化的构成，在民俗中，我们可以看到一些专属于该民族或地区特有的元素或现象，比如历史形态、历史渊源、地理风貌的脉络等变化轨迹。当然，也可以感受到其多彩多姿的民族传统体育项目。

民俗中必不可少的主要部分有日常生活的风俗与传统劳动生产，其包括了非常丰富的民族传统体育的活动内容，例如苗族的"舂米舞"、彝族的"荞子舞"，还有其他民族的赛马等，这些民族传统体育从产生到流传的过程，无一不体现着它和人们传统的日常生活、劳动生产等风俗密切相关。

民族传统体育的起源可谓异彩纷呈，有的起源于军事战争，有的起源于祭祀，有的则直接起源于劳动生产。民族传统体育中，最重要的起源之一就是传统的劳动生产风俗。早期赫哲族为了培养孩子叉鱼的兴趣和技巧，会用草来编制成球，一个人将球扔在草地上让其滚动，另一个人则投掷鱼叉将草球叉住，这种风俗在后来已经成了一种风族传统的体育活动，就叫"叉草球"。此外，在北京地区的蒙古族和回族中也流传着一种习俗，是一种接力跑，名为"赶羊跑"，也是一项非常典型的传统生产风俗。

在各种传统生产和日常生活风俗中我们都可以发现民族传统体育活动的存在。这些民族体育活动与人们的生活和生产密切相关，其中联系最紧密的就是舞蹈了。举例来说，怒族是我国少数民族之一，生活在云南省怒江傈僳族自治州的泸水市，是一个能歌善舞的民族，他们的舞蹈特点鲜明，节奏感强，多为轻松欢快的风格。在有宾客来到的时候，怒族的人会跳一种特别欢快的"双人舞"，以对来宾表示欢迎之情；而当宾客离开的时候，怒族人还会跳"拜别舞"，以表达对宾客的不舍。除此之外，怒族的舞蹈还有很多种，比如欢庆节日的时候有"饮酒舞"，每次进行劳动之前有"出工舞"，当有人家要盖房子的时候有"盖房舞"，有新生儿降临的时候还会跳"生育舞"等。这些舞蹈就像怒族人民生活的写照，它们组成了一幅古朴的具有民族风俗的画卷，在图画上将中国民族传统体育所包含的中国传统生活和生产风俗刻画得惟妙惟肖。

2. 婚俗文化中的民族传统体育

（1）架起男女婚恋的桥梁

一些娱乐性较强的项目，常常成为婚恋过程中的重要媒介。每逢民族传统节日的时候，各民族都会有一些集会，在集会期间就会有很多体育项目的举行，这些活动在锻炼和娱乐之余，能够为青年人提供一个展现自我的平台，从而吸引自己心仪的姑娘。举个例子，布依族的"丢花包"、哈萨克族的"姑娘追"、壮族的"抛绣球"等都是这类活动。这些活动与其说是在节日里庆祝的活动，不如说是为青年男女提供了恋爱的机会。

开展民族传统的体育活动，可以使社群成员全都聚集在一处，同时当地的人口密度也会发生变化，这种变化也有利于社群成员进行直接的接触和了解，这样一来不仅提高了人们选择称心伴侣的概率，婚姻的成功率也会大大增加。社群成员虽然在传统体育活动中有了择偶的机会，但与此同时也对其有一定限制，那就是他们在择偶时要保证不会对社会秩序和社群生活有所损害。因此，相对自由的婚恋方式要既能满足社群需要，也能维护社会群体的两性关系，即它的调试作用非常重要。

（2）增添婚庆中的娱乐性

中国的许多民族在进行婚庆时，都会有一些传统的娱乐性体育活动，以此来表达人们开心幸福的心情。

比如高山族的妇女个个能歌善舞，有成婚后三日，会诸亲饮宴，妇女们艳妆赴集，以手相挽，面相对，举身摆荡，以足下轩轻应之，循环不断的风俗；还有塔吉克族的"刁羊"与苗族的"抢牛尾巴"等传统体育项目，这两类都是类似于抢亲的风俗，而羊和牛尾巴代表的是抢亲中的姑娘。实际上这些现存的争抢、抢亲的样式只是一种象征，是因为这些传统的体育活动能够带动起婚庆的愉快氛围，所以才被很好地传承下来，而且还成了中华民族婚俗的特色。

3. 节令与民族传统体育

中国各民族的传统体育是作为一种文化现象而存在的，另外，同样属于文化现象的还有中国传统的年节活动。

民族传统体育文化的重要属性之一是节令性，中华各民族中丰富多彩的年节活动给了民族传统体育表演的机会和舞台，还有传承和发展的空间，民族传统体育在年节中不断地发展和传承，同年节文化一起相互影响、交融。

（1）民族传统体育在年节中的继承与发展

年节的存在是为了给民族传统体育的发展和传承提供载体，而节日就是诸多民族传统体育文化中的重要载体。不同的节日蕴藏了多种不同民族的历史与文化，也有着大量具有民族性的思维方式、共同经验、审美情趣、价值观念和终极关怀等，并且还存在民族传统体育文化的多种形态，其中包含了传统体育价值的评价标准、体育活动的手段及审美情趣等。

年节中的民俗是产生民族传统体育的土壤，年节同时也是民族传统体育传承和发展的土壤。例如傣历新年共三天（有时四天）。第一天为除夕，傣语叫"宛多桑刊"，傣族各地要举行划龙舟、放高升和丢包活动。第二天（有时是两天）为空日，傣语叫"宛脑"，既不属于旧年，也不属于新年，是"空"下来的，在"空"日里，人们可以在家静静地休息，也可以上山打猎。泼水节期间，也要举行集体划龙舟、放高升、泼水、丢包等体育活动。另外，很多节日名称就是直接以单个体育活动的名称来命名的，如侗族的"斗牛节""舞春牛"，苗族的"龙船节"，等等。"目脑纵歌节"是景颇族庆祝丰收的节日，"目脑纵歌"是景颇族语的音译，意为"集体歌舞"。第三天叫"麦帕雅宛玛"，据说是帕雅宛的英灵返回人间之日，人们将这天称为"日子之王到来的一天"。

（2）年节文化与民族传统体育的相互交融

如今，组成年节文化的其中一部分已经少不了民族传统体育的存在。例如：在提到重阳节时，人们会自然而然地想到登高；提起春节，人们又会想到舞龙、舞狮；提到端午节，就是立马想到划龙舟等，还有清明踏青、十五观灯、傣族的泼水节等。这些传统的民族体育活动，早就在我们心里和那些难以忘记的民族传统节日相联系。即使是不同民族的节日时间、活动内容和纪念意义都不尽相同，但在节日民俗中，将民族传统体育作为重要的纪念活动的方式是相同的，并且有些民族传统体育项目还是节日中的重要动机。

在中国民族传统体育的发展历程中，年节文化对其有着深远的影响。可以说，民族传统体育的娱乐性发展，是在年节文化的基础上进行的。年节是一年中人们庆祝和欢乐的日子，最重视的就是娱乐性，因此其对于发展民族传统体育娱乐性来说，无形之中起到了很重要的促进作用，尤其是在年节活动中，如舞龙舞狮、龙舟竞渡等一些娱乐性很强的节目得到了很大的发展。

（3）其他民俗中的民族传统体育现象

逛庙会和花会实际上有着深远的历史，这类民俗在我国也是有很大影响的。人们在庆典上常常会举办一些民间文艺活动，如各类曲艺和杂耍等。在这之中，就不乏许多民族传统体育事项的存在；而在花会之中，其活动内容也丰富多样，旱船、舞狮、秧歌和高跷这些都是作为娱乐项目存在的。如今一些地方的走街花会之中，还有着先前保留下来的很多民族传统体育的锻炼手段，等到了那一天，就会有人敲锣打鼓、盛装彩扮，还会边走边舞。

（二）按不同民族分类

我国是一个多民族国家，每一个民族都有属于自己民族的并且带有自己民族特色的传统体育活动。这些体育活动都是该民族文化风俗的写照。我国有些民族中流传的传统体育活动有的是该民族所独有的，有的民族传统体育活动项目却能够在各民族中推广，这说明在我国众多民族中，有着相当大的一个范围内是不能够完全趋同的。因此，这就要求我们根据不同民族所开展的项目进行分类，深入了解各民族的各类体育项目的特点，以便更好地促进我国民族传统体育的发展。

（三）按性质和作用分类

1. 竞技类

竞技类的活动主要是指人们在规定的场所，按照一定的规则，采用规定的器械，进行技术、智力、体力方面的比赛。随着我国体育的发展，有些民族传统体育项目已经被列为全国民运会，这些项目包括珍珠球、龙舟、蹴球、毽球、木球、押加、秋千、抢花炮、打陀螺、武术、马术、射弩、民族式摔跤、踩高跷。作为全国民运会的项目，为了更好地适应比赛的需求，这些运动竞赛又分别设置了单人项目和集体项目。按照这些项目的特点，具体又可细分为多种类型，比如体能、竞速、命中、制胜、技艺等。

2. 娱乐类

娱乐类的民族传统体育的出现，是以休闲娱乐为目的的，因此相较于其他类型，往往具有较强的趣味性。这类体育项目的种类很丰富，不但包括棋艺等相对较安静的活动，还包括投掷、踢打、舞蹈等欢快热闹的活动。具体来讲，棋艺比赛主要是各种棋类活动，包括象棋、围棋等，一般比赛者都比较安静，是一个主要比拼智力的活动；投掷类的包括丢花包、抛沙袋等；踢打类的包括毽球、打飞棒等；舞蹈的种类就更加丰富了，包括接龙舞、跳芦笙、耍火龙等。

3. 健身养生类

随着人类社会的发展，人们在对抗疾病方面越来越重视，也就逐渐形成了健康养生类的一些体育项目，主要以强身健体、预防疾病为目的。项目的类型多种多样，例如太极拳、导引术等。由于这类活动一般用于预防疾病或者康复等用途，因此动作轻缓、运动强度小是其主要特点。一般经过人们长期锻炼后，能够增进健康、预防疾病。

第二节　民族传统体育的特点及价值

一、民族传统体育的特点

（一）民族性

民族传统体育是各民族文化的积淀，是随着民族发展，在一定的历史因素、人文因素、地理环境因素的影响下产生和发展的。因此各民族的传统体育活动都有着自己独特的形式和风格，各民族之间的传统体育也必然存在一定的差异。这种差异正是各民族不同精神文化和社会关系的体现。不仅体育活动的类型和方式存在着差异，在举行活动的过程中，各民族在服饰、风俗及礼仪上也大不相同。例如舞龙的活动在许多民族中都有，但是各民族在进行舞龙时所穿的服饰、举办活动的仪式、对活动的历史传承方面都带有本民族特有的风格和特点，因此民族传统体育具有鲜明的民族性特点。

（二）交融性

民族体育的发展一方面是在一个相对封闭的环境中进行的，另一方面在发展过程中也存在一定的开放性，正是由于这种封闭性和开放性共存的情况使民族传统体育形成了一个独特的系统。在不同的文化模式和不同文化类型的共同作用下，民族传统体育得到了一定程度的融合和发展。各民族之间也会有一些体育文化上的交流，在交流的过程中使各自的传统体育文化相互交融，从而体现出民族传统体育交融性的特点。

事实上，民族传统体育项目的产生和发展都是在融合与交流中进行的。以冰上足球为例，冰上足球是在清朝乾隆年间发明的，在当时，为了训练禁卫军，满族人将足球与滑冰结合起来，发明了冰上足球，当时这种冰上足球被称为"冰上蹴鞠之戏"。除此之外，还有很多传统体育项目都是在交流与融合之中产生并发展的，我们常见的骑射就是骑马和射箭的融合，另外，还有马术和球术融合成的马球运动等。

民族传统体育的交融性除了体现在上述方面外，还体现在民族传统体育文化与艺术的相互融合上。我国的少数民族由于具有能歌善舞并且善骑射的特点，因此产生了很多融技击性和艺术性为一体的传统体育项目。这些项目不但可以起到强身健体的作用，还能愉悦身心，实现了健、力、美的和谐统一。举个例子来说，"跳竹竿"是黎族的一种融合音乐素质和舞蹈技巧的传统体育活动，这种活动就完美体现了民族传统体育在文化与艺术上的相互融合。无论是哪方面的融合，民族传统体育的交融性都使民族传统体育在发展我国体育运动的过程中不断注入丰富多彩的内涵。

（三）时代性

回顾我国民族传统体育的发展历史，民族传统体育的发展是随着社会文明的发展而产生和发展的，因此民族传统体育能够适应时代的要求，并且随着时代的发展变化而不断发展变化。

在我国辽阔的土地上，生活着56个民族，这56个民族团结一家、亲如兄弟姐妹，也会定期举办一些包含各民族传统体育项目的竞技盛会，比如全国少数民族运动会。少数民族运动会上的项目大多都是竞技性较强的运动。比如武术、射弩、高脚竞速、民族摔跤、踢球等，当然，为了使各民族的传统体育项目得到传承和传播，也会设置一些竞技性不是很强的项目。

随着我国民族传统体育的蓬勃发展，越来越多的民族传统体育项目得到了传播和推广，其中最具代表性的就是武术运动，不仅定期会举办一些武术比赛，还将武术编入学校体育教育中，使武术得到了最大限度的发展。除此之外，还有舞龙舞狮运动、那达慕大会等民族传统体育活动在我国一些地区和城市中经常会举行。不仅如此，舞龙舞狮运动早已走出国门，在世界范围内也有着很响亮的名气。在全球化的今天，科技突飞猛进，网络计算机的普及使得这些民族传统体育活动逐渐形成了完整的市场发展体系，这也使其在最大范围内得到了最大限度的发展。民族传统体育活动项目加入学校体育课程，也充分体现了其现代化的时代性特征。

（四）地域性

我国幅员辽阔，地理环境多种多样，在全国各地生活着不同的民族，各民族的文化、风俗、生活方式，都受到了地域环境的影响，各民族表现出自己独特的民族特色。自古就有"南人驾舟，北人驭马"的说法，北方地势平坦、开阔，人们的出行工具以车、马为主，而南方则河流多，因此出行工具多为船。可见地形的差别对人们的生产生活方式会产生各方面的影响。地域的差异使各民族产生的传统体育活动也存在巨大不同。例如：生活在广袤草原的蒙古族人民善于骑马、射箭；生活在山地的藏族人民善于攀爬，喜爱登山、抱石头等体育项目；而生活在南方的少数民族则多善于游泳，多热衷赛龙舟之类的活动。

除此之外，在我国东北地区，由于冬季寒冷，因此冰雪运动比较受欢迎，生活在这里的人们发明了很多滑冰技术。在古代，满族人民开始把兽骨绑在脚底，进行滑冰，后来经过不断改良，兽骨逐渐被直铁条代替，人们将一根直铁条嵌在鞋底，这样大大提高了安全性和顺滑程度，这种鞋就是俗称的"跑冰鞋"。

二、民族传统体育的价值

（一）文化教育价值

1. 文化价值

进入新时代，民族工作的主线与主题也随着时代的发展而发生了转变，当前，铸牢中华民族共同体意识是民族工作的重中之重。纵观历史，无论在哪个历史时期，民族的团结都关系着整个国家乃至中华民族的未来。在新的历史时期，民族的团结工作还涉及农村与城市民族工作，带有鲜明的时代性，其意义深远。我国拥有 56 个民族，正是在这 56 个民族的共同努力下，才有了中国五千年灿烂的文明。56 个民族交错杂居，互相亲近，长此以往，便形成了在经济生活和工作生产上互相依存的形势。56 个民族的文化不断兼容，为中华优秀传统文化的发扬和继承起到了促进作用。

中华民族自古以来就是一个具有无穷创造力和强大包容性的民族，作为骨肉相连的同胞兄弟，倡导铸牢中华民族共同体意识要求我们坚持民族特色，立足更高层次，凝聚各个民族，团结一致。民族体育工作要紧紧围绕铸牢中华民族共同体意识开展，充分发挥民族体育促进身心健康、增进民族认同、促进民族交融，为实现中华民族伟大复兴的中国梦凝聚力量。

民族体育充分汲取了中华优秀传统文化的养分，独具体育运动魅力，在增进民族认同、铸牢中华民族共同体意识中具有重要价值。

民族体育作为中华优秀传统文化的重要构成部分，在新时代被赋予了传承、转化、实践、服务于社会的历史使命与责任，高校作为文化传承与发展的重要领地，其理应成为中华优秀传统文化传承与弘扬过程中最重要的载体之一，并通过民族体育在高校的传承、发展与创新，推动高校各民族学生之间民族共同体意识的铸牢。

2. 教育价值

民族传统体育是伴随人类社会发展而发展的，是带有民族文化特点的文化形式，是各民族通过长期的社会实践不断积累、创造出的体育活动，它反映了不同民族的文化风俗、道德传统、宗教信仰。我国一直对民族传统体育文化的发展十分重视，因为民族传统体育项目蕴含了丰富的文化内涵，具有相当高的课程价值。学习者在学习的过程中，能够通过课程了解我国民族传统文化，提升的审美能力并丰富视野，是培养道德思想和个人品格的重要途径。我国民族传统体育课程内容有很多，如赛马、射箭、摔跤、舞龙、键球、珍珠球、抢花炮、打陀螺、踩高跷等，内容的合理加入能让传统体育活动不再局限在竞技和球类运动中，能增强体育课程的趣味性、游戏性和健身性。

在高等院校设置民族传统体育课程是大势所趋，高校课程设置通常要兼顾多样化和个体化，课程结构要多元化，因此加入民族传统体育课程能促进课程结构的丰富。但是应当清醒认识的是，当前有些高等院校在实施课程的过程中存在不少问题，让民族传统体育项目的保护受到极大考验。

（二）全民健身价值

民族传统体育中的文化品质与道德风尚是营造全民健身氛围的关键要素。拓宽民族传统体育在体育健身、竞技和娱乐休闲等众多领域中的应用，突出民族传统体育的内涵特色，可为全民健身多元化、现代化提供有效动能。

体育与大众身心健康密切相关。为实现全民健身目标，相关部门不仅要为大众配备完善的体育健身设施，还要挖掘体育文化内涵，营造有利于大众健身的良好氛围。随着全民健身理念不断成熟，体育的健身功能逐渐延伸拓展为健康功能。通过引入民族传统体育项目，体育健身内容得以丰富，大众的幸福感得以提升，彰显了体育对健康的价值。

民族传统体育是一项包含体育竞技、民族文化和娱乐教育的多功能"文化复合体"，同时也是推动民族文化传承的重要形式。与现代体育相比，民族传统体育融合了民族文化和大众风俗，现已发展成为传递体育文化、展示体育审美的重要方式。以现代化的方式展现民族传统体育，可为传承民族文化探寻新的发展空间。

推动民族传统体育与全民健身融合发展，既是推动体育、文化与社会深度融合的体现，也是培育大众形成绿色、健康生活方式的客观要求。我国民族传统体育资源丰富、种类繁多。通过挖掘其中蕴含的民族文化元素，进而转化为大众参与体育健身的重要资源，可推动民族传统体育向全民健康靠拢。全民健身以大众健康为目标，通过赋予体育健身新的健康属性、文化特征，彰显出民族传统体育的多元功能及价值属性。这既满足了大众丰富多元的体育需求，也有效回应了大众对健康的现实诉求。

（三）社会经济价值

1. 经济价值

民族传统体育文化具有经济属性，经济效益为新时代民族传统体育文化的发展注入新鲜血液。丰富多彩的文化资源被开发成体育文化产品及其相关体育服务，有效地促进民族体育文化产业的发展，提高了体育在民族经济中的比重。新时代民族传统体育文化旅游资源蕴含着巨大的经济发展潜力，可以借鉴先进成熟的市场资本运作手段，通过提供高质量的体育文化旅游产品和特色的传统体育文化服务，提升民族传统体育文化产业的核心竞争力。特色民族项目所孕育的民族传统体育文化在新时代潮流中不断满足人们的消费需求，进一步体现了所蕴含的经济价值。

2. 社会价值

鲜活朴素的民族传统体育文化为当代社会文化注入了新活力与新生机，其当代社会价值的实现是民族传统体育文化自身的延续升华。要实现民族传统体育文化的社会效益，需要最大限度地发挥其正面导向功能，促进民族地区社会和谐发展。新时代民族传统体育文化的社会价值体现在三个方面：一是通过提供丰富多彩的优秀文化产品和服务，引领民族地区体育精神风尚；二是通过发掘数千年来形成的深厚民族体育文化资源，解读和阐释民族优秀传统体育文化遗产；三是开发具有地域特色的体育文化项目旅游资源，加强社会文化互动与融合，进一步促进社会一体化平衡发展。

少数民族地区人们将传统体育休闲文化与农牧区及村寨融合在一起，开发民族餐饮、住宿、歌舞、旅游等服务产品，有利于社会互动与融合发展。例如：土家族的跷旱船，两人手与腿需要较高的配合度和协调能力，并以此促进两者之间沟通交流；壮族蚂拐舞祈祷风调雨顺和五谷丰登的价值诉求，促成了人们保护庄稼的社会规则与多子多福的社会生育观，促进了社会整合；高原游牧民族狩猎原始文化体现了丝绸之路体育文化多样性；古岩画中赛骆驼、叼羊、狩猎等，诠释了各民族间社会文化的融合。

（四）生态价值

中华民族传统体育文化生态系统中环境生态、人文生态与空间生态三者紧密联系，我国民族传统体育文化活动的起源是多元化的，是多种文化要素长期共同衍生的结晶，其形成与发展和各民族地区之间的生态环境、部族战争、原始教育方式有着密切的关联，具有原生态性特征，关联于环境生态、人文生态与空间生态之中。民族传统体育文化价值有机融合，可以将民族地区人们生态环境保护意识转化为各美其美和美美与共的高度文化自觉，是中华民族"生生哲学"思想的完美展现。

自古以来，人们通过"了解、敬畏、适度、参赞"的方式，才得以维持生态环境系统平衡发展，使其源远流长。自然和谐的生态美是民族传统体育文化的特色之一。我国民族地区拥有得天独厚的生态资源优势，如喀斯特地貌、戈壁沙漠、草原、黄土高原、雪原，孕育着别具一格的攀岩、赛驼、套马、射弩、威风锣鼓、雪橇等一系列民族传统体育文化活动。保护民族地区生态资源有利于民族传统体育文化良性发展。民族传统体育项目讲求人与自然和谐发展，因此，在开发民族传统体育文化资源过程中，既要注重保护生态环境资源多元性，又要重塑传统体育文化的生态自信。

（五）国际传播价值

民族传统体育文化传播是我国特有的各种传统体育文化要素传递和迁移的过程，是各个民族地区间及国内外体育文化进行交往的富含创造性的精神活动。随着"地球村"理论的普及，人类进入信息时代，全球文化碰撞与文化变迁成为社会向前发展的重要环节。我国民族传统体育文化作为中华民族千百年来沿袭下来的榜样文化，是民族地区社会进步发展的真实写照，具有国际传播学价值。新时代民族传统体育文化通过"孔子学院""一带一路"、博览会、奥运会等多元文化交往平台大力传播，将中国故事完美演绎在世界文化舞台之上，以此促进我们国家与其他国家政策沟通、文化融通、贸易畅通、民心相通，增强我国民族传统体育文化的国际认同感和国际影响力，推动体育文化产业与区域经济合作发展，实现互利共赢，最终提升我国民族传统体育文化软实力。

（六）休闲娱乐价值

休闲是人类社会的发展的产物，是社会进步的标志。在人类几千年文明演化的历史进程中，休闲始终占据着重要的文化地位。在如今这个休闲成为主要文化特征的时代，休闲方式日趋多元。民族传统体育在历史文化发展过程中，形成了具有浓郁文化色彩的健身、养生、竞技和娱乐等活动形式。源于特有的地理环境和生产、生活方式，各族人民创造了众多内容丰富、形式多样的体育健身娱乐项目。

随着社会发展和进步，人民的生存与生活条件得到了极大改善，对精神生活的需求日益提高。人们改进和优化了原本以生存和劳动为基础的体育活动，增添了娱乐的成分。人们参与这些活动，既可以强身健体，又可以通过趣味性比赛达到调节生活、休闲娱乐的目的。休闲生活的真正意义在于人们通过对文化价值观的认同和对生活本质的理解，使生命更加丰满。

创造力和想象力是传统体育具备休闲性的源泉，人们完全摆脱生产劳动而创造了大量的纯粹意义上的休闲体育活动。例如壮族的打陀螺、芭芒燕，瑶族的跳铜铃、打猴鼓，侗族的弹毽、蛇舞，苗族的鸡毛球、跳脚会，等等，都是人们在田间劳动之余寻求放松的娱乐形式。民族传统体育多以娱乐为内容，以为人的休闲生活服务为目的。劳动之余，休闲娱乐的需要是对民族传统体育休闲特征的本质性描述。

第三节　民族传统体育文化的内涵

一、物质文化内涵

（一）运动器材、器械设备方面

民族传统体育的物质文化内涵首先表现在运动器材和器械设备方面。我国民族传统体育项目众多，有的对运动器材、器械设备的需求量比较大，但有的却没有需求。以武术为例，武术运动中常用的器材、器械包括刀、枪、棍、棒等，这些器材都经历了数千年的历史，经历了历朝历代习武者的改进、完善，从而才有了今天比较成熟的外观。今天我们所使用的武术运动中的一些器材都是几千年来人们智慧的结晶，是历代先民经过不懈的研究而获得的，在人们研究这些器材的过程中，反映出了中华民族的文化内涵。

除了武术之外，还有一种民族传统体育对器材有着一定的要求，那就是风筝。在我国风筝自古以来就是一项流传甚广的体育活动，在古代也有很多描写放风筝的诗句，可见风筝在民间的普及程度很高。说起风筝这一项民族传统体育项目，不得不提的是北京、天津、潍坊三地的风筝，这三地的风筝是最具特色的。

首先，在北京风筝中，又数金氏风筝和哈氏风筝最为出名，虽然这两种都是北京风筝，但在做工和缝合方面却各不相同，都具有自己独有的风格：一般来讲，在造型方面，金氏风筝造型雄伟，哈氏风筝的骨架比较精巧；在画工方面，金氏风筝的画工比较粗犷，而哈氏风筝的造型则比较素整。

其次，在天津风筝中最出名的是魏元泰和周树泰做的风筝。两人所做的风筝风格各异，极具自己的特色：魏元泰做的风筝大多精巧别致，画面也是以生动优美为主；周树泰做的风筝则是以汉字风筝最为出名。

最后，潍坊风筝。潍坊风筝样式繁多、工艺精巧、画工浑厚淡雅，广受大众喜爱，花鸟鱼虫、人物百戏应有尽有。

（二）民族传统体育的文献典籍

对于民族传统体育的研究，往往离不开对历史文献的系统疏理和深入挖掘。人们想要了解民族传统体育除了实地考察以外，查阅文献记载也是主要的获取相关信息的方式，这个方法就是文献资料法。观察不同时期关于民族传统体育的记载，我们能够了解到当时民族传统体育的发展概况。

纵观史料，我们不难发现，每个时期都有能反映该时期特点的民族传统体育项目。关于骑射的最早记载，我们可以追溯到《周礼》，里面详细记载了舞和射、御的考核内容。民族传统体育随着时代的变化不断发展，人们对民族传统体育越来越重视。到了近代，关于民族传统体育的记载越来越多，方式也多种多样，囊括了图谱、秘籍、各种史料和地方志等。其中最具代表性的要数《中国民族传统体育志》，它记载了各民族传统体育项目，是一部有关民族传统体育的大百科全书。在书中，我们可以找到各种民族传统体育项目的详细介绍。因此，这部书对于研究我国民族传统体育运动项目有着重要的参考价值。

（三）出土文物、壁画及民族服饰

除了器材和文献典籍，民族传统体育的物质文化内涵还体现在考古出土的一些陶瓷和壁画上。近年来，随着考古的发展，越来越多的古代文明被发现和出土，在一些陶瓷和壁画中出现的有关民族传统体育的资料，就是我国历史长河中民族传统体育不断完善和发展的佐证。在这些出土的文物中，我们可以了解到最早的体育活动是在母系氏族社会时期，那时候出现的"石球游戏"就是早期社会体育项目的雏形。这一论断是根据西安半坡村北"半坡遗址"内发现的"石球"而来的。

二、精神文化内涵

（一）团结协作

团结协作即成员间具有集体意识、配合意识和奉献精神。民族传统体育文化包含着团结协作的价值观，如侗族的舞草狮就包含着浓郁的团结协作价值观，它流传于龙胜侗族自治县平等乡广南村，是一种融武术、舞蹈、鼓乐等多种元素为一体的民族传统体育文化项目。每头狮子由两人共同协作表演。一人舞头，一人舞尾，二人在锣鼓节奏带动下，利用人体的灵活姿态，演绎精彩情节。侗族的舞草狮需要高度的团队协作精神，不仅要求舞狮的二人要做到配合默契，更须锣鼓伴奏配合，协助舞狮的二人完成复杂的高难度动作，体现出高度的配合意识和奉献精神。而桂西北侗族、苗族和水族共有的多人花毽，则将团结协作价值观展现得淋漓尽致。多人毽球比赛需要大家团结协作，特别讲究队员之间的配合意识。训练或比赛时水平不一样也没关系，只要大家集体合作，通过长时间磨合，竞技水平就会一步步提高上来。但如果缺乏团队协作精神，便会产生"内耗"，难以获得理想成绩。我国民族传统体育文化之所以富含团结协作精神，主要是由于民族传统体育文化——传统村落的族群居民一般聚居而住，大家相互守望、共同劳作，有事时大家相互帮忙，农闲时节大家共享时光。这样年复一年，自然而然形成了休戚相关的协作关系与日久弥坚的向心力。这样的聚居环境所滋生出的民族传统体育文化，自然地包含团结协作的精神价值观。

（二）吃苦耐劳

很多民族传统体育项目（特别是表演性体育项目）具有高技术难度，需要不断地进行艰苦习练才能获得娴熟的技艺。如田阳的壮族舞狮、三江的侗族斗牛、融水的苗族芦笙踩堂、环江的毛南族马革球等，都需要练习者具备吃苦耐劳精神，长期练习才能掌握其精髓。田阳的壮族舞狮难度极高：在一个3米高的舞狮木架上，两边布满两排锋利的尖刀，顶部是一个狭小平台，表演者上身赤裸踩踏刀锋爬至木架顶部后，以顶部的尖刀为支点，四肢悬空在刀尖上，如陀螺般飞快旋转，随后舞狮者在刀架台的顶部模拟雄狮的各种动作。如此高难技艺，没有长期刻苦磨砺，是不可能练出来的。再看三江的侗族斗牛：表面上是牛在场上斗，但背地里是场下人的选、养、训的较量，这需要斗牛者吃苦耐劳的艰辛付出。又如苗族的芦笙踩堂：吹奏芦笙的同时，须做滚翻、倒背、吊挂、"倒栽葱"等绝技，这样的技艺需要数年艰苦摔打才能磨炼出来。再看环江的毛南族马革球：参赛者须以高脚马为器具快速奔跑、传球、接球、射门……这不仅对高脚马基本功有一定要求，而且在踢球、传球、接球等方面也需要硬功夫，需要长期刻苦练习，才能娴熟掌握运动技能……综上所述，吃苦耐劳是我国民族传统体育文化包含的重要价值观。

（三）顽强拼搏

我国民族传统体育文化大都滋生于条件艰苦的村寨聚落，与生俱来浸染着顽强拼搏的价值观。如壮族的古壮拳、侗族的舞草狮、苗族的斗马等民族传统体育项目皆富含顽强拼搏价值观。南丹县的古壮拳，是一种流传数百年的壮族拳种，最远可追溯到古骆越时期，是壮族先人用于军事训练的拳术。古壮拳之所以声誉良好，靠的就是一往无前、无所畏惧的拼搏精神。再如龙胜的侗族舞草狮，其制作工艺体现着侗族人的顽强拼搏精神：用篾刀将竹子劈成宽度适宜的篾条，用篾条制作狮头支架，用糯秆制作草绳若干；再用稻草绳编织狮子部件——牙、耳、鼻、舌、眼睑、脸颊、狮毛等；再用草绳连接组装各部件，制作成一只完整的草狮。一只草狮道具的制作用时超过一个月，这需要制作者极大的耐心与毅力。另外，舞草狮训练强度高动作难，单调枯燥。舞狮者在锣鼓伴奏下，穿着特制草狮道具，模仿狮子喜、怒、哀、乐等动作形态。但这看似简单的动作背后，是日复一日的训练，需要耐得住单调与寂寞。舞狮套路繁多，不仅展示出侗族人独特的体育技艺，也展示出侗族人顽强拼搏的价值观。

（四）公平竞争

公平竞争是我国民族传统体育比赛的一个基本规则。有的人认为与现代竞技体育相比，我国民族传统体育项目在公平竞争性方面表现不突出，这种理解是片面的，我国传统体育项目有很多能较好地体现公平竞争。如侗族的抢花炮和斗牛就具有很强的公平竞争性，它们都具有完善的竞赛规则，虽然这些规则大都属于非正式性质，但是都有专人裁判，注重比赛公平性。再如壮族的抛绣球、侗族的踢花键、毛南族的马革球等，也都富含公平竞争价值观。参赛者都具有公平竞争意识，公平竞争带来的不仅是美好的比赛体验，还有由公平竞争内生出的精神与力量。只有公平竞争才能在比赛中巩固强化人们的团结与友谊。再看河池、百色一带的古壮拳，也蕴含着浓厚的公平竞争价值观。壮拳比赛有一定的规则，尽管这种规则是约定俗成的，往往较为简单，却能够清晰规范人们的比赛行为。通过比赛历练，人们不仅养成了公平竞争的习惯，还培育出相互尊重、相互配合的团队精神。

（五）精益求精

民族传统体育的"精益求精"价值观，主要体现在器物制作和动作练习两个方面。

1. 在器物制作方面

民族传统体育崇尚工匠精神。如天峨县三排镇纳洞村壮族蚂拐舞的使用器具——壮族铜鼓，其工艺精湛，鼓面、鼓身形状分别为圆形和曲面，鼓腰为弧线，鼓面的蚂拐图腾、太阳纹等栩栩如生，鼓身上的水波纹、人物、动物等清晰别致，体现出精益求精的造物智慧与工匠精神。再如龙胜的侗族舞草狮，采用当地生产的糯稻禾秆编扎草龙，其头部栩栩如生，龙齿尖利生猛，麟片金色灿灿，龙眼威风凛凛，整个舞草龙道具就是一件完美的民间工艺品。而苗族的芦笙柱是苗族坡会活动必不可少的图腾器物，其上雕有葫芦、神龙、神鸟、水牛角等具有象征意义的吉祥物，把苗族人追求完美的价值观体现得淋漓尽致。再看瑶族长鼓舞的表演器具，其制作更是追求完美的典范。长鼓的尺寸有大有小、外形有胖有瘦，其材质千差万别，不同材质、不同形状、不同大小的长鼓，发出的声调各不相同：有的低沉稳重，有的高亢活泼，无论是独奏还是合奏，都具有极强的表现力，折射出精益求精的价值观。

2. 在动作习练方面

民族传统体育崇尚精益求精。如天峨县纳洞村壮族居民所精心创编的蚂拐舞，包含着打皮鼓、蚂拐出世、敬蚂拐、拜铜鼓、耙田、插秧、薅秧、打鱼捞虾、纺纱织布、庆丰收等稻乡农耕生活情节；再如龙胜广南村的侗族舞草龙，包含祷告、行云、求雨、取水、降雨、滚龙、返宫等民间信仰内容。无论是壮族的蚂拐舞，还是侗族的舞草狮，其动作造型、动作组合、动作连接等都极具匠心，充分运用手、眼、身、步四法，深度表现出精益求精的价值观。

三、其他内涵

（一）历史内涵

民族传统体育是社会发展的产物，有着数千年的历史，在历史发展中占据着重要的位置，是人类历史发展过程中保留下来的体育文化财富，也是中华民族非物质文化遗产中的瑰宝，对现代社会体育运动的发展具有重要的借鉴作用。历经数千年，民族传统体育不断被传承下来，在其以独特表现形式传承下来的过程中伴随着对当时文化历史的传承。因此，民族传统体育的传承蕴含了各民族在该民族传统体育文化的发展和继承上所做的努力，是对自己民族传统历史文化的延续，因此也可以说民族传统体育发展史是人们了解和研究民族传统文化的无形历史史料。

历史内涵是民族传统体育文化的基本内涵。我们知道，民族传统体育文化是在历史发展中不断传承和完善的，历史是民族传统体育文化存在的根基，也是民族传统文化得以传承的基础，没有了历史内涵，那么民族传统体育文化的内涵就没有了依托。

（二）情感内涵

情感是所有文化得以传承和延续的依托。有了情感，文化才有了灵魂。情感的注入，可以增加文化的活力，从而使文化充满生机。民族传统体育文化是各民族在生产生活中不断产生并发展，往往会存在一定的地域特色，正因为如此，民族传统体育文化的发展是各民族对自身民族情感的表达，体现在各民族对该民族传统体育文化的地域情结上。举个例子来说，武术无论是在南方还是北方，自古以来就比较盛行，可以说是一项传播最广泛的传统体育项目了。自古以来就有"南拳北腿"的说法，这个说法充分说明了不同地区人们不同的性格特征，也在一定程度上阐明了我国民族传统体育文化中所具有的情感内涵。具体来讲，"南拳"是指南派的武术注重灵巧快速，技术风格迅疾紧凑，追求短桥寸劲，这一特点充分体现出南方人机灵的性格特点；而"北腿"是指北派武术舒展大方，技术风格大开大合、不拘小节，也充分展现了北方人沉稳的性格特点。

除此之外，民族传统体育的情感内涵还表现在运动器械的制造上面。具体来讲，在各民族的民族传统体育项目器械方面，就算是相似的体育项目，我们也能够很容易看出其中的不同之处，这正是其民族性格的内在反应。举个例子来说，舞狮活动在我国的北方和南方都会举行，但在狮子的造型方面实际上存在着相当大的差异，即南狮造型轻灵，颜色炫丽；北狮造型厚重，显得朴实无华。无论是舞狮中相关的武术动作还是在器械制造特点上，都能够显示出南方人和北方人在性格特点与喜好上的差别，从这些差别中，我们能够发现其带有独特的情感内涵，南北方人民在进行武术动作的设计和狮子造型的构思上，都是结合了自己民族或地区独特的风格，可以说是倾注了各自的民族情感后开发出来的结果，因而带有浓重的民族性与区域特征。换句话说，民族传统体育本身的情感内涵是具有一定张力的。因此，南狮与北狮在武术动作设计和器械造型构思方面，都是南北方人民对自己民族传统体育的情感内涵的挖掘，在还原民族传统体育项目意蕴的同时，与时俱进，突破现阶段体育项目的同质化，在竞赛、商演、娱乐等为主要传播方式的基础上，使各民族的传统体育项目实现求同存异。南狮和北狮所蕴含的情感内涵，不仅彰显了该项运动本身所具备的历史性，还保留了其在情感层次的独特品性。

(三) 科学内涵

进入 21 世纪后，无论是社会科技还是人们的思想认知，都实现了飞跃式发展，人们越来越注重科学的发展，也越来越注重事物发展的科学性，一时间"科学"这个词汇已经成为人们判断事物发展趋势的依据。也就是说，一个事物本身的合理性和科学性是判断这个事物能否进行良性发展的重要标准。因此，从事物发展的角度来看，民族传统体育在数千年的发展历史中不断被完善和继承，其中所包含的技术动作、比赛形式，以及器械制作方面都是集合了数代人的智慧，之所以能够经久不衰，并且延续至今，就是因为其本身存在一定的科学性。纵观我国民族传统体育项目，有许多都是经过了科学验证的。举个例子来说，太极拳就是极富科学性的运动，在强身健体和养生方面有着积极的功能。不仅如此，太极拳还能对现代医疗进行辅助治疗，对防治未发生的疾病、康复训练等都有较好的作用。又如象棋、围棋，是属于一种益智的活动，具有智力开发的功能，因此在人们进行象棋和围棋的活动中，不仅娱乐了身心，还能够开发大脑。因此，民族传统体育文化有着丰富的科学内涵。

民族传统体育文化的科学内涵，除了在事物发展的角度有所体现外，从政治、经济、文化角度来讲，也有深刻的体现，具体如下所述：

第一，从政治角度来看，随着我国社会发展，国家对体育的重视程度越来越高，在不断出台一些体育方面政策的同时，更是将部分特色鲜明的民族传统体育项目列入非物质文化遗产名录之中。这一举措充分说明了这部分民族传统体育项目顺应了时代的发展，符合现阶段我国社会发展的规律，具有一定的科学性。

第二，从经济发展的角度来讲，我国近年来对体育活动的重视程度不断加深，国家也积极大力发展体育事业，在不断加强与国际交流的同时，积极发展民族传统体育，并且开发和利用了一些极具民族特色的民族传统体育项目，使我国的体育事业在得到不断发展的同时，能够彰显自己的民族特色，树立自己的品牌。

第三，从文化角度来看，近年来，中小学的体育教学过程中，引入了很多民族传统体育项目，一是从学生做起重拾传统，继承优良的传统；二是最大化地实现民族传统体育中的科学价值，从而更好地促进青少年道德品质的提升。

第二章 民族传统体育教学理论知识

本章专注于民族传统体育在教学领域的应用与实践。首先，探讨了民族传统体育与高校体育课程的融合，强调了将传统文化融入现代教育体系的重要性。其次，章节明确了民族传统体育教学应遵循的原则，包括尊重文化多样性、注重实践性教学和促进学生全面发展等，并讨论了教学活动的组织与管理策略。最后，深入分析了民族传统体育的教学方法和教学体系构建，包括创新教学手段、教学内容的系统化设计以及教学评价体系的建立。本章节旨在为高校体育教育工作者提供民族传统体育教学的理论基础和实践指导，以培养具有民族体育素养和文化自信的学生。

第一节 民族传统体育与高校体育融合

一、民族传统体育与高校体育融合的意义

（一）学校层面

1. 有助于促进高校体育教学的多元性

在高校体育教学内容中，由于国家传统体育的加入而更加丰富。虽然传统的民族体育根植于国家，但对于一些传统项目，年轻学生了解甚少或看不到其意义，由体育老师带领学生进行系统理论学习和实践，好奇心将得到满足，看到民族传统体育如此丰富的内容，学生的学习热情将大大提高。

2. 有助于为高校体育投资节省成本

各高校体育建设一直被国家关注，特别是高校体育投资近年来逐年增加，但由于需求大，还需要时间来建设现代体育设施，以充分满足每个大学的需要。而

几乎不需要花多少钱，传统民族体育就可以很好地完成，传统体育也不依赖设备，通过自己的施行就可以取得很好的效果，这也是我国劳动人民的伟大智慧。这样，就降低了高校教育中硬件设备的成本，从而加强了科研项目和高校的体育教育。

3. 有助于丰富高校体育课程资源

每个民族都有不止一个的体育活动和文化活动。如果这些运动可以集中到大学课程，大学体育课程的建设会更加丰富，将大学体育课程丰富起来，从而提高学生对体育课程的兴趣，促进大学生学习体育项目的热情。生活文化与体育文化的有效结合被纳入传统民族体育运动，而这样的民族传统体育文化在高校校园体育文化之中的融入，能够有效地让高校体育课程得到丰富，因此形成多样化、丰富化的高校体育课程，并具有更高的渗透力及凝聚力，从而更好地发展高校体育。另外，丰富的中华民族传统体育生活文化和传统体育活动蕴含的观念与意象存在于传统民族体育中。在大学校园体育文化中，这些文化、观念和意象可以进一步丰富大学校园体育文化的建设，促进大学体育课程资源进一步开发和利用。在高校体育教育中，民族传统体育也可以得到有效的升华和继承，从而可以有效地交流体育文化的理论和实践。通过民族传统体育文化在高校的传播和高校体育课程资源的多样化整合，高校可以更好地消化和吸收传统民族体育文化。

(二) 学生层面

1. 有助于改善人际关系

学生的学习节奏在现代社会中不断加快，在这样的学习环境中学生越来越喜欢将自己封闭起来，这样就难以实现学生之间、学生与教师之间的交流与沟通，学生之间与师生之间很难通过接触营造和谐的校园氛围，会不断淡化师生与学生之间的感情。如果没有一些特殊的活动，学生整天埋头学习，很难与其他人进行接触与交流。打破这种局面的办法就是参加传统民族体育运动，不论在地域、性别、信仰等方面有多大的不同，学生一旦参与到民族传统体育运动的锻炼中，他们就很容易接触、交流与互相学习，这种时候，他们所形成的人际关系是融洽的、和谐的。学生通过参与运动互相传达信息，交流自己的心得，互通有无，就会不断拉近心与心的距离。在运动中学生能够结识很多朋友，他们之间保持着一种良好的人际关系，相互帮助，对于以后在社会上的生存与发展是有利的。

2. 有助于培养学生竞争意识和协作精神

民族传统体育运动形式的多种多样是民族传统体育运动对学生有着强烈吸引力的主要原因，学生会因内容丰富多彩而积极参与其中。竞争与拼搏的精神始终贯穿在民族传统体育活动与体育比赛中。即使是充满娱乐性的民族传统体育游戏，也会从其中反映出强烈的竞争性。参加体育竞赛，参与民族传统体育运动，能够促进学生自身增强竞争意识，有助于培养自身团结合作精神。所以，民族传统体育运动能促进学生竞争能力的培养和团结精神的养成；激烈的竞争性和超强的集体配合性在民族传统体育运动中都有表现，参与其中不但能够促进学生自身技能的充分发挥，不断提高自身体能、技能与心理水平，而且能够使学生自觉遵循规则，与同伴团结协作、相互配合习惯的养成，反过来，这些也会促进集体性民族传统体育活动的顺利开展和取得良好的效果。

3. 有助于学生德行修养的提高

学生通过参与其中，能够促进自身形成良好的品德，这是民族传统体育运动另外一个重要的社会实践价值。一个人自身良好品德的形成在一定程度上会受到理想、信念等的影响，学生的德行修养会受到有很强实践性特征的民族传统体育运动的影响。学生的思想品德与心理素质等方面接受的教育现阶段比较欠缺，因此很容易出现一些不良的心理问题，如社会责任感缺乏、自私等。民族传统体育运动具有很强的合作性特征，在参与过程中，学生之间需要相互协作才能完成一些活动任务，所以，民族传统体育运动的参与，能够培养学生良好的个性品质与美好品德，使其成为一个自信勇敢、自强自立的人。

4. 有助于增强学生爱国情感

中国悠久的历史和文化包含在中华民族的传统体育活动之中，传统体育活动的发展可以在一些传统节日中看到，经过数百年的细化和演变，这种民间体育活动最终形成了中华民族独特的文化瑰宝。在高校体育课程、高校体育教学中融入传统体育文化，是一种中国优秀传统文化的弘扬和传承，可以激发学生的爱国主义热情，引导学生感受中国传统文化的魅力，让学生体育人文素养提升，也是一种激励大学生爱国主义情感的表达形式。将传统民族体育融入大学校园体育文化，使学生深入了解多民族历史文化，通过学习传统体育文化的理论和实践，进一步提高学生传统体育文化的认知。传统民族体育在大学校园体育文化中广泛传播，使大学生能够进一步感受到中国传统体育文化的魅力，促进大学体育与传统民族体育的融合和发展，并在大学校园中进一步展示和继承传统民族体育。在高校广泛传播具有地域特色的民族传统体育文化，可以加深大学生对历史文化的认识，增强大学生对中国民族体育文化的学习热情，进一步发扬中国传统民族体育文化，进一步加深大学生对中国传统体育文化的热爱和理解，明确学习和对中国传统体育传承的意义，增强大学生的民族自豪感和爱国主义精神。

（三）民族传统体育层面

将多民族的信仰、行为、生活方式、历史渊源、风俗纳入民族传统体育文化，有效地将民族传统体育文化融入高校体育教育，使当代大学生能够获得民族共同意识，加强民族认同，传承民族文化。民族传统体育与高校体育的一体化发展是体育的多元化发展方式。民族传统体育文化除了具有体育教育的形态外，还具有高度的凝聚力和组织结构形态，有效地把民族传统体育文化融入高校校园体育文化建设中，能够通过体育文化教育的传承，进一步拓展多民族的体育文化精神，更好地融合多元化的民族传统体育文化和校园体育的文化特征，从而更好地传承与弘扬我国多民族的传统体育文化。对中华优秀传统体育文化的培养，在高校校园体育文化建设中，某种程度上进一步彰显与传承了民族精神，它更好地丰富和拓展了我国高校的体育教育。高校校园体育文化创新了民族传统体育文化，进一步促进和形成了两者的相互依存与一体化发展。

二、民族传统体育与高校体育融合发展的建议

（一）结合高校民族传统体育发展实际培养合格师资

1. 加强民族传统体育专业人才的培养

保证民族传统体育发展的基本条件是民族传统体育专业人员的数量和素质，

这也是完善民族传统体育理论必不可少的条件。目前，高校发展民族传统体育的基础，是培养具有高校民族传统体育教学和科研能力的专业人才。由于我国民族传统体育数量较多，为了合理地协调民族传统体育的发展，应将人才培养为接近多面手的模式，扩大专业人才的知识面，对现有的人才培养结构进行调整，使其更全面地把握传统体育的技术和理论，促进传统体育的全面发展。

2. 提高现有高校民族传统体育教师的业务水平

与高校传统体育教师的专业项目有关，目前高校发展全国传统体育项目单一，主要集中在散打和武术套路，在学校期间，这些教师优先学习这些内容，因此在教学中只能围绕其专业内容展开，也直接影响到全国传统体育的广泛发展。教育部、省教育厅对这种情况可以支持主要体育高校，根据需要和目前高校的实际情况，创造各种条件，举办各种民族传统体育高校教师培训课程。学校还应安排和鼓励在职教师以有目的和有计划的方式在专业学校学习与进修。不仅要注重培养广泛的民族传统体育技能，而且要深入研究民族传统体育的各种健身、保健的功能机制，掌握其科学的理论方法，以培养能够满足 21 世纪教师要求的合格教师，推广高校传统体育内容及相关理论。

（二）加强教材建设，突出教材的民族性、知识性

教材不仅影响国家传统体育教学工作，且对学生掌握运动技能和理论知识相结合的作用更大，体育教师必要的工具，是标准化、系统、科学的理论教材，这也是学生掌握国家传统体育技术和运动的知识指南，编写教材不仅要包括技术内容，还要体现创新、实用性和可读性，让学生能够吸收理论知识，培养运动兴趣。根据学生的兴趣爱好和性别的不同要求，丰富高校民族传统体育的开展内容，开设有关的课程，并注重传授民族传统体育理论，大力培养合格师资，面对高校民族传统体育发展的实际，创编特色教材，丰富民族传统体育课外活动，达到课内外一体化。另外，也可根据不同民族传统体育项目的特点，开展表演活动和竞赛，以推动民族传统体育的普及和发展。

（三）创造民族传统体育发展的良好环境

从目前的发展形势来看，许多民族传统体育文化正面临消失的风险，这一现

象的出现与民族传统体育的发展环境密切相关。人们要重视民族传统体育文化的生存环境，尊重民族文化的多样性，为民族传统体育创造良好的环境。学校体育与民族传统体育文化的融合，是学校体育教学改革创新的系统工程，也是一个长期发展的过程。民族传统体育文化的内涵和价值必须通过学校体育教育加以肯定，作为学校体育文化建设的一部分，可以促进体育教育的改革。在新时代的背景下，国家传统体育运动的推广和传播也需要依靠现代媒体资源作为媒介。学生应改变对传统体育文化的认识，积极加入学习传统体育文化的团队。同时，民族传统体育的继承和发展，在新时代的背景下，也可以创新地整合一些优秀的时代背景元素，进一步改变学生对传统体育文化的认知，引导学生积极参与。根据学生的兴趣和身体特点，体育教师可以选择合适的传统体育训练方式，以振兴传统体育。可以挑选部分适用各个年龄段学生的如跳绳、毽球、木球等简单且易于开展的传统体育项目进行教学。在教学过程中，教师应引导学生了解这些传统的体育项目，包括典故来源、历史背景等，并教学生正确的实践方法，使学生产生情感共鸣和文化认同，培养学生集体合作的团队凝聚力。

（四） 加强媒体对于民族传统体育相关内容的宣传

民族传统体育需要社会各界积极参与到保护和传承中去，它属于非物质文化遗产的一部分。人们要意识到民族传统体育的重要性，意识到非物质文化遗产对未来的重要性，形成非物质文化遗产的自我保护意愿，进一步加强民族传统体育的宣传，有效提高其社会影响力。学校要以各种现代媒体为渠道，向学生广泛宣传传统民族体育知识，帮助学生了解传统民族体育的健身方法和价值，使更多的年轻人积极理解传统民族体育的广泛意义并喜爱它。

（五） 把握民族传统体育的优势

我国是具有五千年文明史的国度，会集在一起的民族有 56 个，各民族均有自己的体育文化及体育活动项目，民族体育项目也呈多样式发展，如何将丰富的体育多样性融入高校体育教育，值得深入研究。中国大多数传统的民族体育成长在农业时代，与时代同步，代代相传，直到今天，仍然扎根于广大的农村地区，传统的民族体育从农业演变而来，具有我国劳动人民的优秀品质，并且拥有着浓厚的历史文化特色。对民族传统体育项目来说，这也是一个优势，民族传统体育应把握住这一先天优势，并将其融入高校体育教育中，可使高校体育得到创造性发展，将我国乡村优秀的本土传统文化引入高校校园体育文化建设中，可使爱国主义教育内容更加丰富，增强学生的民族自豪感和爱国主义精神，促进体育进一步快速发展，使高校体育成为高校教育改革进程的推进器。

（六）注重培养民族传统体育传承人

为了加强校园体育文化和传统体育文化的融合发展，给我国传统体育的发展奠定基础，应重视专项传统体育传承人的培养。需要有传承人继承和发扬中华民族传统体育文化，通过有效结合民族传统体育和高校体育教育，进一步挖掘民族传统体育文化的内涵，这一文化内涵进一步通过实践被学习和掌握，可以使我国民族传统体育更好地发展。在我国体育复兴中，需要具备高专业技能、高素质、专项的民族传统体育文化人才，为了使民族传统体育更好地向社会传播，进一步发展中国民族传统体育活动，需要不断培养民族传统体育和民族传统体育活动后继者，拥有足够的传承人，民族传统体育才能对实现中国体育强国的目标具有一定的价值。在体育强国的文化背景下，需要注重民族传统体育接班人的培养，才能使我国民族传统体育文化进一步传播，并形成民族传统体育文化的有效交流，让体育强国的支撑系统真正形成，让中国民族传统体育文化精神得以登上国际舞台，早日实现中国体育强国的伟大目标。

"体育承载着国家强盛、民族振兴的梦想。体育强则中国强，国运兴则体育兴。"高校教育的核心环节是坚持立德树人，教育教学、思想政治工作全程，实现全员育人、全过程育人、全方位育人，对各类思想政治资源充分挖掘，发挥好各门课程的教育作用，提高人才培养的质量。体育作为大学教育的重要组成部分，应跟上时代的步伐，加强大学体育与中华民族传统体育的有机融合，进一步培养中国体育人才，进一步继承和发展中国传统体育。让体育教育功能充分发挥，努力培养和提高学生的道德素质、品质、创造个性和专业奉献、人文素质和沟通能力、民族团结和爱国主义精神、身心素质和自我提升精神、终身体育和竞争意识。培养大学生独立锻炼的能力和锻炼习惯，从而提高他们的身体素质，使每个大学生都能锻炼和传播体育精神。

第二节　民族传统体育教学的原则与组织管理

一、民族传统体育教学的原则

虽然民族传统体育教学取得了一定的成就，但也存在一些问题。特别是在形成终身运动能力和习惯方面，我国还没有达到应有的程度。学校之所以加强体育教育，是因为与中国人民的体育素质、民族感受和心理感受相一致的民族传统体育内容并没有得到良好的普及。另外，在教学中也没有起到主导性的作用，在原有基础上，应当确立一定的原则，并加大民族传统体育教学的比重。

在民族传统体育教学过程中需要遵循以下原则：因地制宜的原则、安全第一的原则、团队协作的原则、寓教于乐的原则、启发教学的原则。

（一）因地制宜的原则

因地制宜，指根据地域的情况制定特殊的措施与方法。民族传统体育具有地域性，所以在教学中必须遵循这一原则，不能在北方寒冷之地进行龙舟竞渡的教学，不能在南方炎热之地进行冰嬉的教学，最好的教学方式是把每个民族自身独特的民族传统体育作为教学的重点，而不是在自己的地区进行其他地域性较强的传统体育教学，这样才能更高效地完成教学任务，实现教学目标。另外，如果某项民族传统体育在该地无法开展，缺乏适合的地理条件，但是考虑到该运动对学生十分有益，那么也可以考虑适当对传统体育进行开发和创新，让该项目能够具有更广阔的发展空间。

（二）安全第一的原则

可以说，自近现代体育课程兴起，安全就从未离开过大家的视野，教学安全是稳定教学、长期教学的重要保证和前提，教学安全不仅关系到学生个体与其家庭的安全与幸福，更关系到社会发展、教育事业改革等多个层面，例如藏族传统运动"朵加"，抱沉重的大石头时，如果不提前进行安全教学，不注重动作的规范，极容易导致腰椎受损这样严重的后果。

遵循安全第一的原则，要做到如下三点：

第一，要提高民族传统体育教师对安全教学的认知和重视，真正做到从内心重视安全。

第二，要加强体育课程事故的防范，在课程开展前，要先制定体育教学安全预案，要把安全第一作为校内一切力量共同坚守的准则，做到防患于未然，假如课程中出现一定的事故，也要责任明确、处理得当。

第三，要按照既定的教学方案、教学课标进行传统体育教学，对于运动器械使用也要详细介绍，包括器械的安全放置、检查和使用，运动损伤的预防与保护等。

（三）团队协作的原则

在民族传统体育中，有很多需要团队才能完成的项目，例如龙舟竞渡、赛独木舟、马球、击鞠、捶丸、抢花炮、拔河等运动，这就需要团队协作的精神，通过团队协作，能够产生一股强大而持久的力量，使每一个平凡的个人组成一个不平凡的群体。

队员之间在训练中需要有良好的默契，以此让双方的各个动作更好地配合，充分体现团结合作的精神和意识。每个人都要明确地知道这个项目是大家一起的，仅靠某个人的力量是完成不了的，只有这样，才能充分展现其技术动作，从而赢得最后的胜利。所以，在民族传统体育教学中必须遵循团队协作这一原则，要让每一个小团队都能建立起互相信任之感。首先，要教育团队内的学生自如地、迅速地、心平气和地表达自己的想法，面对自己的失败。其次；教育团队内的学生要有彼此负责的态度，没有冲突的团队是不可能的，但是要用负责的态度去抵消冲突，发扬传统体育中的协作精神。

（四）寓教于乐的原则

民族传统体育博大精深，包含范围比较广，有些项目可能并不受当代年轻人的喜爱，例如象棋、围棋、风筝、太清导引养生经、养生方导引法、五禽戏、易筋经等，但是它们都是中国体育历史中的精华，这就需要教师遵循寓教于乐的原则，为稍显枯燥乏味的教学过程增添一些趣味性，以此来激发学生学习的积极性。

（五）启发教学的原则

启发教学指教师在教学活动中通过启发的方法，激发学生的学习兴趣，让学生从自身思维中意识到学习的重要性，能够最大限度地提升教学效率。

我们认为启发教学在民族传统体育教学中也值得重视，这是因为，虽然有些运动简单易行，例如休闲娱乐类的传统体育，但是还有很多传统体育不只是身体的"操劳"，需要理论与实践的结合、身体与精神的统一，正如武术运动，它是既有很高的技艺要求，又有很高的学术性要求的体育运动项目。

在启发教学过程中，要注重举一反三，介绍和讲解某一种运动项目时，要通过该运动与其他运动的相似性，进行灵活的教学，使学生能够了解更多体育的知识。例如在进行传统蹴鞠教学的同时，为学生讲解相似的其他球类运动，包括马球、击鞠等，这样能在比较短的时间内，教授学生更多的传统体育相关知识，也能开阔学生对于民族传统体育的视野。

二、民族传统体育教学的组织管理

体育教师要想提高民族传统体育教学的质量和效果，首先就要将自身的教学组织与管理水平提高，这是上好民族传统体育教学课的基本保证。民族传统体育教学组织管理的基本内容将在本节重点讲解，希望对体育教师提高自己的教学组织管理水平有所帮助。

（一）民族传统体育教学设施的管理

1. 民族传统体育教学场地的管理

教学设施管理中的一项基本工作是管理民族传统体育教学场地。体育场馆与学校民族传统体育教学工作的顺利进行有着较为密切的联系，这就表示着民族传统体育教学场地的管理需要重视，它需要注意以下四个方面的要求：

（1）功能齐全，搭配合理

民族传统体育场馆为了保障民族传统体育教学活动的顺利开展，它的功能要搭配合理，专馆专用，并且必须满足教学需求。

（2）分门别类，秩序井然

分门别类、秩序井然是民族传统体育场馆内体育器材的摆放必须做到的，对其进行分类的主要依据应该是使用频率。通常情况下，为了便于教学活动的顺利开展，经常使用的大型器材要按固定位置摆放，小型器材定点存放。

（3）卫生整洁，环境幽雅

良好的体育教学环境，能提高师生教学互动的欲望，进而使教学的质量和效果得到提高。民族传统体育教学场馆因此必须做到安全、整洁、环境幽雅。民族传统体育器材和场馆地面的卫生要得到充分保证，相应的消毒和保洁工作要定期进行，有力地保证师生的身体健康。

（4）制度健全，责任分明

管理民族传统体育场馆，是一项长期、艰巨、细致的工作，需要制度化，施行责任制。在管理民族传统体育教学场地的过程中，进行制度化、常规化管理，施行岗位责任制是非常有必要的。

2. 民族传统体育教学器材的管理

由于器材需要分门别类和经常性地进行保养和维护，因此可以说在民族传统体育教学中民族传统体育教学器材的管理是一项非常烦琐的工作。这就要求程序化、制度化地操作学校体育器材管理工作，具体应该从以下四个方面入手：

（1）对体育器材的放置要分门别类

要根据相应的标准分门别类地放置体育教学器材，通常情况下，可以按照使用频率、形状、材质等分别放置，武术器械等一般来说要上架，整齐摆放。

（2）上课期间器材管理员要坚守岗位

器材管理员要有计划、按部就班地完成每天的工作任务。一般来说，打扫卫生、整理场地器材等方面的工作要在上课前完成；器材管理员上课期间要随时准备协助任课教师应对计划改变、器材损坏等突发事件，保证能顺利开展教学活动。

（3）保持体育器材室的卫生

经常保持优美舒适的教学环境，是非常有利于师生的身体健康的。体育器材室内卫生工作的频率通常为每天一小扫，每周一中扫，每月一大扫，应该随时保持干净整洁的状态。在进行卫生工作时，要仔细清理每个角落。

（4）外借体育器材时要按规定办理手续

体育器材管理人员应该做到以下要求：首先，给任课教师提供器材时一定要遵循教学规律，做到按时、按项目、按量，不随意外借器材；其次，要根据教学的需要，由体育教师填写器材申请单，学生凭体育教师签名的申请单到器材室领取器材；最后，课外活动时间，由体育器材的使用部门提出申请，经体育部负责人批准后方能借出，并要求使用后立刻归还。

（二）民族传统体育课程的组织原则

1. 根据体育课程特点组织教学

在民族传统体育教学实践过程中，教师应当把民族、传统、体能、技巧、理论、文化结合起来，打造出一套比较全面的教学组织体系，以此更加有效、更加全面地开展教学。

此外，教学还应当抓好民族传统体育课程中不同阶段的组织教学，总的来看，课程分为开始、准备、教学、结尾四部分，每个部分学生的情绪特点不同，所以课程的不同阶段都具有不同的特点，为了更好地适应这种特点，要极力避免课程虎头蛇尾、前紧后松，不可在开始或准备过程中十分严谨，而在真正开始课程后则"不闻不问"，任由学生随意活动。应当提前布置好传统体育需要的器械、物品，然后在课程中指导、指引学生认清课程主要学习的目标，按照目标而运动，而不是每个人都分散自己的注意力。

2. 根据民族传统体育类别组织教学

民族传统体育教学中，针对不同的体育项目，需要不同的组织教学方式；针对同一项目的不同学生，也需要不同的组织教学方式。例如：对小学生进行跳山羊、跳皮筋等运动教学需要体现寓教于乐、以玩为主的特点，学生掌握相关的动作、规则，能在体育活动中锻炼身体、激活思维、养成乐观开朗的性格即可；而对于大学生进行此类课程教学则需要注重培养其积极性与竞技性，他们应当学习和掌握关于民族传统体育运动更加系统化的理论与实践方式，以获得比赛中的胜利为目标。

又比如：对相同年龄段的学生进行不同项目的教学，也需要根据体育项目各自的特点进行不同的组织方式，藏式的很多体育注重个人力量的崇拜，而很多的球类体育则注重群体协作，这都需要不同的教学组织形式，以此来提高教学效果。

(三) 民族传统体育课程的组织方式

1. 强化课堂秩序

体育课相比文化课，一直具有较大的自由性，这种自由性既有一定的优势，也存在明显的劣势。优势在于，为平庸、平淡的日常教学活动增加更多趣味；劣势在于，如果秩序维持不好，很可能造成学生无视纪律、更加散漫的后果。

所以，在体育课程的组织上，必须注重课程秩序的强化工作，教师应做到以下三点：第一，学生散漫的原因是多方面的，要真正去体会、去了解学生不服从秩序的原因；第二，针对不同的原因，教师应当提升自己的组织能力、教学能力，运用多样的管理方法，使学生认识到服从秩序的重要性，但是不可以滥用惩罚手段，甚至不尊重学生；第三，课余时间可以与学生进行思想交流，谈谈学生的理想，谈谈自己的教学思想，拉近彼此距离，通过这种方式，让学生能够做到内在的自律。

2. 提高竞争意识

在传统体育课堂中，个人与个人、团队与团队之间都存在或多或少的竞争关系，在开展各项趣味运动、游戏之时，应当把竞争意识传递给学生，让他们在教学中树立竞争意识，这样能够调动学生的积极性，让他们在传统体育的锻炼中更加刻苦勤奋，还能养成他们热爱体育的心态，不仅有利于调动他们的积极性，还能为将来步入社会、进入工作岗位提供一定的帮助，以体育造就积极性、主动性，更快、更好地适应社会生活。

第三节　民族传统体育教学方法与教学体系

一、民族传统体育教学方法

（一）传统教学法

1. 语言法

在传统的全国高校体育教学中，采用各种形式的语言来指导学生掌握学习的内容，而实践的方法就是语言法。能将信息传达给学生是语言法的优势，正确使用语言法可以激发学生的思维，形成正确的认知，促进学生运动技能的形成，也可以培养学生分析和解决问题的能力；让学生积极学习和锻炼，和谐师生关系，活跃课堂氛围。讲解法、口令与指示、口头汇报、口头评价、默念与自我暗示等都是语言法的内容。

（1）讲解法

高校最常见的民族体育语言教学方式——讲解法是指教师解释教学任务、要求、内容、行动要点、行动名称等内容并向学生进行教学的方法。在理论教学、思想教育和技术教学中讲解法都起着重要的作用。教师在实践教学中运用语言，激发学生的积极思考，加深对教材内容的理解，是促进学生掌握技术和技能的基本途径。科学和艺术在很大程度上影响了教学效果，对讲解非常重要，是教师教学水平的一个重要标志。教师在教学过程中要不断总结经验，在语言表达上做到精益求精。在运用讲解法时，需要注意以下六点：

①讲解要明确目的

在高校传统民族体育教学中，教师要把握重点和难点，进行有目的、有针对性的讲解。教师必须根据教学内容、教学目标和学生的特点，选择相应的讲解方式、讲解内容，注意讲解的速度和语气。

②讲解要有系统性和逻辑性

在使用讲解法时，应考虑教学大纲的要求和教材的特点，以及学生的认知规律等因素，从简单到复杂、从浅显到深入地进行讲解。这就要求教师在高校民族传统体育教学中讲解的内容必须注重新旧知识的有机联系，做到科学、全面、完整。

在解释技术动作时，我们应该注意顺序，一般按照"动作形式—用力顺序—动作幅度—衔接和速度—原理依据—动作节奏"等的顺序。此外，还必须使用专业的术语来描述运动的过程、身体每个动作的位置、运动的方式，以及身体和乐器之间的关系。

③讲解要具有启发性

在讲解传统的民族体育运动时，教师使用的语言应该具有启发性，使学生能够充分利用自己的知识和经验来分析问题，有意识地解决技术上的错误，使他们更深刻地理解技术运动，并积极地、有意识地进行学习。教师在语言的问题上应该简单，让学生知道技术要求，并知道为什么，用一半的努力达到两倍的结果。

④讲解要简明生动

教师在运动技能教学中，要抓住重点，简洁明了地讲解所学内容。同时，民族传统体育运动技术具有鲜明的动作性，在教学中，我们应该利用学生所学到的体育技术或他们在生活中接触过的东西，使体育技术与他们联系起来，使学生对动作有更深入的了解。

⑤要注意讲解的时机和效果

教师应在传统的高校体育教学中运用讲解法，抓住有利的机会，帮助学生快速准确地掌握行动的要点，抓住最有利的解释机会。在学习某一国家传统体育项目行动的初期，学生不了解技术，此时我们应该详细解释分析技术的行动要点，学生基本掌握了技术后，则要针对错误进行讲解，应以精讲为主，让学生有更多的时间去自己练习和改正错误。教师要把握解释的机会，必须仔细观察和准确分析，抓住问题，及时解释，自然会得到好的效果。

⑥讲解要与示范结合

讲解和示范是相互补充的，讲解反映了技术的内部要求，示范主要是为了展示动作的外部形象。正确的解释，结合生动的动作演示，可以引导学生很好地将直觉感性和理性思维结合起来，教学效果也会更好。

（2）口令与指示

有确定的内容，有一定的形式和顺序，并以命令的方式指导学生活动的语言方式称为口令，口令运用在如队列基本体操、队形练习、队伍调动等。口令的使用应根据人数、内容、对象、形状等特点来控制声音的大小、速度、节奏，并应做到响亮、清晰、准确、及时。用相对简洁的语言来组织和指导学生活动的语言方式被称为指示。口头指导首先被用来组织教学，如安排场地和打包设备；其次，提示学生在练习中没有意识到的关键动作。口头指示应尽可能积极，尽可能准确、简洁、及时。

（3）口头评价与口头汇报

教师在高校民族传统体育教学过程中按一定的标准、要求，口头给学生进行一定评价的方法称为口头评价。口头评价是教师对学生知识、技术、技能掌握和思想风格的一种反馈，得到了广泛的应用。坚持积极的鼓励和评价，而消极的评价应注意谨慎和语气，口头评价应指出学生之后的学习方向并提供改进的方法。根据教师的要求，根据教学目标和自己的经验，学生简要解释自己观点的语言方式称为口头汇报。在使用口头报告时，我们应提前做好相关的准备工作，并注意问题的内容、方法和时机。

（4）默念与自我暗示

在实践前，学生通过无声语言再现整个动作或整个动作的关键点、过程、时间和空间特征，而提高实践效果的语言方式称为默念。在练习过程中，暗自默念技术动作的关键字句，自我调控练习过程的语言方式称为自我暗示。

2. **直观教学法**

直观教学法，是指体育教师通过实际展示技术动作或借助外力，使学生直接感知动作的一种教学方法。学生主要通过视觉、触觉、听觉和肌肉本体感觉器官来感知运动。民族传统体育教学中最为常用的直观教学方法就是动作示范法。

教师或动作完成较为规范的学生以自身完成的动作作为教学的动作范例，帮助其他学生进行技术动作学练的一种常用直观教学方法即是动作示范。我国民族传统体育内容非常丰富，有许多技术动作较为复杂的项目，因此，体育教师在民族传统体育教学过程中经常会通过动作示范来进行复杂技术动作的教学。通过高质量的、直观的动作示范，不仅对学生初步动作表象的建立有帮助，还可以让学生对学练更加感兴趣，帮助学生掌握正确的技术动作。作为一种非常重要的体育教学手段，高校教师在使用动作示范时一定要注意明确示范的目的，合理地选择示范位置和时间，要突出动作的重点和难点，进行准确和优美的动作示范，教师还可以在必要时比较正确地纠正一些错误的动作，以便学生加深对正确的技术动作的理解。

3. 分解与完整教学法

（1）分解教学法

在民族传统体育教学过程中分解法也较为常用，它通过将一个完整的技术动作合理地分解，然后对各个动作分别进行具体讲解，最终让学生充分掌握整个完整的技术动作。分解教学法具有能将复杂难学的动作变得简单容易的功能，它能化繁为简、化难为易，从而简化教学过程，有利于提高学生掌握复杂动作的效率，从而提高学生的学习信心。然而，分解的教学方法很容易破坏整体的动作结构，这将导致它难以形成正确的动作技术。所以，分解教学法一般在面对较为复杂的动作时才会采用，例如在学习太极拳中的"云手"动作时，要求学生手脚同时运动，还要做到上下协调，有较大难度，而通过分解教学法，则可以大大提高学生学习的进程。

（2）完整教学法

体育教师全程采用统一的教学方法就是完整教学法。这种教学方法不会破坏动作各结构之间的内部联系，可以有效地保持技术动作的连贯性和完整性，有利于学生充分掌握正确的技术动作。但是，通常只有当技术动作相对简单，或虽然技术动作较为复杂，但难以分解技术或不破坏动作结构时，才会使用完整教学法。

4. 游戏、娱乐教学法

（1）"游戏"教学法

根据项目的特点、表达形式和学生对项目的认知状况，以游戏形式呈现教学技术动作的教学方法被恰当地称为"游戏"教学法。民族传统体育教育价值定位作为民族特色的综合性民间运动，旨在满足人们的身心需求和情感欲望，以普遍适应人们生活、游戏的需要，因此，使用游戏教学方法可以极大地激发学生的学习兴趣，让学生更好地体验国风民俗背后的技术，进一步掌握体育技术，实现身心和谐。

（2）"娱乐"教学法

"娱乐"教学法旨在让学生在完成技术行动的过程中获得更多的快乐，从而实现身心和谐、内外修复的目标。因此，教师在教学实施前，首先对全国传统体育项目充分挖掘各种"娱乐因素"，教师将这些可以触发学生不同情感体验的"娱乐因素"系统整合，利用全国传统体育娱乐因素的功能和特点，让学生在快乐的氛围中练习，指导、帮助学生完善相关知识的过程，让学生通过努力实现美丽、健康、感觉发自内心的愉悦状态，并获得运动技能。

（3）"体育生活化"教学法

民族传统体育源于生活，终身体育习惯的形成是发展民族传统体育的最重要目的。教学实施前，通过对教学方法的详细探索和研究，为项目提供更喜庆、地方化、国家化的内容，便是教师的生活教学方法，其让学生获得服务生活的实用能力，培养学生终身的运动习惯和能力。

（二）现代教学法

1. 多媒体演示教学法

多媒体演示教学法是一种现代教学新方法，通过借用现代媒介手段，它能帮助提高学生感知知识的能力和学习的积极性。学校教学随着现代科学技术的不断发展，运用了越来越多的先进教学技术，如在学校体育教学中，网络、多媒体等手段都起到了很好的辅助作用。我国高校的多媒体教学目前几乎都得到了普及，在民族传统体育教学过程中也开始逐渐使用，通过多媒体教学，教师改变了传统的学生被动接受信息式学习模式，以校园网络平台做成的网站型课件，对于调动学生的积极性和主动性具有重要意义。此外，以往教授复杂技术动作的难题通过多媒体教学也能较好地解决，学生能更加生动、深刻地认识动作结构和掌握技术特点，极大地提高了教学质量和效果。

2. 自主学习教学法

许多新的教育思想随着我国体育教育改革的不断进行开始融入学校教育中来。在我国高校教学过程中，对学生学习自主性的培养越来越受重视，以此为基础，产生和发展起了自主学习教学法。自主学习教学方法是为了实现全国高校传统体育教学的教学目标。在体育教师的指导下，学生根据自己的条件和需要，制定目标，选择内容，计划学习步骤，完成学习目标，以实现学习目标。通过自主学习的教学方法，教师可以有效地确立学生的学科地位，并很好地激发学生的学习热情，也能很好地提高学生的自我学习能力，学生终身体育的健康思想得到有效培养，同时也帮助教师提高其教学效果。而体育教师在运用自主学习教学方法时，主要有以下步骤：

①自定目标：根据学习目标，学生会分析和评估自己的能力，充分发挥自己的潜力，并确定自己的学习目标。

②自主选择学习活动与学习方法：为了实现学习目标，并利用所学到的知识和现有的经验，学生为此合理地选择和安排具体的学习活动。

③自主评价：根据体育教育的学习目标，学生可以通过观察、分析和反思自己的学习状况，看到自己的进步和发展，发现自己的不足和问题。

④自我调控：学生应确立自己的学习目标，分析自己的学习情况，及时调整学习目标，改进学习方法和策略，即及时、适当地"纠偏"，以促进体育学习目标的实现。

3. 发现式教学法

问题教学法也就是发现式教学法，是一种现代的重视学生主体地位的教学方法。它是一种以学生的好奇心、求知欲等心理特征为出发点，目标是培养学生的创造性思维，中心是解决问题，内容是一种结构化的教材，通过重新发现的步骤让学生学习的教学方法。教师在民族传统体育教学过程中运用发现式教学法时要注意以下要点：

①学生在教师提出问题或创设问题的情境中提出疑难和矛盾，之后带着问题，并按照教师提出的要求去探索。

②学生通过反复练习来掌握动作技术的基本原理和方法。

③通过教师的组织和指导，让学生提出自己的假设，通过实践自己验证，进行独立的讨论和辩论，总结行动技术的原则和方法及辩论的问题，得出共同的结论。

4. 探究式学习法

全国高校传统体育教师指导学生选择和确定研究课题，创造和研究类似的情况，通过学生独立发现问题、操作、实验、调查、收集和处理信息，表达和交流活动、体育技能、运动知识、情感和态度的发展，特殊发展是探索学习方法的精神和创新能力。在使用这种教学方法时，教师主要采用以下步骤：

①提出问题：体育教师应根据学生所学习的具体内容及学生所学习和掌握的知识与理论，向学生提出各种可能性的问题。

②分组讨论：在问完问题后，体育老师将学生分成几个学习小组，并要求每一组提出他们对问题的假设和解决方案。

③验证方案：根据教师的指导和要求，各组将假设和方案应用于体育教育与健康学习活动的实践中，完成对假设和方案的验证。

④评价与提高：教师根据小组探究的情况，对解决问题的过程和效果进行评价，进一步激发学生的探索热情，提高学生的创造性思维能力。

二、民族传统体育教学体系构建

(一) 健全学科体系，丰富文化内涵

学校有其独有的优势与功能，培育人才、传承文明、汲取各民族传统文化精华，促进民族团结是其主要责任。如今，我们已经逐渐步入"休闲时代"，对区域性传统体育活动进行传播与倡导，让不同区域、不同人群都能采用其作为健身方式，能够很大程度上促进人们的身体健康，使人们拥有更加强健的体魄。学校

也应当承担起服务所在地经济、文化的义务。各相关职能部门要从当地实情出发，制定出更有针对性的、可操作性的各项政策，采取可落实的、行之有效的相关措施，建立、健全校内发展民族传统体育的机制，继而有力地保障民族传统体育在学校体育发展过程中所居地位，最终有效调动各所学校开展民族传统体育教学及相关训练的积极性，如此便能形成有利条件，进一步推动我国民族传统体育发展，营造良好的学校体育文化氛围。

建立民族传统体育学科体系并加以完善，主要表现在以下两个方面：第一，由于当前正处于信息化时代，科学技术得到迅猛发展，因而在体育教学中也广泛对先进科技加以应用；而在建立健全民族传统体育研究的学科体系，促进新时代民族传统体育发展的过程中，"引进、吸收现代科学技术"无疑为其打下了牢固基础。第二，现代民族传统体育教学属于综合学科教学，广泛涉及多种学科教学内容，如体育学、文化学、民族学、民俗学等，因而在教学过程中，不能单独依靠体育教师的力量，而是应当积极寻求不同领域学者合作，通力协作进行研究。这也对民族传统体育教学工作者提出要求，需要其时刻保持严谨的科学态度、采用有效的科学方法来甄别、选择、分析民族传统体育。所以，对民族传统体育教学学科体系的建立、健全与完善，深刻影响着民族传统体育教学工作者对教学的组织与实施，并发挥着至关重要的作用。

当前，我们继续全面而深刻地分析民族传统体育的文化内涵，并从中对民族传统体育的本质特征进行探寻；对于民族传统体育中所蕴含的部分较为古老的命题，我们要充分运用现代理论对其进行诠释，使之"焕然一新"，具有全新的、符合时代要求的内涵；我们还要将现代体育的组织形式整合到民族传统体育中，使民族传统体育具有新的生命力。上述种种举措，对民族传统体育民族性、世界性的体现都发挥着重要作用，能够为我国民族传统体育的发展与复兴注入强大助推力。

（二）强调终身体育，推进课程改革

我们要认识到，在学生群体中开展体育教育，其目的是综合的，并不仅仅为了"强身健体"，更是为了养成学生的"终身体育"意识。形成"终身体育"思想，有助于良好体育运动健身习惯的形成，有助于身心健康发展，也有助于形成更为和谐、友好的人际关系，最终能够助推社会发展。所以，高校在开展民族传统体育教育的过程中，必须将"终身体育"思想贯彻到底，这样才能切实推动自身民族传统体育课程改革，保证改革方向的正确性，保证改革的有效性。当然，如今，我国各级各类学校的体育教学中，开展民族传统体育项目的时间还很短，相关课程建设水平较低，尚不够完善。通过对我国高校体育教学现状进行分析，不难看出，各大高校体育课的开展存在一项"通病"，那就是"年限较短"，所以我们需要有针对性地对其进行解决。例如各高校可以将原本较短的本科体育课课时进行延长，并在此基础上，将体育课纳入高年级学生必修课范围，为体育课规定学分，统一进行管理；同时，各高校还可以成立、发展多样化的体育健身俱乐部，提升学生的参与积极性，让学生在课后自觉自愿地参加健身活动，这样也在无形中增加了学生学练民族传统体育运动的时间，有助于学生对锻炼方法的扎实掌握，也有利于保障高校开展民族传统体育教学的效果。

总而言之，在现阶段，对我国民族传统体育教学课程的改革推进是十分必要的，也具有重要价值，其能够对学生学习兴趣进行充分激发，为民族传统体育的发展实现促进提升，还能够使不同学校民族传统体育教学特色得到进一步彰显。

（三）加强教材建设，不断丰富内容

无论开展何种学科教学，都要把"教材"当作基础。想要进一步传承、发展我国民族传统体育文化，就需要我们对民族传统体育教材的建设予以重视、加以强化，将真正优秀的、实用的、有价值的民族传统体育系列教材创编而出。具体来说，本书认为，对优秀民族传统体育系列教材的创编应遵循以下三点：

其一，在编写民族传统体育教学教材时，要进一步提升其系统化、科学化。要着力创新编写内容，不能一味地沿用旧内容、旧理论，要让教材中体现出有着丰富攻防内涵的精简套路，对传统文化教育、健身机理及武德教育等内容进一步充实与完善。

其二，在编写民族传统体育教学教材时，要对具有浓郁地方特色的民族传统体育进行充分的、广泛的吸收，切实体现出民族特点。

其三，要高度重视我国民族传统体育的国际化发展。例如对于那些富有代表性的项目，我们可以采用双语形式将其编写入教材之中，这样各国在华留学生、华侨生学习起来就更为方便，也能够对东西方文化交流产生促进作用，有效地提升世界体育文化中我国传统体育的地位。

（四）重视人才培养，增进文化传承

"人才"是文化传承最基本的保障。如今，对我国民族传统体育教学来说，存在的一大问题就是"人才紧缺"，这对我国民族传统体育事业发展而言，是十分严重的阻碍与制约。所以，各地区各职能部门（如体委、教委、民委及文化部门等）都应当强化配合，既要制订明确计划，将大批民族传统体育干部、体育教师、体育骨干培养出来，又要运用多种方法、通过多种渠道对多层次的民族传统体育人才进行培养，要对高等体育院校招收民族学生的名额逐渐扩大，对民族传统体育班进行开设，将更多民族传统体育后备人才培养出来。想要在学校体育中普及、提高学校体育，就必须进一步建设民族传统体育师资队伍，强化师资力量。

本书认为，应当从以下三个方面着手：

1. 建立民族传统体育学科

步入新时代，社会正在飞速向前发展，学校着力深化体育教学改革，体育教师对自身发展需求也不断增加，在此基础上，想要进一步发展民族传统体育教学，就要求各学校将民族传统体育学科建立起来，对民族传统体育师资力量进行全面强化。从实践角度来说，就是要将具有主辅修专业经历的民族传统体育教师培养出来，对其进行鼓励，使其在实践教学中充分运用自身所具备的经验与知识。

2. 提高教师的理论知识和实践水平

如果一名教师缺乏高水平、高能力及高素质，那么其所开展的教学也必然难以取得预期成效。对学校民族传统体育教学而言，体育教师发挥着主导作用。体育教师将民族传统体育知识、技术、文化传授给学生，对其进行指导、鼓励，并对其学习情况进行考查与评价。当然，我们也要认识到，体育教师所承担的职责并不仅限于此，其还有更为重要的任务，那就是培养学生树立这样的观念：对身心健康的关注、对自身体质的增强属于所需承担的社会责任。总的来说，学校应不断提升现有教师的民族传统体育理论知识水平，提升他们的实践教学能力，具体可采用举办培训班、学习班、研讨会等方法。

3. 学校适当聘请民间艺人教学

如今，很多民族传统体育文化"岌岌可危"，很有可能随时间推移而消亡、失传。作为培养人才的主阵地，学校应当对民族传统体育文化教育资源的传承模式进行探索，承担起这份社会责任。具体来说，学校可以对民间艺人、专家学者进行聘任，请他们将宝贵的民族传统体育文化传授给学生，这样既有利于学生的进步，使他们成为今后民族传统体育教学的师资骨干与精英，也有利于民族传统体育文化的继承与发展。

第三章 民族传统体育娱乐项目的教学实践

本章深入探讨了几种具有代表性的民族传统体育娱乐项目，并详细阐述了它们的基本理论及其在教学中的应用实践。章节首先介绍了毽球的起源、发展和竞赛规则，随后提供了毽球教学的策略和技巧。接着，讨论了蹴球这一古老运动的文化内涵和教学方法，以及如何将蹴球融入体育教学中以提升学生兴趣。此外，还涉及了陀螺运动的基本原理和教学要点，强调了其在培养学生协调性和精准性方面的价值。最后，章节聚焦于民族健身操，分析了其结合民族舞蹈元素与现代健身理念的教学实践，以及如何通过民族健身操传承民族文化和促进学生身心健康。整体而言，本章节旨在展示民族传统体育娱乐项目在现代教学中的实践路径，以及它们在增强学生体质、传承文化和提供娱乐方面的重要作用。

第一节 毽球基本理论及教学实践

一、概述

毽球活动在我国源远流长，深受各族人民的喜爱，有深厚广泛的群众基础。民间毽球花样很多、名称各异，但是从毽球技法来讲，大致可概括为踢法、跳法、承接法和旋转法四类。把以上毽球的技法串编起来，便可花样翻新、千变万化。教学中以学习上述四类毽球的基本技法为主，加强练习，打好踢花毽的基本功。另外，还可以结合教学，适时地开展毽球游戏和毽球比赛，有利于提高学生毽球的兴趣。

二、毽球基本技术教学与训练

（一）盘踢

方法：两腿自然分立，左手下垂，右手持毽子于胸前。然后将毽子垂直向上抛起，下落至膝部时右腿屈膝外展并上摆，用脚内侧足弓中部向上击毽子，等毽子下落后，再重复用右脚内侧向上毽球。每踢一次，右脚立即着地保持身体平稳，然后再继续毽球，踢毽高度可在肩以上，熟练后也可两脚交替踢。

（二）拐踢

方法：两腿稍分开，左手自然下垂，右手持毽子于身体右侧。上体微向右转，右手将毽子向上抛起，当毽子下落至膝部外侧时，左腿屈膝、屈踝，小腿从右侧上摆用脚外侧将毽子向上踢起，等毽子下落至膝外侧时再重复踢毽。

（三）绷踢

方法：右手持毽子，两腿自然分立。右手将毽子向正前上方抛起，等毽子下落到膝盖下方时，屈踝，脚背抬平向上踢毽。上体微向后倾，注意体会球感并控制踢毽高度，脚背垂直向上用力。熟练后可两脚交替踢。

（四）磕踢

方法：右手持毽子，两腿自然分立。右手将毽子向正前上方抛起，左腿支撑，右腿屈膝向上抬起（约与地面平行），用膝盖上平面部位击毽子，当毽子由上下落至膝部上方20厘米时大腿再上摆发力击毽。动作熟练后可两膝交替练习。

（五）抹子

方法：右手持毽子于身体左侧，两腿左前右后站立。右手将毽子向身体左侧上方轻轻抛起，待毽子下落至体侧膝部时，左腿向右前方稍提起，随即落地支撑，右脚在左脚前移时从左腿后交叉至身体左侧，用脚内侧将毽子踢起，然后收脚落地。

（六）脚背停毽

方法：两腿自然分立，与肩同宽，右手持毽子于胸前。轻轻将毽子抛起，待毽子下落到膝部高度时，立即抬右腿，屈膝，脚背端平（呈水平状）将毽子接住，并顺势下落，触地前再将毽子向上挑起，等毽子下落至膝部时，再重复停毽动作。停毽的要点：在脚背上迎触毽瞬间，脚背再顺势随毽子下落做惯性缓冲动作才能接住并停稳毽子。

（七）里接

方法：两腿自然分立，右手持毽子于胸前。将毽子轻轻向上抛起，当毽子下落至右膝内侧高度时，右腿屈膝外展，屈踝，用脚内侧上迎，将毽子接住，并顺势缓冲下落。

（八）外落

方法：两腿平行分立，右手持毽子于身体右侧。将毽子向上抛起，当毽子下落至外侧膝部高度时，右腿屈膝内扣，小腿向外侧抬起，用脚外侧接毽，并顺势缓冲下落。在接毽瞬间，脚外侧宜先向上迎毽，触及毽子后迅速做缓冲动作。

（九）逗膝

方法：两腿平行分立，与肩同宽，右手持毽子于右胸前。将毽子向上轻轻抛起，当毽子下落至腹部高度时，右腿迅速屈膝抬起，大腿与地面平行，用膝盖上平面接住毽子。触毽子瞬间，大腿做从上向下的顺势缓冲动作，将毽子平稳地停在膝上。

（十）上前额

方法：先做正脚背停毽，右脚再将毽子挑起。当毽子下落到头上方时，屈膝下蹲，面部仰起 $45\sim80°$ 角，用额前部触毽，上体随毽子下落顺势下沉做缓冲动作，使毽子平稳地停在额前部。

（十一） 顶珠

方法：先正脚背停毽，然后右脚将毽子挑起至头顶上方，高度有 2~2.5 米，等毽子下落离头顶 20 厘米时，用头接毽子，身体随毽子下落顺势缓冲，使毽子平稳地停在头顶。

（十二） 偏脸

方法：先正脚背停毽，然后右脚将毽子向上方挑起，当毽子下落至头部时，迅速屈膝，两手自然分开，同时头向右侧倾斜 45~80° 角，身体顺势做下蹲的缓冲动作，使毽子平稳地停在左脸。

（十三） 脑后栽葵

方法：正脚背停毽。脚背将毽向上方挑起，当毽子下落至头顶上方约 10 厘米处时，立即低头，双腿随毽子的下落而惯性屈膝，上体前俯，做向下的缓冲动作，使毽子平稳地停在脑后部。

（十四） 搂腕

方法：两腿自然分立，屈膝，重心放在左腿上。右手持毽子于右腿内侧，将毽子轻轻抛起，等毽子下落至膝部时，右小腿立即围绕毽子内旋一周，正脚背与地面平行，脚趾微上跷，将毽子停在脚背上，右腿顺势落地。

（十五） 硬缠

方法：方法基本同上。右手向上抛毽子，当毽子下落至右膝部外侧时，小腿围绕下落的毽子外旋一周，然后顺势用脚背将毽子踢起。

（十六） 朝天蹬

方法：两腿自然分立，右手持毽子于胸前。将毽子向上抛起，当毽子下落到适当的高度时，右腿迅速上举并用右手将右踝后部扳住，使脚掌向上接住下落的毽子。该动作是花毽中的高难动作，只有极少数名家、高手能够完成，需要很好的柔韧性和功力。

（十七）单飞燕和双飞燕

方法：两腿前后分立，左脚在前，右脚在后，右手持毽子于身体左侧。将毽子向上抛起，当毽子下落至左膝外侧时，随即抬起左膝，右腿蹬地跳起，用右脚内侧向上方踢毽，然后两脚依次落地，使身体保持平稳。以同样的动作连续做腾空踢毽称为单飞燕，左右脚交替连续腾空踢毽称为双飞燕。

（十八）蹭

方法：两腿前后分立，左脚在前，右脚在后，右手持毽子于身体左侧。将毽子向上抛起，当毽子下落至左膝外侧时，举起左腿，右腿蹬地起跳，腾空后用右脚内侧向上毽球，右腿屈膝使右小腿内侧靠近左膝部外侧，左腿在上，右腿在下。右脚先落地，左脚后落地。

（十九）跪

方法：两腿前后分立，右手持毽子于身体左侧。将毽子向上抛起，待毽子下落至左膝部外侧时，左小腿后折，右脚蹬地向上跳起，在空中用右脚内侧向上毽球。然后右脚先着地，左脚后着地，保持身体平衡。

（二十）踩

方法：两腿前后开立，右手持毽子在身体左侧方。将毽子向上抛起，当毽子下落至左膝外侧时，左腿屈膝外展，脚掌触及右膝部，右脚蹬地向上跳起，身体腾空后用右脚内侧向上毽球。

（二十一）阔

方法：两腿前后分立，左脚在前，右脚在后，右手持毽子于左胸前。将毽子向左前上方抛起，左腿向前方举起，右脚蹬地向前方跳起，当键子下落至左前下方离地面约 30 厘米时，腾空用右脚背向上键球，右腿与左腿交叠，右腿在左腿下。踢键球后，右左脚依次落地。

（二十二）别子

方法：两腿自然分立，微屈膝，右手持键子于胸前。将键子向上抛起，等键子下落到两大腿前时，左大腿迅速向里绕过下落的键子，同时右脚蹬地跳起，在空中用右脚内侧向上键球，然后左右脚依次落地。

（二十三）过腿跳

方法：两腿自然分立，右手持键子于左侧方。将键子向上抛起，当键子下落至左腿外侧时，左大腿外摆绕过键子，右脚迅速起跳腾空后用脚内侧向上键球，左右脚依次落地。

三、键球的比赛方法

键球除了作为经常性的健身活动外，还可以组织比赛和表演，只有通过比赛，才会吸引更多的人去观赏、参与，目前尚没有像键球那样有具体的规则和裁判法，但中国键球协会已举办过多次花键全国邀请赛，也有一定的组织程序，现简介如下：

（一）比赛的组织工作

根据比赛的规模设立若干比赛机构。一般设有统计成绩、裁判、检录、宣传、场地、后勤等机构及工作人员若干名。

（二）比赛场地

脚内侧键球耐力赛、3 分钟脚内侧键球、规定动作花样键球比赛及 3 分钟花样键球比赛的场地，均是边长为 1.5~2 米的正方形场地。全能赛、自选赛、团体赛的比赛场地，均是边长为 2.5~3 米的正方形场地。

(三) 比赛项目

1. 脚内侧毽球耐久赛

运动员进入场地，发令后开始毽球。单脚踢或两脚互换踢都可以。如单脚踢，踢毽脚踢一次着地一次，不得悬踢，毽子落地或用手接住就算比赛结束。运动员任何一只脚迈出了规定的场地，就算比赛结束，没有失误者继续进行比赛，踢的次数多者名次列前（膝触毽、脚外侧踢毽、脚正背踢毽的比赛方法同上）。

2. 3 分钟脚内侧毽球比赛

运动员进入比赛场地，当裁判员发令后开始毽球。单脚或两脚互换踢都可以，如单脚踢，踢毽脚必须踢一次着地一次，不得悬踢。比赛途中毽子落地或用手接住均算失误，运动员任何一只脚迈出了场地都算失误，所踢次数无效。3 分钟内踢的次数多者名次列前，如相等则名次并列（膝触毽、脚外侧踢毽、脚正背踢毽的比赛方法同上）。

3. 规定动作花样毽球比赛

（1）少年个人规定动作

左右脚盘踢 10 次，左右膝磕踢 20 次，左右脚外落 4 次，上前额 1 次，交踢（单飞燕）3 次。

（2）成年个人规定动作

两脚内侧接踢 4 次，左右膝磕踢 20 次，上前额 3 次，拉燕 3 次，搂腕 3 次，左右交踢（双飞燕）4 次。

运动员进入比赛场地，当裁判员发令后按规定动作和要求开始毽球。毽子落地或用手接住及运动员的任何一只脚迈出了场地，比赛就算结束，没有失误者继续进行比赛。完成动作优良，得分高者名次列前。

4. 3 分钟花样毽球比赛

运动员进入比赛场地，裁判员发令后开始毽球。比赛途中毽子落地、用手接住毽子或运动员的任何一只脚迈出了场地均算失误。3 分钟内毽球花样较多、编排合理、动作新颖、有创意、得分高者名次列前（此项比赛的花样动作可与组织机构事先商定）。

（四）裁判方法

目前尚无统一的毽球比赛裁判法，现提供全国花毽邀请赛的裁判方法供参考。

1. 裁判人员

总裁判长 1 人，副总裁判长 2~3 人，发令员 1 人，计时员 1 人，裁判员 3 人以上，总记录 1 人，记录员 2~3 人，检录长 1 人，检录员 2 人以上。

2. 比赛通则

（1）比赛毽子自备，各种材料的毽子均可，羽毛长短，毽托轻重、大小不限。

（2）比赛进行中间不准换人。

（3）比赛开始、结束一律听哨音为准。

（4）发令员口令（哨声），裁判员注意运动员是否准备好。

（5）运动员有抢哨提前开始比赛者，发令员有权鸣哨停止比赛，对犯规者提出警告，然后重新鸣哨比赛。如果运动员两次犯规，取消其比赛资格。

（6）比赛途中，毽子出现故障，由运动员自行负责，用备用毽子重新比赛。

（7）运动员在比赛进行中，不得接受任何形式的场外指导，违者取消比赛资格。

3. 裁判方法

（1）脚内侧耐久赛

计算运动中所踢次数时，如果运动员脚迈出了场地，即宣布失误，比赛结束。如果运动员脚踩比赛场地边线，不算失误，应继续进行比赛。

（2）3 分钟脚内侧踢毽赛

计所踢次数，如果中途失误则不计数。

（3）规定动作花样比赛

①比赛评分采用 10 分制；②运动员必须按规定的花样连贯完成，少做一个花样扣 1 分；③中途失败 1 次扣 0.5 分；④动作不够优美扣 0.5~1 分；⑤运动员

在比赛中，出场地1次扣0.5分；⑥全部动作完成后，没有用手将毽子接住，扣0.5分。

（4）3分钟花样毽球比赛

①比赛评分采用10分制；②运动员必须按要求的花样动作连贯踢出，少做1个扣1分；③中途失误扣0.5分；④动作难度不够扣2分；⑤优美程度总印象不佳扣0.5~1分；⑥运动员在比赛中，出场地1次扣0.5分。

4. 裁判员注意事项

第一，裁判小组设组长1人，领导裁判小组工作。比赛时同裁判员一样记录成绩，并记录失误次数，以备成绩相等时参考。第二，3位裁判打分不相等时，以2人相同的成绩为准；如果3人成绩均不同，则取中间成绩为准。在任何情况下，不能以3人平均成绩或以裁判组长成绩为最后的决定成绩。第三，同一组别项目的运动员成绩相等，以失误次数少者名次列前。如果都相等，取并列名次。第四，裁判小组长负责填写比赛成绩，在比赛结束后及时将比赛成绩表送交记录组，由记录组归总评定各项比赛的名次及成绩，并填写成绩公布单。第五，广播员宣布比赛成绩，裁判小组不得随意公布成绩。第六，裁判员在比赛中，应公正准确、严肃认真地履行职责，完成任务。

第二节　蹴球基本理论及教学实践

一、蹴球运动基本技术方法及其分析

（一）预备姿势

1. 动作要领

距本方球后50厘米处，面向进攻方向，两脚自然开立，身体放松，目视对方球，根据临场情况对本次进攻目标与战术布置进行积极思考，在最短的时间内将本次进攻的意图确定下来。

2. 支撑脚站位

进攻战术方案一旦确定下来之后，就需要对技术应用做出快速的选择，即以左脚（以右脚蹴球为例）向前跨出一步，在球侧后方20厘米处站定，脚尖外展，与出球方向成45°夹角，左膝微屈，重心落在左脚上，右脚跟提起，脚尖着地，收腰含胸，松腹敛臀，两臂自然下垂，全身放松，目视本方球。

蹴球脚压球与瞄准：支撑站定寻得身体平衡后，蹴球脚即提起，以脚跟在球正后方15厘米处着地，脚掌前部在球上方距球2厘米左右，脚的方向瞄准进攻方向，在完成对方向的调整后，即以脚掌轻轻压住球，要保证球处于完全静止状态，压紧后眼睛转视进攻目标。此时，支撑腿膝关节微屈，支撑全部体重，维持身体平衡；蹴球腿膝关节自然弯曲，脚踝钩起，脚掌压在球上。

蹴球：在蹴球技术的所有环节之中，抬腿蹴球是最重要和最关键的一个环节，动作是否正确会对出球的准确性和力量造成直接的影响，即影响进攻的效果。抬腿方向直接影响出球的准确性，因此，抬腿前踹方向应与进击目标方向完全一致；而抬腿速度及脚掌对球面压力会对出球力量和速度造成直接的影响，因此，要根据攻击目标的距离及其在场上位置的情况按照战术布局需要，蹴出不同速度和不同滚动方向的球。通常情况下，根据球的速度和力量可以将蹴球分为五种情况：7米以上的远距离大力球、3~7米的中距离一般球、3米以内的近距离轻球、超近距离最轻球和进攻边线附近的超近距离回旋球。除回旋球外，其他四种球动作方法均一样，其区别主要是在抬腿用力的大小上。现将一般球和回旋球的踢法分述如下：

①蹴一般球：目视进攻目标，凝神静气，蹴球腿腹肢直肌、髂腰肌等用力收缩，使髋关节做屈（大腿向前上方抬腿）的动作，同时脚掌压紧球，使之向前滚动，朝进攻目标奔去。

②蹴回旋球：与蹴一般球相比，蹴回旋球时脚掌触球稍偏后一些，即以脚趾部位压住球即可，目视进攻目标，凝神静气，脚掌力量下压。随着力量的增大，球以回旋（下旋）的形式向前滚出，在向前移动的过程中其滚动仍是以回旋的形式进行的，撞击目标球后，前移的动能即传给目标球，则以回旋的形式滚回来。在进攻对方处于边线附近的球时，这种回旋球不会出界，对于本方比较有利。蹴

球后的身体平衡，虽然是全过程的结束动作，但是能否维持身体平衡却关系进攻的成功与失败。规则规定队员蹴球后是不允许其身体再触及场内其他球的，因此抬腿踹球结束后，应保持身体重心落在支撑腿上，蹴球脚摆至膝关节部位高时应及时制动。随即自然放下，形成双脚支撑的姿势，保持身体平衡，并注意不要触及场内其他球，目视进攻方向，对进攻的效果进行观察，做好下次进攻的准备或离场回到自己的场外位置，身体不能触及其他球。蹴回旋球时，球蹴出后，蹴球脚应迅速提起，否则很容易会因为碰到滚回球而犯规，然后自然放下，形成双脚支撑。

动作要领：

准备姿势调心理，选好战术谁能抵；

支撑站位要平衡，脚掌触球轻定稳；

远球近球不同力，抬腿前蹴方向准；

线边进攻用回旋，身体平衡胜在先。

（二）蹴正撞球

1. 动作要领

以左（右）脚为支撑脚，支撑在球侧后方20厘米处，脚尖外展，与出球方向成45°角，膝微屈；以右（左）脚跟在球正后方15厘米处着地，脚掌前部应在距球上方约2厘米处，脚瞄准进攻方向后（使脚的中轴线、本球中心、目标中心成一条直线），再以脚掌轻轻压住球，要保持球的完全静止，压紧后眼睛正视进攻目标，凝神静气、以蹴球腿髂腰肌、股直肌等用力收缩使髋关节做屈（大腿向前上方抬腿）的动作，同时通过脚前掌用力向前蹴动，使球上旋向前滚动，直奔进攻目标。

2. 训练方法

①脚对球的感觉练习。用脚掌前后反复搓球，使脚掌对球的感觉不断提高，增强脚掌对球的控制能力，使踝关节更具力量、更加灵活，以便发力蹴球。

②向前蹴球的练习。一人一球，按蹴球技术方法正面向前蹴球，使球向前直线滚动。对蹴球脚掌的用力过程进行体会，练习全身协调用力。

③以直线为参照物练习。将球体放于直线上，蹴球脚的正中线的投影线置于直线上，运用一定的蹴球技术方法进行蹴球，体会球在脚掌下是否直线前进。

④近距离蹴球击打目标球准确性练习。距离从近到远，一般3~7米，并要对不同距离进行多次重复练习。

⑤中远距离蹴球击打目标球准确性练习。7米以下一般为中远距离，其练习方法与近距离是一样的。

⑥将本球和目标球放置在场地的对角线上，蹴球击打练习，距离由近到远，从而对在对角线上击打球的准确性进行练习。

⑦多种角度方向练习。将本球和目标球放置场内至边线构成任意角度与不同方向的位置上，蹴球击打目标球，从而使对场地和球的位置关系的感觉能力得到提高。

⑧将目标球放置成扇形的一条弧线上，将本球固定在一个点上，用本球依次击打扇形面上成弧线的球，提高击打各种角度及斜线上的球的能力。

⑨大目标、标准距离蹴击目标球练习。在保证动作正确的基础之上，瞄准比竞赛用球直径大的目标，尽量击中目标。

⑩小目标、标准距离蹴击目标球练习。在保证动作正确的基础之上，瞄准比竞赛用球直径小的目标，尽量击中目标。

（三）蹴侧撞球

1. 动作要领

支撑脚的稳定性和最后用力的协调性动作要领和蹴正撞球是一样的，只有用本球的球心瞄准目标球的一侧边缘，使蹴球脚跟中心点、脚的中轴线、本球球心、目标球一侧边缘处在一条直线上。如撞击目标球越薄，分球角度越大，本球就能民族体育以越快的速度前进，目标球的前进速度越慢；撞击目标球越厚，分球角度越小，目标前进速度越快，本球分球跟进速度越慢。

2. 训练方法

①瞄准点练习。侧面蹴球的一个主要要求就是要找到适宜的瞄准点，一球的正中线分为左右两面。击打点靠近中线，目标球改变方向小；击打点远离中线，

目标球改变方向大。根据被击打的目标球与本球的位置关系来对目标球改变方向的大小和距离进行预计，进而练习找到合适的瞄准点。通过反复练习击打目标球的不同角度的侧面，掌握侧面瞄准点是打好侧面蹴球的关键。

②近距离蹴球击打目标球的侧面练习。

③在各边线附近位置上，目标球靠近边线一侧，本球靠界内一侧，击打目标球内侧，使目标球出界，而保证本球不出界，对于这样的蹴球角度和蹴球力量进行反复的练习。

④中距离蹴球击打目标球的侧面练习。

(四) 蹴回旋球

1. 动作要领

蹴回旋球的支撑脚动作要领与蹴正撞球并没有什么差别，蹴球腿的脚掌触球比蹴正撞球偏后一些，即以脚趾部位压住即可，要保持脚跟不动，目视进攻目标，凝神静气，脚掌用力下压。随着脚掌力量的不断增大，球以回旋（下旋）的形式向前滚出，在向前移动的过程中保持回旋滚动，撞击目标球后，前移的动能即传给目标球，则以回旋的形式滚回来。

2. 训练方法

①练习前脚掌挤压球，使球向前压出后再向后回旋滚动，从而对前脚掌压球的位置和脚掌发力的方法进行准确的把握。

②用两个近距离球训练回旋球击打目标球练习。

③将目标球放置在靠近边线一侧，并不断变换本球与目标球的距离与角度，练习回旋球击打目标球。

(五) 蹴球后的结束动作

蹴球后的结束动作是指运动员将球蹴出后应保持身体的平衡姿势，这种技术运用得是否恰当直接关系着比赛的胜负。

蹴球结束后，应保持身体重心落在支撑腿上，蹴球脚摆至膝关节部位高时应及时制动，随即自然放下，形成双腿支撑，保持身体平衡，同时还要保证蹴球脚不能触碰场内其他球，目视进攻方向，对进攻的效果进行观察，做好下次进攻的准备或离场回到自己的场外位置。蹴回旋球时，球蹴出后，蹴球脚应迅速上提，否则很容易会因为脚碰触回滚球而犯规，然后自然放下，形成双腿支撑。

（六）应注意的主要问题

第一，蹴球对于用哪只脚蹴球并没有严格的规定，一般要求左右两脚均要熟练掌握，以适应赛场纷繁复杂的情况。

第二，支撑脚的最佳站位位置为 20 厘米左右，且站在球的侧后方。站近了完成蹴球动作易受到限制，动作拘束、紧张，不易于控制出球的方向和力量；站远了则用力分散，且易造成上体后仰，增加了维持身体平衡的难度。

第三，脚掌触球部位可根据临场需要进行适当调整，如蹴回旋球时，可偏于脚掌前部靠脚趾部位；主球两侧有被保护的球时，可偏内或偏外脚掌边缘，最好不要触及或影响其他球。

第四，抬腿前蹴是蹴球技术的主要环节，对于出球的准确性及力量的大小有重要的影响，要根据临场不同战术需要打出不同力量的球，原则是既有利于本方下一次进攻，又能在保证本球在界内的情况下将对方球击出界。

第五，蹴回旋球时，要保持脚跟不动，脚掌用力下压将球挤出，不能以脚跟移动，脚向后拉的方式使球回旋前滚，因为这样做是不符合蹴球规则的。

第六，攻方球出界，本次进攻队员必须在 15 秒钟内将球捡回并在球的同号发球区将球蹴入场内；守方出球，如果是在一次比赛中的第一个出界球，那么球的同号队员必须在 15 秒钟内将球捡回放置在中心点上，而如果是一次比赛中的第二个出界球，那么就应在球的同号发球区将球蹴入场内。

第七，一次蹴球结束后回到本号发球区场外，除非得到了相关人员的许可，不然，不许擅自进入场内或在场外任意走动。

二、蹴球的碰撞原理与力量分析

（一）蹴球的碰撞原理

1. 主球与目标球

轮及队员蹴球时，在规则范围内，队员可以蹴本方两球中的任何一球，而被队员选中的那一球也就是主球。主球以外的球，包括本方另一球和对方两球统称为"目标球"（或称"他球"）。蹴球比赛中运动员进行蹴球主要有两个目的：一是撞击目标球；二是将主球推送到有利于本方的位置上去。

2. 蹴球的形式

（1）非撞击球

球蹴出后，并不是为了要撞击他球，而是将球送往预定区域完成规则要求或做战术配合。如发球、回避、由停球区向外蹴的球、前进 1 米的进攻球等。

（2）撞击球

主球蹴出直接碰撞目标球。这种蹴球形式在蹴球竞赛中最常见，通过碰撞实现得分和获连蹴权，继续蹴球撞击再得分，从而达到一次进攻连续得分的目的。

3. 正撞与分球

（1）正撞技术

正撞蹴球时，按照规则要求，主球的球心要与目标球的球心相对应，使脚跟中心点、脚的中轴线、主球球心、目标球球心处在一条直线上，球蹴出后沿着这一条直线滚动触及目标球正后中部。根据不同球势，正撞又包含有这样几种情况：7 米以上的远距离正撞、3~7 米的中距离正撞、3 米以内的近距离正撞及 10~50 厘米的超近距离正撞等。撞击后，目标球以与主球相近的速度在主球原来的运动方向上前进，以上旋形式滚动的主球在自转的前冲力的推动之下继续跟进目标球前进一段距离，这又被称为跟球。前进速度的快慢、距离的大小，主要取决于撞击前的自转速度，自转速度快则跟进速度快、跟进距离大；反之，则跟进速度慢、跟进距离小。

而以回旋形式滚动的主球则由于自身产生逆旋的力量沿着原来的路线退回，这又被称为缩球。退回速度的快慢、距离的大小同样取决于撞击前回旋自转的速度，回旋速度快则退回的速度快、退回距离大；反之，则退回速度慢、退回距离小。

（2）半球技术

与正撞的情况不同，蹴半球时，主球只对目标球的一半进行撞击。要用主球的球心瞄准目标球的一侧边缘，使蹴球脚跟中心点、脚的中轴线、主球球心、目标球一侧边缘处在一条直线上，这样主球与目标球相撞时，正好是目标球的一半球，"半球"的称谓就是由此而来的。半球是分球的典型形式。

在半球蹴法中，主球撞击目标球后，按碰撞规律，主球按半球的正常分球角度45度自然运行。如果第二目标球与第一目标球及主球是像图中所示的那样的话，那么运用半球的蹴法，就可以实现运用主球来直接击中两个球并获得连蹴两次的机会。懂得蹴半球的原理后，就能利用半球的性能创造多得分和连蹴两次的机会，更重要的是半球的分球角度可为下面要介绍的厚球和薄球蹴法提供参考。

（3）厚球与薄球技术

掌握了半球蹴法后，再对厚球和薄球进行探讨就比较容易了。主球撞击目标球半只以上直至全只的，都称为厚球。主球撞击目标球少于半只直至擦一层皮的，都称为"薄球"。实战中，凡是分球角度比半球的分球角度（45°角）还要小的球，就应选择用厚球或薄球的蹴法，至于是用厚球蹴法还是用薄球蹴法，则要根据厚球与薄球撞击后主球和目标球的前进速度特点及当时的球势情况来决定。

蹴厚球时，要用主球的球心瞄准目标球一侧边缘至球心之间的某一点，这样主球就会撞击目标球的半只以上直至全只（半球与正撞之间）。撞击越厚，分球角度越小，目标球也就会以更快的速度前进，主球跟进速度越慢。

蹴薄球时，要用主球的球心瞄准目标球一侧边缘至边缘以外球的半径的距离之间的某一点，这样主球就会撞击目标球的半只以下直至擦至一层皮（半球与擦皮球之间）。撞击越薄，分球角度越小，主球也就会以越快的速度前进，而目标球的前进速度则会越慢。有时目标球只稍动一下，这就是擦皮球。

这两种蹴法，在同一球势下，所产生的效果是截然不同的。因此，实战中应根据不同球势和战术需要适当选用。

由于判定分球角度是凭运动员的肉眼，因此其精确程度是不可能像仪器仪表那样的。特别是当目标球较远时，更是如此。瞄准点的选择也是凭运动员的肉眼进行，只能确定大致在什么地方，而要精确到几点几厘米则是不可能的。因此，判定分球角度和选择瞄准点的精确程度，是人们在运动实践中体验和总结出来的，经验丰富的运动员会具有更高的精确性。

在对分球角度与瞄准点进行确定时，比较理想的一种办法就是利用半球的 45°分球角度做参考。因为半球的瞄准点正好是目标球的一侧边缘，这个瞄准点最明显、最好找，只要接近 45°的球势，都可以瞄准目标球的边缘，分出的球通常都会与第二目标比较接近。在明显小于 45°的球势中，则要根据战术需要首先确定是蹴厚球还是蹴薄球。蹴厚球则将瞄准点向边缘内侧移一点，蹴薄球时则将瞄准点向边缘外侧移一点。在实践中反复练习、反复体会、反复思考，逐渐积累经验，提高分球效果，只有这样才能将双球战术熟练地应用于实践之中，提高攻击威力。

（二）蹴球力量分析

1. 蹴出距离的分析

球被蹴出开始的位置到球停止的位置，球心到球心之间的长度叫蹴出距离。对蹴出距离的控制会严重影响到比赛的战术布局，在方向准确的情况下，球是否能准确到位主要取决于蹴出距离的大小。蹴出距离主要取决于蹴球腿抬腿前踹的力量。这个力量主要表现为抬腿前蹴的速度和脚掌压住球面的力量。

2. 非撞击球的力量分析

比赛中非撞击球有这样一些主要的形式：发球、由保护区开出的球、回避球、向 2 米以外对球方向前进 1 米的球等。控制好这类球的力量，按照战术要求来运用蹴球技术，抑制对方的进攻，为本方赢得有利的局面。在蹴出方向准确的情况下，本方进攻不利，如给对方留下有利进攻机会则更糟。比如发球战术，用力过重或过轻都是对本方不利的。用力重了球出界，给对方加 2 分；轻了未触及中圈线，给对方加 1 分。球不到战术需要的位置，这类球的到位情况直接由蹴出距离决定。因此，一定要对蹴球力量与蹴出距离的关系进行准确的把握，一般蹴球力量与蹴出距离成正比关系，力量越大，蹴出距离越远；反之，则近。运动员要通过不断的练习对这种关系进行深入的体会，并根据场地光滑平整情况、水平情况及当时风向和风力情况进行适当调整，使用适当的力量，打出理想的到位球。

3. 撞击球的力量分析

与非撞击球情况不同，撞击球还对撞击后主球和目标球到位的准确性进行了要求，撞击球的到位不仅与蹴球力量有关还与撞击形式有关，情况变得更为复杂。

（1）正撞球的力量

正撞后，目标球在主球原来的方向上以比主球原来速度稍小的速度前进，上旋的主球继续跟进一小段后停住，回旋球按原来方向退回。

①主球上旋的正撞。撞击后，主球与目标球的距离同撞击前瞬间的球速成正比，主球与目标球之间的距离会随着主球速度的不断增大而不断变远。

②主球回旋的正撞。撞击后，主球与目标球的距离除同撞击前瞬间主球前进速度成正比外，还同主球回旋强度成正比。

主球被蹴出时的位置与目标球停止的位置之间的距离会略小于相同力量下，非撞情况下主球被蹴出的距离。在实践中对蹴球力量进行控制时要对这些情况进行仔细的考虑，蹴出高质量的到位球，满足本方制胜的战术布局需要。

（2）分球的力量

侧碰撞击后，主球与目标球按各自的方向前进，这时除了要对主球和目标球的到位情况进行要求外，有时还要考虑到第二目标球的到位情况，即要考虑三个球的到位情况。这时球的到位情况不仅受到蹴球力量的影响，撞击的厚薄情况也会对之造成影响。因此，实践中要应用半球、厚球、薄球的知识来指导和控制蹴球力量，根据临场的不同球势，采用不同蹴球方法，用适当的力量实现战术目的。

三、蹴球运动战术的概念与特点

（一）蹴球运动战术的概念

蹴球战术是蹴球比赛过程中为了战胜对手，根据蹴球竞赛规则、蹴球运动规律及彼我双方情况和临场的发展变化所采取的制约对方、争取胜利的蹴球计谋与策略。

战术是在技术的基础之上形成的，技术水平的高低严重影响着战术威力的发挥。此外，战术质量、战术水平的高低还与队员的心理品质、智力因素、身体素质密切相关。比赛过程中，运动员的技术、心理品质、智力水平及身体素质都是体现在具体的战术行动中的。竞赛实质上是技术、战术、心理、智力等诸因素的有机组合和全面较量。《运动训练学》中指出，对运动员战术能力的强弱进行评价，可以从这样五个方面着手：运动员战术理论知识的多少、战术观念的先进性、战术意识的强弱、所掌握战术行动的数量和质量、运用战术的针对性和有效性。事实上，除了运动员运用战术的针对性和有效性这个方面以外，其他四个方面都会随着时间的推移和训练的进一步深入而有较大幅度的提高，所谓运动员运用战术的针对性和有效性，我们可以从以下两个主要方面进行理解：首先，是指在比赛过程中运动员是否能够根据比赛情况正确选择并合理运用战术方案；其次，是指运动员能否通过对战术方案的准确实施来实现预定的进攻目标。

这两个方面的落实是要以运动员良好的战术意识和准确的蹴球技术为基础的。因此，在日常教学训练中，我们必须对运动员的战术能力进行培养，具体可以使用以下一些方法：

第一，在实战中训练。实战是最好的老师，实战中出现的千变万化的局面会给运动员提供丰富的战例和实战经验。

第二，预先设定模拟比赛场景和多种战术方案，并不断地进行巩固练习。

(二) 蹴球运动战术的特点

1. 单独性

蹴球竞赛规则规定：无论是单蹴、双蹴或是团体赛，队员只能按顺序单独进场蹴球。运动员只能单独完成战术的实施任务，场上总是一个人在单拼作战。因此，在双蹴的比赛中，应将技术精良、头脑清醒、心理素质较好的队员做 1 号队员（首发球队）或 2 号队员（次发球队）。这样，就可以保证有一个比较好的开始，既鼓舞了士气，也为本队拿到高分和为比赛胜利打下基础。由于单独性的特点，队员在场上要沉着冷静、审时度势、扬长避短，选择最佳的战术方案，从而保证每一轮次、每一蹴球权的具体任务得以完成。

2. 多变性

体育比赛的偶然性是众所周知的，由于队员水平发挥的情况不同，场地及对手情况的变化，比赛常常会出现许多意想不到的局面，因此事先制定的战术也是在不断地发展变化着的。能够不断根据赛场情况调整战术是一个球员成熟的表现。

3. 智慧性

每一种战术的实施，不仅仅是技术、心理素质、身体素质的综合反映，同时也是对队员的智慧程度的反映。对某种战术的选择与运用常常与球员的经验和智力程度密切相关。作为轻体能、重技巧、重智慧的一项运动，经验和知识对于运动员而言是更为重要的，这样才能提高应变能力。

4. 整体性

比赛过程中，虽然队员只能单独按顺序进场蹴球，但这并不意味着每个人都是各干各的。战术布局应体现出相互间的衔接与配合。队员上场时，首先就应该对场上的形势有一个清楚的把握，既要考虑到自己本次蹴球权的情况，也要考虑到下一个对方队员的情况及本方另一队将要面临的形势。要从全局出发，突出二人的配合，不计较一球的得失，从而获得整体上的胜利。如1号队员上场时，双方球相距7~8米之外，如果本人没有把握得分，并且对方2号队员也没有过硬的蹴远球技术，1号队员应将球向对方推进1~2米，造成对方攻击无把握，而多向前前进1米就会造成本方不利的被动局面。

四、蹴球运动的战术原则

（一）以攻为主，攻守兼备

进攻性是蹴球运动的固有特性，这一特性也是由蹴球比赛的规则所要求的。规则规定，队员在比赛中必须积极进攻，所蹴出的球必须向对方球的方向，就是意在不撞击球，也必须向对方球方向前进1米以上。此外，10米×10米的比赛场地，球与球之间相距不远，不进攻就会陷入被进攻的境地，就意味着交出比赛主动权。蹴球运动的这一特性决定了在战术运用上必须以攻为主，在撞击对方球、将对方球击出场外、将己方安全岛的球击出安全岛外的有利位置等环节中，要十分注重进攻战术组合作用的发挥，并根据对方的进攻战术及场上实际情况，组织有效的防守战术，在战术运用上做到以攻为主、攻守兼备。

(二) 从实际出发，务真求实

蹴球攻防战术的运用必须从实际出发，务真求实，任何脱离实际、生搬硬套某种战术模式的做法都会陷己方于不利的地位。

从实际出发，首先，是掌握双方队员的实力情况。己方队员的心理素质如何、技术特点是什么、善于蹴什么样的球、其弱点又是什么等都应了如指掌，以求知人善任，扬长避短。另外，还要对对方队员进行多方面的了解，哪个队员是主力、其技术特长是什么，哪个队员是弱者、其表现在哪里，以便攻其短、避其长。任何战术的运用都必须以这个实际作为出发点，离开了这个实际，不仅战术难以奏效，而且会处于极端被动的局面。

其次，要对对方运用战术的实际情况有一个准确的把握。对方常以何种形式开局，对方攻防战术的特点及对方最擅长的攻防战术组合等也应有所了解。根据对方战术运用的实际情况，相应地采取能牵制对方、破解对方战术的攻防战术，破坏对方的战术意图，从而战胜对手取得胜利。

最后，是场地实际，比赛场地有草坪场地、人工草坪场地、土地等，而场地的平整度、光滑度、倾斜度等又有很大差别，因此，必须结合场地的实际情况来选择合适的战术，根据掌握的场地的各种不同情况，采取相应的攻防战术，这对于获取胜利也是至关重要的。

(三) 优势稳蹴，劣势巧攻

与其他球类运动相比，蹴球运动有一个显著的特点，那就是每个队员轮流上场竞技，当轮及队员蹴球，其余队员均在场外待命，蹴球队员从进场蹴球到蹴球完毕退场称为一个"蹴次"，由1号至4号的四次构成一个"轮次"，这样循环往复形成了蹴球运动的周期性规律。这一规律决定了对垒双方在比赛过程中，是不可能一直都处于优势地位的，如果不能很好地处理蹴球，优势方可立刻变为劣势方，而劣势方则变为优势方，甚至关系整局比赛的胜负。因此，在运用蹴球战术中应遵循优势稳蹴、劣势巧攻的战术原则。具体来说就是，占优势时一定要稳蹴，力争控制好场上的局势，扩大优势和战果，从而取得胜利。处于劣势时，不要气馁、不要急躁，要用隐蔽的战术伺机巧攻，要不放过对方出现的任何一个漏洞，夺回优势，转败为胜。

所谓稳蹴，即稳扎稳打，不蹴没有把握的球，在风险面前持谨慎态度，甚至不到万不得已的时候，不蹴同归于尽的球，从而使对方无机可乘。要密切注意对方的隐蔽战术和诱饵，以防上当，牢牢控制场上的局势。

所谓巧攻，与我们通常所说的撞大运是不同的，而是技术上的巧蹴，战术上的巧妙，战机上的巧抓，比分的巧用。要有计划地采取隐蔽战术，设诱饵促使对方产生错误，抓住出现的每一次机会，及时发起进攻，变劣势为优势。

（四）增强攻击力，创造连蹴球

蹴球规则规定一次蹴球击中对方2球，或一个对方球，一个本方球，可获得两次蹴球的机会，这叫连蹴。在发起进攻时，连蹴球的威力最大，效果也最明显，是使本方得分的最有力的手段。一次进攻，创造连蹴，从理论上讲最高得分可达16分，这在50分为一局的比赛中是十分重要的，一次连蹴的机会就能取得优势，甚至决定比赛的胜负。因此在战术运用中，必须十分注重连蹴球机会的创造，这包括两个方面：一是通过引诱对方，创造连蹴的机会；二是时刻观察局势，控制好己球的落点不给对方以连蹴的机会。通常情况下，一旦出现了连蹴的机会，即便冒着击不中球或己球出界失分的危险都应创造连蹴机会，必要时有意撞击本方球失分而获得连蹴球的机会。

总之，蹴球战术原则在蹴球运动中具有十分重要的作用，任何蹴球攻防战术的运用都必须在蹴球战术原则的指导之下进行。

第三节　陀螺基本理论及教学实践

一、概述

打陀螺是一项由民间传统游戏演变而来的深受少年儿童喜爱的传统体育项目。陀螺有陶制、木制、竹制、石制多种，以木制居多。木制陀螺为圆锥形，上大下小，锥端常加铁钉或钢珠。玩时以绳绕陀螺使其旋于地，再以绳抽打，使之旋转不停。由于各地玩法不同，在称谓上也有差异，如称"抽陀螺""打陀螺""抽地牛""赶老牛""拉拉牛"等。

关于陀螺的起源，最早出现在宋代，据麻国均（中央戏剧学院戏文系教授博士生导师。文化部优秀专家、国家非物质文化遗产评审专家，文化部优秀专家）等所著《中华传统游戏大全》考证，在北宋时期已经出现此项目。宋人周密《武林旧事·小经济》载："若夫儿戏之物，名件甚多，尤不可悉数，如……千千车、轮盘。"清人翟灏《通俗编》称："宋时儿戏物有千千，见《武林旧事》，皆陀螺之类。"另外，古代宫廷妇女喜欢玩耍的"妆域"之戏，亦与陀螺颇相关联。从上面的记载来看，"千千车""妆域"等旋转类玩具，都是陀螺的前身。在明朝，刘侗、于奕正合撰的《帝京景物略》有"杨柳儿青，放空钟；杨柳儿活，抽陀螺；杨柳儿死，踢毽子"的记载。但明朝时陀螺已成为儿童的玩具，而不是宫女角胜之戏了。根据记载，用绳子绕好了一抛一抽，陀螺便在地上无声地旋转。当它缓慢下来时，再用绳子鞭它，给它加速，便可转个不停。这种玩法流传了两三百年，一直到民国初年还有这样的玩法。另外，早在10世纪以前，中国的这种民间体育游戏就传到了朝鲜、日本等国，并流传至今。

陀螺运动在我国开展较普遍，玩法各异，而且各民族风俗不同，打陀螺的开展形式也有所差异。如云南傣族称陀螺为百跌，陀螺形状接近现在正规比赛用的陀螺，其打法为集体对抗，攻击方在10米外进行攻击。击中后以旋转时间长的为胜，同时可用拨、赶、吹等延长旋转时间，无固定场地；郭泮溪先生在《中国民间游戏与竞技》一书中，也详细介绍了瑶族人打陀螺比赛的情形。瑶族人在每年农历十月到次年二月的农闲暇日，都要开展各种形式的打陀螺活动，其中以正月十五元宵节举行的打陀螺最为热闹。比赛方式是一队队员旋放陀螺，另一队队员在一定距离之外以陀螺击打对方旋转的陀螺，如果未击中对方陀螺，判定为负；如果击中对方的一个或者几个，则以击中和被击陀螺旋转时间的长短判定胜负，然后判罚负的一队旋放陀螺，胜的一队击打之。佤族称陀螺为布冷，其头大身细、形似鸡枞，形状奇特，每逢新米节和春节期间，都要举行打鸡棕陀螺的比赛，他们在地上画两条线，分前、中、后三场，参加活动的人轮流旋转陀螺和打陀螺。此外，打陀螺也是苗族儿童所喜爱的一种活动，苗族地区有两种比较特殊的陀螺：一种是打陀螺，直径20厘米，用于比赛碰撞；另一种是两头尖的陀螺，两头都可以旋转站立，比赛时，用鞭抽陀螺，使其旋转，双方陀螺相撞，被撞倒者为负。

二、特点与价值

打陀螺是一项融对抗性、技巧性、趣味性为一体的综合性体育活动，它对场地器材要求不高。参加者不受年龄和性别的限制，非常容易开展。不论是参加或观看高水平的陀螺比赛，往往能给人一种赏心悦目、人陀合一的感觉，尤其是进入比旋状态时，比赛场上情况瞬息万变，扣人心弦。比赛不仅是技术、战术和体力的较量，更是意志、胆量及智慧的心理战。陀螺比赛与射击运动类似，要求运动员注意力集中，有较强的心理控制能力，排除各种因素的干扰，保持动作的稳定性。

陀螺运动强度较低，主要依赖于上下肢的协调配合来实现其旋转，由于陀螺出手后的运动轨迹是一条弧线，且由于力量、速度的不同，弧度也不同。因此，陀螺运动能较好地锻炼人的本体感觉。由于打陀螺时要调整远距离视物的视差，靠协调身体的动作来调节击打陀螺的精准度，使中枢神经系统中的视神经调节活跃，运动神经高度兴奋有助于缓解大脑疲劳。陀螺运动无论是进攻技术还是防守技术都要求整个动作协调连贯。因此，经常从事陀螺运动可以使腿、腰、髋、膝、颈、肩、臂等部位关节和肌肉得到一定程度的锻炼，提高人体的肌肉力量、耐力素质、平衡能力和协调能力，增强体质，促进健康。另外，通过打陀螺比赛，还可以增进友谊，交流技艺，丰富人们的文化生活。

三、基本技术与方法

（一）旋放技术

旋放技术是使陀螺由静止旋转起来的技术，通常是以细绳缠绕陀螺柱体部分，然后将陀螺掷地，顺势猛拉绳子，使陀螺旋转，全过程可分为准备动作、掷陀、拉陀三个组成部分。

1. 准备动作

准备动作包括缠陀、握陀、持陀持鞭、预备姿势等。

（1）缠陀

以左手大拇指、食指和中指抓紧陀螺的柱体下部，无名指屈指贴附于陀螺锥体部位，陀螺底锥朝手掌将陀螺握稳；右手将鞭按顺时针方向从陀螺柱体上部开始逐渐向中部缠绕陀螺，至鞭绳缠完或留 20~30 厘米（可随个人习性而定）为止，缠绕用力要适当，缠得过紧。绳子张力大，易拉伤绳子，缠得太松。旋放时力量传递受损，不易旋准旋快，影响放陀效果。

（2）握陀

缠好陀后，左手大拇指与食指中指握住陀螺主体，无名指、中指贴于锥体部，将陀握稳。

（3）持陀持鞭

左手握好陀后，右手握住鞭杆把端，这时由于鞭与陀连成一体，双手、双肩活动方向及幅度应一致，左臂向左侧前方自然伸出，右臂屈肘随之左摆，将陀和鞭持于身体左侧前方胸腹之间。

（4）预备姿势

放陀前，右肩侧对旋放区，两脚左右开立，稍宽于肩，右脚与旋放区中心点的距离以鞭绳长减去（1.25±0.05 米）为宜。两膝微屈，上体前倾，重心落在两脚之间，左手持陀于左侧前方，右手持鞭于腹前，眼睛注视旋放区中心。放陀前可以腰为轴转动上体，左手持陀做两三次预摆的瞄准动作，两膝随上体转动屈伸调整身体重心；也可不做预摆，左手持陀向左侧方引臂，右手持鞭随摆，重心随之移至左脚上，左膝微屈，维持身体平衡，保证掷陀有较长的工作距离。

2. 掷陀

掷陀是放陀技术的主要环节，动作是否准确、用力是否恰当直接影响陀螺的旋转力量和落点的准确性。在引臂瞄准或预摆结束后，利用左腿蹬地向右转体的力量，带动左臂向前挥摆，左手不做任何屈腕和拔指动作，全身力量通过手臂和手指作用于陀螺，注意控制陀螺出手方向和路线，使陀螺头朝上、锥朝下向旋放区飞出。

3. 拉陀

左手将陀螺掷出后，右手持鞭顺势前摆。陀螺在向前飞行过程中，由于受到鞭绳的拉动，产生顺时针方向的旋转，当陀螺飞到旋放区上方距离地面 20 厘米左右，右腿用力蹬地向左转体，右手持鞭向左猛力回拉，使陀螺的旋转获得更大的动力，同时使前飞的陀螺因回拉而平稳地落于旋放区内。拉陀后持鞭迅速退出比赛场区。

（二）攻陀技术

攻陀技术是将陀螺缠绕细绳后向前扔出，使之旋转着飞去击打另一个正在旋转的陀螺的方法。全过程可分为准备动作、掷陀、拉陀三个部分。在缠绕、持陀持鞭的方法上和旋放陀螺是一致的。由于攻陀要掷的距离更远，准确性要求更高，因此在准备姿势、掷陀、拉陀的技术环节上与放陀有明显不同。

1. 准备姿势

在陀螺运动发展的过程中，各地使用的准备姿势繁多，且不同的运动员又各具特色，主要归结为正面、侧面、侧面高姿、侧面低姿、原地准备姿势、上步准备姿势等。常用的是正面姿势和侧面高姿，均为原地准备，以右手握陀为例，方法如下：

左脚站在攻击线后，右脚向右后开立稍宽于肩，右腿屈膝，上体侧后仰，斜侧面对攻陀方向，重心偏向右脚，右手持陀向右后上方引臂，左臂屈时持鞭于右胸前，眼睛注视守方陀螺。

2. 助跑

助跑是为最后用力发挥较大的力量和速度创造有利的条件。助跑一般是在4~5步，速度不能太快，应逐渐加快，脚步自然放松，上体面向前方，眼睛瞄准目标，手臂自然摆动，到最后两步时，上体右转向后一步超越器械。

3. 掷陀

掷陀是攻陀技术的关键环节，动作质量的高低直接影响到攻击的准确性、速度和旋转力量。

陀螺出手时的速度大小、角度、方向及出手点高度是决定陀螺落点的主要因素，掷陀动作就是为了使这几个因素得到理想配合，从而提高攻陀的有效性和旋转强度。

准备姿势：瞄准好守方陀螺后，利用右腿蹬地身体左转的协调力量，带动右臂向前下方快速挥摆，至肘关节伸直时将陀螺掷出，使陀螺平头朝上锥尖朝下对准守方陀螺飞出。陀螺离手后，右臂随势向斜下摆动，腿屈膝维持身体平衡，防止踩越攻击线。

4. 拉陀

拉陀是陀螺旋转力量的来源，拉陀技术就是为了使陀螺获得尽可能大的旋转强度，并适当调节陀螺飞行弧线，控制陀螺落点。右手将陀螺掷出手后，左手随即持鞭顺势左摆，用力拉动绳鞭，使陀螺在快速飞行的同时，在鞭绳的带动下产生顺时针方向的旋转，当缠绕的鞭绳全部拉完后，陀螺随即沿鞭绳拉力结束时的方向、角度飞向守方陀螺。鞭绳拉完后迅速收回鞭，防止鞭绳及守方陀螺和鞭杆触及比赛场区。

（三）陀螺运动基本战术

陀螺战术是指陀螺比赛中，队员根据陀螺运动的规律及对方与本队的风格、特点等具体情况来确定个人或者集体配合的进攻或防守组织形式。陀螺的战术有个人战术和集体战术两大部分，下面将各种类型的战术做简单的介绍：

1. 个人战术

个人战术包括个人进攻战术和个人防守战术。个人进攻战术又包括全力攻和巧攻两类。个人防守战术主要有四边式、中间式、游离式三种。

全力攻：为使各种进攻达到预期的效果，必须根据比赛的实际情况，合理地运用全力攻并掌握好出陀的方向、力量、落点，以争取有效的命中。其顺序是首先选择共计目标；其次掌握好攻击时机；最后攻击力量与落点要准确、适当。

巧攻：在比赛中有很多情况是始料不及的，如旋放效果差或死陀等，这些情况虽在高水平运动员中不会发生，但有时也不可避免，当遇到时，要进行巧攻。比如轻攻、吊攻等，但队员此时不仅要沉着、机智，并充满自信，还要掌握过硬的攻击技术。

2. 集体战术

集体战术也包括进攻战术和防守战术两部分。集体进攻战术主要有"二一式"和"一二式"两种，集体防守战术一般是根据规则和进攻战术所采用的配备方式。

四、竞赛方法和场地器材

（一）竞赛方法

1. 比赛项目

陀螺比赛可设置男子团体比赛、女子团体比赛、男女混合双打、男子双打、女子双打、男子个人赛、女子个人赛等。

2. 比赛人数

团体比赛，每队可报 4 名队员，其中 1 名为替补队员；双打比赛，每队可报 3 名队员，其中 1 名为替补队员；男女混合双打比赛，每队可报男女各两名队员，其中男女各 1 名为替补队员。一场比赛只允许替换 1 名队员。

3. 计分方法

陀螺是一项两队在比赛场地上，从守方旋放陀螺开始，由攻方将自己的陀螺抛掷，击打守方陀螺，将守方陀螺击出比赛场区或比守方陀螺在比赛场区内旋转的时间更长的比赛项目。比赛只记攻方得分，以当场比赛的累积得分决出该场胜负，得分多的队为获胜队。每次进攻可得分值为 0、1、2、3、4，即打停及击中死陀，攻方陀在场内旋转得 4 分，攻守双方均未出界则比旋，旋胜得 3 分，旋平得 2 分，旋负得 1 分，攻守双方均未出界得 2 分，攻方出界、守方未出界得 1 分。攻方踩、越线，第一落点不在旋放区的间接击中、未击中，裁判未报分之前身体触及场区内，均属无效进攻得 0 分。

4. 比赛方法

比赛由裁判员鸣哨示意，攻守双方队员在各自预备区内就位。攻守双方运动员须在预备区内将陀螺用鞭绳缠绕好，缠绕在陀螺上的鞭绳长度不得少于 1 米。裁判员鸣哨并用明确手势示意守方队员旋放陀螺为比赛开始。守方队员可在旋放区外任何位置旋放陀螺。待守方队员旋放陀螺并退回预备区后，裁判员即鸣哨并以手势发出攻击信号，攻方队员即可对守方陀螺进行攻击。

当裁判员做出判定报分，并发出捡陀信号后，该次攻守即结束。攻守双方队员方可进入比赛场区内取回陀螺。

5. 比赛胜负

以第九届全国少数民族传统体育运动会为例，陀螺比赛主要分个人赛和团体赛。

（1）个人赛

个人赛包括单打和双打，分两个阶段进行。第一阶段采用分组循环赛；第二阶段抽签排定位次，采用淘汰赛及增加附加赛决出第 1 名至第 8 名。

单打比赛：一场比赛后双方得分相等，抽签决定攻守顺序，每人再攻守各 1 次。若得分再相等，则继续加赛，如加赛 5 次，比分仍相等，则以本场比赛加赛前的最后一轮（第六轮）的分值给予判定。如仍相等，再以第五轮的分值多少给予判定，依次类推。如仍相等，则以抽签决定胜负。

双打比赛：一场比赛后双方得分相等，抽签决定攻守顺序，加赛一轮。若得分再相等，仍按此方法处理。如加赛 3 轮比分仍相等，则以加赛前的最后一轮中的 4 分、3 分、2 分、1 分的多少给予判定。如仍相等，则以倒数第二轮的相应得分给予判定。如仍相等，则以抽签决出胜负。

（2）团体赛

分两个阶段进行：第一阶段采用分组循环赛；第二阶段由各组优胜名次共 8 个队，抽签排定位次，采用淘汰赛及增加附加赛决出第 1 名至第 8 名。第一阶段分组循环赛根据第八届全国少数民族传统体育运动会陀螺比赛团体成绩设种子；第二阶段淘汰赛根据分组循环赛成绩设种子。参赛不足 8 个队，采用不分阶段、不分组循环赛。

团体比赛结束后，若两队得分相等，休息 5 分钟，抽签决定攻守顺序，加赛一局。若得分再相等，仍按此方法处理（中间无休息）。如加赛 3 局比分仍相等，则以加赛前的最后一局中的 4 分、3 分、2 分、1 分的多少给予判定。如仍相等，则以倒数第二局的相应得分给予判定。如仍相等，则以抽签决出胜负。

（3）循环赛名次计算

各队（人）胜一场得 2 分，负一场得 1 分，弃权得 0 分。积分多者名次列前。若遇两队（人）积分相等，以两队（人）之间的胜负决定名次，胜者列前。若两队（人）以上场次积分相等，则根据他们之间的场次得分计算，得分多者名次列前；若得分再相等时，按各场比赛所得 4 分、3 分、2 分、1 分的累计总次数顺序（不含加赛得分）类推决定名次，大分值多者名次列前。若再相等，则从比赛最后一场的最后一陀开始，往前类推对比，分值高者列前，直至推算出最终结果。

（二）场地

陀螺比赛在平整无障碍物的地面上进行。场地包括比赛场区和无障碍区。比赛场区为长 20 米、宽 15 米的长方形，场地中间设置直径 1.6 米的旋放区，旋放区可铺设橡胶垫，男子的攻击距离为 6 米，女子的攻击离为 5 米，四周应有 2 米以上的无障碍区。

守方预备区：在场地边线外记录台一侧距底线 7.5 米的无障碍区，画一个宽

2 米、长 4 米的长方形区域为守方预备区。

攻方预备区：在场地边线外记录台一侧底线外无障碍区内画一个长 4.5 米、宽 2 米的长方形区域为攻方预备区。

死陀放置点：是由底线中点并垂直于中点，向场内 9 米处画出的一个半径为 0.05 米的圆。

旋放区：是以死陀放置点中心为圆心，以 0.8 米为半径画的一个圆。

攻击区：以旋放区圆心垂直底线为中轴，以中轴为轴心线，从底线起向场内 4 米处，设间距为 6 米的两条平行线，以此构成的区域为攻击区可向底线外无限延长。

攻击线：攻击区内设攻击线。男子攻击线距旋放区圆心 6 米，女子攻击线距旋放区圆心 5 米，场地线宽以内沿计算为 20 米，攻击线宽以外沿计算为 5 米。

（三）器材

陀螺：比赛一般采用非金属平头陀螺，陀螺不得上色，除锥尖可装置直径不超过 4 毫米的铁钉外，不得填充、装饰金属或其他材料。陀螺直径为 9~101 厘米，高度（含铁钉高度）为 10~12 厘米，陀螺圆柱体高度为 5~6 厘米，重量不得超过 900 克。比赛前陀螺应经过检验，检验合格并做标记、攻守陀螺应区别标记。

鞭：由鞭杆和鞭绳组成。鞭绳不得用金属材料制作，其粗细不限，长度不得少于 2 米。一般情况下，鞭杆长度男子为 6 米，女子为 5 米，鞭杆可有可无；如有，长度不得超过 0.6 米。

第四节　民族健身操基本理论及教学实践

一、民族健身操定义与分类

（一）民族健身操的定义

民族健身操是在民族舞蹈、健美操和少数民族传统体育项目的基础上发展而来并形成的一项独具特色的健身项目，现在已经成为全国少数民族传统体育运动会的正式比赛项目。它主要是从少数民族群众的民间生活中产生的，是将人们祭祀、祈祷、节日庆典娱乐等活动表现出来的肢体动作或主题观念进行加工整理，并不断吸收现代健身健美操和民族舞蹈的一些成分，在民族音乐的伴奏下进行的一种体育运动和文化娱乐活动。

民族健身操的很多动作和艺术风格取材于民族舞蹈。舞蹈是通过表达人们的思想感情来反映社会生活的一种艺术。它以人的肢体为工具，并通过经过提炼、组织和艺术加工的人体动作来表现出来。舞蹈是人类本能的、与生俱来的一种艺术形式，是用于表达心理感悟的人类共通的形体语言。早在人类语言文明产生之先，人们就用表情、姿态和动作来表达感情，传递各种信息。从广义上讲，在自己民族中起源和流传的，而且是自己民族所独有的舞蹈形式就是民族舞蹈。从狭义上讲，一个民族特有的或专有的舞蹈形式就是民族舞蹈。民族艺术的主要来源是民族的社会劳动实践，它可以反映一定的民族精神生活和物质生活。但具体到某种特定的文化或艺术形态的起源、演化，则有其特殊因素。除劳动说之外，它可能还与祭祀、娱乐、战争等有密切关系。

中华民族民间舞蹈是一个绚烂夺目、五彩纷呈的民族舞蹈体系。由于不同民族的社会环境、经济模式和文化风俗等存在着很大的不同，因而民族民间舞蹈也表现出了很多的差异，不仅表现在主题内容和外部形式，而且也表现在节奏和艺术感上。但它们也有相同点，以功能作为划分依据，大体可划分为宗教祭祀性舞蹈、仪式性舞蹈、娱乐性舞蹈、民族历史传衍舞蹈和生产劳动传衍舞蹈等。虽然不同民族所流传下的民间舞蹈风格、形式和内容各有不同，或婀娜多姿，或热烈奔放，或源于祭祀宗教仪式，或为表达倾慕之情，但都包含着丰富的民族文化内涵，都是对中华民族悠久历史的充分展现。这些都来自大山、森林、江河湖泊和广阔原野等一些清新自然的环境中，仿佛还散发着泥土的芬芳，充满着民族豪情。

在设计和编排民族健身操的过程中，从健身健美操那里借鉴了很多元素。健美操作为一项现代体育运动，深受广大人民群众喜爱，普及性极高，是融舞蹈、体操、音乐、娱乐为一体的健身运动。我们可以将健美操运动划分为表演健美操、竞技健美操和健身健美操三大类。其中，健身健美操的群众基础是最好的。健身健美操的目的在于提高体质，增进健康，这个特点使其适合社会不同阶层各个年龄段的人群练习。

由于民族健身操的提法是近年来才出现的，对于它的确切概念，目前学术界还没有形成一个比较统一的观点。其中，黄咏老师对民族健身操做出的界定是：民族健身操是在经过操乐化的民族音乐的伴奏下进行的以民族舞蹈语汇操化动作为主的身体练习，是以达到提高各项身体素质、传承优秀民族文化、健身健心为目的的一项民族传统体育项目。

通过对各种已有的研究与界定进行分析、对比与综合的情况下，本节对民族健身操做出了这样的定义：民族健身操是以民族舞蹈动作和民族素材为元素，以操化动作为基础，在民族音乐伴奏下，以身体练习为基本手段，在确保有氧运动的条件下，达到增进健康、塑造形体、休闲娱乐和传承优秀民族文化为目的的一项体育运动。

（二）民族健身操的分类

1. 推广类民族健身操

以健身为目的，通过全面活动身体，提高有氧代谢能力，增强体质，以达到促进健美、焕发精神、陶冶情操和传承民族文化的目的。推广类民族健身操面向大众，具有相对较低的强度和难度，年龄、性别、职业及社会层次等对其的影响较小，适用范围比较广泛。

2. 表演类民族健身操

属于展示性与观赏性范畴，主要是为了介绍、推广、传播，以及带动民族健身操的发展，丰富人民大众的业余文化体育生活。展示与观赏是其最主要的目的。

3. 竞技类民族健身操

以竞赛为目的，有特定的竞赛规则和评分方法，须完成一定的难度动作，参赛者需要具有较高的身体素质、技术能力及艺术表现力等，是展示人体健、力、美，全面素质和民族特性的竞赛项目。

二、民族健身操的特点、价值与功能

（一）民族健身操的特点

1. 浓郁的民族性

（1）民族健身操的民族性在动作方面的特点

少数民族健身操是一种新兴的健身运动，它把少数民族舞蹈与健身操运动创造性地结合在一起，既有力度鲜明的健身动作，又有艺术感丰富的少数民族舞蹈元素；既有感人的艺术表现力，又有深刻的文化内涵。其动作特点既有健身性，同时还肩负着民族文化传播的重任。

（2）民族健身操的民族性在音乐方面的特点

音乐始终伴随着人类社会的前进发展，表现出其独特的艺术魅力。民族健身操选用的都是民族音乐的精品，具有浓厚的少数民族风情、悦耳动听的旋律及较强的节奏感。这些音乐为人们所熟悉，具有很强的感染力，容易让人们产生浓厚的兴趣，培养人们积极的锻炼意识，彰显动作的内在表现力，使人产生一种振奋、欢快、跃起舞的情绪。民族音乐的艺术感染力，能够产生强大的凝聚力，这对于增强民族认同感具有很大的帮助。使用优秀的民族音乐来创作民族健身操，可以极大地推动这项运动的快速健康发展。

2. 地域性

不同民族因生活的自然环境、气候条件、社会历史、宗教信仰和风俗习惯等方面的不同，表现其民族精神、情感、观念的民族艺术也有着明显的差别，因而任一民族健身操都体现出本民族所特有的风格特征及独特韵味，而这也赋予了少数民族健身操另一个鲜明的特色，那就是地域性。例如彝族的"烟盒健身操"就是取材于云南红河州一带彝族的"烟盒舞"（也叫"三步弦"或"跳弦"）。在创编烟盒健身操的过程中，将"烟盒舞"中"风点头""正弦"等基本元素融合了进来，音乐用四弦琴演奏为主的韵律，风格优美，气质古朴，民族地域特色十分浓郁。又如云南特有民族佤族的佤族健身操，其创编动作不仅包含佤族民间木鼓舞中的"两步一踏""跺脚""甩手走步"，还融合了佤族独有的甩发舞中的"跨步扭动""胸部含展""甩发绕肩"等动作元素，这套健身操将佤族特色淋漓尽致地体现了出来。这些充分体现各民族各地方特色文化，具有独特个性的民族健身操正是保留并突出、发展了本民族、本地域的这些独特艺术特点，赋予了其鲜明的地域性，才能脱颖而出，具有鲜活的生命力。

3. 高度的艺术性

民族传统体育项目包含两大类，分别是现代纯竞技体育项目和侧重于表演性质的体育项目，而民族健身操就属于后者。它是民族体育与艺术完美结合的代表，具有极高的艺术表演性，拥有着极高的审美价值。民族健身操运动是一项追求人体健与美的运动项目，因此民族健身操运动属健美体育的范畴，具有较高的艺术性。民族健身操运动的艺术性主要体现在其"健、力、美"的特征上，人类有史以来对于身体状况的最高追求就是"健康、力量、美丽"。在民族健身操运动中，无论是推广类民族健身操、表演类民族健身操，还是竞赛类民族健身操，无不处处表现出了"健、力、美"的特征，这导致人们对民族健身操表现出了极大的兴趣。它使人们全身心地参与到民族健身操的整个过程，欣赏健身操的美，体验运动带来的快乐，深刻感受独特民族艺术的多重属性。它不仅体现出我国少数民族传统体育的艺术特性，更是少数民族健身操的魅力核心。这主要有两个方面的表现：一方面，是少数民族自古流传下的独特的艺术魅力。独特的动作表达形式再现出生产、生活和娱乐的情景，流露出浓郁的自然气息。再加之旋律优美且风格迥异的民族音乐和现代健美操清晰音乐的节奏感，更是将不同民族迥异的艺术表现个性充分地展现了出来。另一方面，是民族健身操极强的民族艺术性。舞者所穿着和佩戴的民族风情各异、色彩斑斓的少数民族服饰和饰品给人以强烈的视觉冲击，展现出各民族迥异的劳动审美情趣。民族健身操以其独特的民族性，对不同民族的悠久的社会历史、民族风俗、生活习惯及第一特色等进行了深刻的反映，具有扎实的群众实践基础，从而形成了别具一格的动作表达形式。

民族健身操动作协调、流畅、有弹性，不仅具有增强锻炼身体素质的作用，而且从中得到了美的享受，提高了素养和艺术修养。而竞赛类民族健身操运动员在比赛中所表现出的健美的体魄、高超的技术、流畅的编排和充沛的体力等也无不给观众留下深刻的印象，充分体现了民族健身操"健、力、美"的特征。因此，可以说民族健身操具有高度的艺术性。

4. 强烈的节奏感

民族健身操动作具有强烈的节奏性特点，并通过音乐充分地表现出来。因此，音乐在民族健身操运动中发挥着无可替代的作用。民族健身操音乐的特点具有强烈的民族风格特征，节奏强劲有力，旋律优美，具有烘托气氛、激发人们情绪的效应。

民族健身操运动之所以深受人们喜爱，除练习本身的功效性、动作的时代感外，另一个十分重要的原因就是民族健身操因现代音乐的加入而具有了活力。民族健身操动作与音乐的和谐统一，节奏感强烈，使民族健身操练习者更具感染力，使民族健身操运动的比赛和表演更具观赏性。

5. 广泛的适应性

民族健身操集健身、娱乐、治疗、防病于一身，具有多种多样的运动练习形式，动作优美流畅，简单易学，运动量适中，不受时间、场地、器材、人数、气候等条件的限制，老少皆益。不同年龄、不同体质的人可以通过控制动作的速度、幅度和练习时间来调节运动量和强度，各种人群都可以找到与自己相适应的方式进行民族健身操运动，都能从民族健身操运动的练习中得到乐趣。例如中老年人可选择低强度的有氧练习，由于其目的主要是锻炼身体、娱乐身心及保持健康等，因此可以选择推广类傣族健身操等；而具有较好身体素质、有意进一步提高的年轻人，可选择难度较高、运动量较大的竞赛类民族健身操动作，如竞赛类佤族健身操。通过民族健身操运动的练习，不仅锻炼了身体，而且还有助于其技术的不断提高，满足其进取的要求。因此，民族健身操运动具有广泛的适应性，是一项适应面广、开发价值大的全民健身项目。少数民族健身操广泛的适应性具体体现在各民族群众的广泛参与上。

6. 健身性

民族健身操的动作源于对民族舞蹈动作元素的提炼与整合，其肢体运动具有一定的身体锻炼价值。尽管民族舞蹈动作是民族健身操的基本元素，但其是在有氧运动的基础上，经过解剖学、生理学、体育美学和健美操运动等多学科的理论指导创编而成，其动作和形式具有明显的全面性、对称性和针对性，因此还具有塑造形体及改善体态的功能，对提高生理功能更是有良好的功效。

（二）民族健身操的价值

1. 民族健身操的社会交往价值

在现代社会，交往已经作为一个重要的社会活动主题，这不仅是人的心理和精神世界发展的具体要求，也是促进健康、培育健康生活方式的需要。随着社会进步，人们的生活空间逐渐缩小，亲友、邻里、同事之间的交往因各种原因受到限制，这对于人们之间关系的正常化造成了不利的影响，使得人与人之间更加冷漠无情，严重阻碍了社会的和谐与进步。而民族健身操作为一项健身锻炼活动，有着独特的魅力，它以其科学的锻炼手段、丰富多彩的锻炼内容、时尚动感的动作及其博大精深的传统文化内涵，引起了广大人民群众参与的兴趣，为广大人群提供了一个交流的平台。民族健身操最为主要的一个练习方式就是集体练习，而参与的人群来自社会的各个阶层，没有年龄、性别及民族的限制。健身者聚集在一起进行健身练习，共同欢乐，互相鼓励，使人们之间的沟通与交流得到不断增强，同时也使人们同社会的交际面得到了极大的扩展，从而认识到更多的人，有效地促进了个人与个人、个人与群体、群体与社会乃至整个社会和谐交往和健康发展，对于整个社会的文明程度的提高都是有利的。

2. 民族健身操的旅游商业价值

随着社会经济的发展，人们的生活水平有了很大程度的提高，有了更多的余暇时间，人们对于旅游的喜爱程度也越来越高，一种为了愉悦而进行休闲、消费的短暂体验，又强调以健身健体为主旋律的这种独具价值的体育旅游，越来越引起人们的高度重视。民族健身操融音乐、舞蹈、娱乐融一体，能够将地域性、民族特色及群众互动性更加深刻地体现出来，旅游者对于少数民族文化、民族风情及民族健身操的魅力体会将会更加直接，对旅游业发展宣传提供了特色。民族健身操不仅是各少数民族独有的体育文化资源，而且还可以使旅游活动的内容变得更加丰富。如旅游者观看或参与民族健身操的活动中，可以很快消除精神疲劳，更好地融入大自然之中。因此，对少数民族健身操的体育旅游价值进行充分的挖掘和开发，对民族地区旅游产业逐步形成特色意义重大。充分利用民族健身操的文化资源优势，使其教育宣传作用得到充分发挥，开发出多样化的产业商品，对文化产业进行多形式的开发与营销，形成巨大的商业链，如民族服饰、工艺品、音像资料、体育书籍、游戏、电视电影传媒等一系列文化产品。因此，开展民族健身操运动对于各行业的发展都具有极大的带动与促进作用。

3. 民族健身操的健身娱乐价值

民族健身操将本民族人民劳动、生活、健身和传统舞蹈的基本动作同现代健身操的基本元素结合起来，练习者在科学有效的有氧训练的过程中，跟随着动感的节奏，使全身各部位按照不同运动方向、速度、幅度和力度，这样机体就需要承受一定的生理负荷进而得到锻炼，其力量、速度、灵敏、协调、耐力、柔韧等身体素质都有较大程度的提高。另外，系统的训练对于肌肉、关节、韧带及内脏器官等功能的改善也具有十分重要的作用，并能把人体各生理功能调节到最佳状态，从而使人体免疫功能得以提高，体能和耐力也得到很大程度的增强，进而增进人体健康，促进人身体素质的全面发展。因此，民族健身操项目具有极强的健身价值和功效。

民族健身操不仅具有优美的民族舞蹈动作，还具有节奏鲜明、动感十足的音乐，使人们在练习过程中感受少数民族舞蹈的韵味和动感，并将自己的姿态美通过优美的动作充分地展现出来，使练习者得到全身心的放松，进而帮助人们从工作的疲劳及社会的压力中暂时解脱出来。由于民族健身操所具有的独特的生命力与艺术性，使民族健身操真正地起到了健身、健美、健心的作用。

4. 民族健身操的文化传承价值

我国是一个多民族国家，不同的民族所具有的生活特点、风俗习惯及民族信仰等也各具特色，存在很大的不同，中国民间舞传承着千年的历史文化。每一个舞步、每一个动态、每一句歌词、每一幅服饰图案，都是对经过漫长的历史发展而形成的审美模式的体现。民族健身操的内容结构和表现形式都是从不同民族的各种风格与特色的民间舞中发展而形成的。民族健身操大胆融入了民族舞蹈元素，因此具有浓郁的民族性，具体的舞蹈动作体现特有的生活气息和情感色彩，载负着浓厚的原生文化积淀。练习者在练习民族健身操的过程中，通过不断地学习与体验民族健身操的技术动作内容，可以感受到强大的视觉与感觉冲击，起到了丰富人们的文化知识结构，感受我国各民族的民族文化内涵和传承、起到发扬我国各民族文化的效果。

在全球化浪潮的冲击下，民族传统体育也开始走向现代化，在不损坏与丢失民族精髓的基础之上，对它的传承还需要不断地吸纳和融合外来文化。将各民族舞蹈与现代健身元素进行融合与交会，使具有民族特色的传统体育项目走向国际化已成为重要趋势。民族健身操是现代社会为了传承民族传统体育文化而开发的一个创新项目，现在的民族健身操，已成为各民族文化交流与融合的产物，通过将民族舞蹈及现代健身操等元素整合起来，可以帮助人们在练习民族健身操的过程中逐渐了解和认识各个民族的风俗特点与文化渊源，所以在新型的民族体育项目中民族健身操有着强大的生命力。要实现对各民族健身操的推广与普及，就需要不断地挖掘各民族的资源和优势，将我国 56 个民族的优秀传统体育文化发扬光大，保持各民族共有的文化特点，从而使中华民族的认同感和向心力得到不断增强，促进世界各民族的交流合作。

（三）民族健身操的功能

1. 弘扬民族文化，增进民族和睦

近年来，少数民族传统体育的蓬勃发展推动了少数民族和民族地区群众体育活动的开展，使各族人民的身体素质都得到了增强，提高了少数民族传统体育运动水平，同时促进各民族之间的交往，消除各民族因地理环境、生活方式、文化传统带来的隔障。各民族欢聚在一起，既尊重民族风俗习惯，促进民族团结，同时也使民族自信心与民族自豪感得到了增强，有助于改善民族关系、增进友谊、加强团结、促进民族地区经济的繁荣和文化的发展，促进了社会主义物质文明和精神文明的建设，在社会主义和谐社会的构建过程中发挥着重要的桥梁作用。

在今天，我们通过推广普及民族健身操，正是以体育为载体、文化为内涵，实现对各少数民族优秀的传统文化的全面弘扬，是对各少数民族文化优势的一种认同。这有利于增强各民族的认同感，对维护和加强各民族之间的联系，增进民

族间的团结具有重要的作用。

2. 有利于全民健身计划的实施

民族健身操内容丰富，形式多样，种类较多，适合不同年龄的群体操练，且大多不受场地、器材限制，显示了巨大的经济实用价值。

3. 教育功能

体育是教育中不可或缺的一部分，早在人类社会的早期即原始社会时其所具有的教育功能就已经明显地显现了出来。许多少数民族通过体育活动，将生活与生产的技能传授给其他人或下一代。例如佤族的狩猎舞、爱促人的采茶舞、彝族的纺棉舞和哈尼族的栽秧鼓舞等。舞蹈中包含的一些运动技能本身就是生产、生活技能的提炼。民族健身操具有很好的积极因素，对于弘扬民族精神和提高民族道德素质具有十分重要的作用，在很好地传承这些文化风俗的同时，对人们形成良好的社会道德规范和民族心理也具有重要意义。

4. 传承民族体育文化

民族文化是各民族在其历史发展过程中创造和发展起来的具有本民族特点的文化，是各民族智慧的结晶，包括物质文化和精神文化。民族健身操是少数民族传统体育的新兴健身项目，在群众体育锻炼中占据着重要的地位。在西部这样一个多民族聚集的区域，各民族都有自己的文化传统和风俗习惯，民族健身操的创编源于各少数民族的生产、生活，体现了丰富的民族韵味。民族健身操在动作的编排上、音乐的选用上、服装的设计上，都是对各民族的民俗风情及生活情趣的深刻反映，展现了民族健身操极强的民族性和观赏性。民族健身操普及社会上，既可以发挥其传承优秀体育文化的功能，又满足了广大人民群众对少数民族传统体育项目的神秘感、新鲜感和好奇心，实现了民族体育文化与大众健身锻炼的双赢。

5. 增进健康美

健康是一种身体上、精神上、心理上和社会适应能力上的完好状态。健康美是一种积极的健康观念和现代意识。已有的研究表明，健康美是机体最有效发挥功能的状态。一个具有健康美的人不仅拥有良好的自我感觉，对于日常工作可以轻松应对，还有充沛的精力参加各种社交、娱乐及休闲运动。一个具有健康美的人，应该具备良好的心肺功能及速度、力量、平衡、灵敏和柔韧等身体素质。心肺功能的增强使心脏与循环系统有效运作，将机体所需的营养物质、氧气及生物活性物质运送到肌肉和各组织器官，同时还可以清除代谢产物，在有机体的生命活动中发挥着重要作用；肌肉力量的发展除了可以对强健的体魄进行塑造外，还具有强大的活动能力；身体柔韧性和灵敏性的发展可增大肌肉与关节的活动能力；减缓肌肉与附着组织的退化和衰老过程，使身体动作机敏、灵活，富有朝气。

民族健身健美操运动作为一项有氧运动，人们已经普遍认识到了其所具有的健身功效。研究表明，有氧运动最能增强人体的心肺功能，而民族健身操不仅具有有氧运动的功效，还可以使身体的柔韧性及灵敏性得到发展。因此，专家认为民族健身操运动和大众健身健美操运动是目前全面发展身体素质较为理想的运动项目。

6. 塑造形体美

形体分为姿态和体型。姿态即从人们平时的一举一动中表现出来的行为习惯，受后天因素的影响较大；而体型则是我们身体的外形。虽然，体育锻炼对于体型外貌具有一定的改善作用，但起决定作用的仍然是遗传因素。良好的身体姿势是形成一个人气质、风度的重要因素。民族健身操练习的动作要求与人们日常生活中的姿势要求基本一致。因此，长期进行民族健身操练习可以使不良姿态得到改善，给人以朝气蓬勃、健康向上的感觉。民族健身操运动还可以塑造健美的体型。通过民族健身操运动的练习可使骨骼粗壮，肌肉围度增大，从而弥补先天的体型缺陷，使人变得匀称、健美；另外，民族健身操练习还可以将体内多余的脂肪消除掉，维持人体吸收与消耗的平衡，降低体重，保持健美的体型。

7. 缓解精神压力，娱乐身心

随着时代的发展和社会的进步，人们在享受科学技术带来舒适生活和各种便利的同时，也受到了来自方方面面的精神压力。研究证明，长期的精神压力不仅会引起各种心理疾病，还会导致许多的躯体疾病，如高血压、心脏病、癌症等。民族健身操作为一项新型的体育运动，其动作优美、协调，有节奏强烈的音乐伴奏，可以使身体得到全面的锻炼，是缓解精神压力的一剂良方。在轻松、优美的民族健身操锻炼中，练习者的注意力从烦恼的事情上转移开，忘掉失意与压抑，尽情地享受民族健身操运动带来的欢乐，得到内心的安宁，从而使精神压力得到缓解，使人具有更强的活力和达到最佳的心态。

此外，经常参加民族健身操运动锻炼还可以使人们的社会交往能力得到增强。目前，人们参加民族健身操锻炼的方式都是在学校、社区、健身房等，在教师的带领和指导下进行集体练习，而参与民族健身操锻炼的人来自社会各阶层。因此，各种民族健身操锻炼方式可以使人们的社会交往范围得到不断扩大，把人们从工作和家庭的单一环境中解脱出来，接触和认识更多的人，眼界也更开阔，从而为生活开辟了另一个天地。大家一起跳、一起锻炼，共同欢乐、互相鼓励，有些人因此成为朋友。民族健身操锻炼在强身健体的同时，还具有娱乐功能和社会功能，可使人在锻炼中得到一种精神享受，满足人们的心理需要。

三、民族健身操教学

（一）民族健身操的教学任务

1. 完善体型，塑造正确的姿态

人类身体发育的要求是体型健美，姿态端正、优美，同时这也是美育的要求。完美的身体形态在某种程度上反映了机体功能的完善，在活动的状态中展现出来端正、优美的姿态，使形态美在活动的状态中展现出来。它从外部特征证实了人的生命力，也由此表现出美学的价值。

2. 掌握与运用知识、技术、技能

教师有计划地传授和学生逐渐掌握民族健身操的知识、技术、技能，并加以运用的过程，就是民族健身操的教学。由于现代科学技术的飞速发展，知识的不断更新，学科的交叉渗透，以至于体育教学开始有更新、更高的发展水平。民族健身操教学不仅要求学生掌握民族健身操的基本知识、基本技术、基本技能，还要将与之有关的内容引入教学，使学生学会在实践中灵活运用。

3. 进行审美教育

使受教育者形成较强的美感和创造美的能力，及科学的审美观念的教育过程叫作审美教育。民族健身操教学具有进行美育教育的广阔空间。因此，应充分利用这一有利条件，培养学生正确的审美观念、健康的审美情趣和较强的审美能力。通过审美教育，可以提高学生的民族知识、审美修养、促进身心健康发展，并且审美的情趣和审美观念反过来还可以指导学生民族健身操的学习。

4. 培养能力

能力是一种促使人不断发展的、无形的潜在品质，它是构成素质的重要方面。现代体育教育早已不只是单纯传授体育知识、技术、技能，培养学生的能力已成为体育教育的重要目标之一。

5. 全面提高身体素质

运动能力的基础是身体素质。学生在体育运动过程中，各器官、系统表现出来的各种能力和速度、力量、耐力、协调性、柔韧性等各方面所表现出来的综合素质，即身体素质。在完成民族健身操动作的过程中表现出柔韧、协调、灵敏、力量、速度，使完成的动作具有一定的幅度，并协调地完成民族健身操各种难度动作，以上这些都需要有一个良好的身体素质做支撑。因此，全面提高身体素质是民族健身操教学的重要任务之一。

(二) 民族健身操的教学特点

1. 提高艺术修养

民族健身操是建立在高度艺术性和优美性的基础上。它是民族美术、民族音乐、民族服饰、民族舞蹈、民族武术、杂技等艺术因素相结合而提炼的精华，是自然美和社会美的统一，因而每一个动作、造型、队形都具有艺术的内涵和价值。教师在教学中从音乐、民族性、动作等多个角度启发锻炼者抒发自己的情感，在动作中表现自我，并从优美的动作和音乐中感受民族自豪感，注重形体美、姿态美。

2. 注重身体全面锻炼

民族健身操坚持的原则是身体的全面锻炼，根据人体解剖学特征，选择上肢、下肢、头颈和躯干各部位有助于增强肌肉力量、关节的灵活性、身体的柔韧性等，和各种不同的方向、幅度、频率、节奏的动作，并加入一些能加深呼吸、增强心血管系统功能的跳跃动作，使内脏器官系统得到充分的锻炼，达到身体的全面锻炼和增强体质的目的。

3. 针对性与实效性相结合

民族健身操教学内容、教学形式、编排方式不受人数、规则、场地、时间、难度等方面的限制。因此，在教学中需要根据教学对象来确定练习的目的、内容和方法，所以说它的针对性较强。

社会性民族健身操活动，它的主要教学对象是中、青年女性。练习者大多欲通过锻炼增强体质和增加活力，形成良好的体形体态，培养优雅的气质风度，等等。

学校开设民族健身操教学课是以学生为教学对象，以全面锻炼身体为目的，使学生在集体欢乐的气氛中同时获得民族知识，达成健身、健美、健心的整体效应。

工厂、企业开展民族健身操活动，教学对象是职工，教学是以消除疲劳，引导职工进行积极休息，从而提高工作效率和身体素质为目的。

因此，针对性、实效性是民族健身操教学的主要特点之一。

4. 强调对身体的健康意识教育

民族健身操教学的教育重点是"生命在于运动"。通过锻炼，健身不仅能学会动作，掌握套路，塑造健康美丽的身体，而且还能从锻炼中培养战胜困难、坚韧不拔的精神，获得健康美、体形美的身体素质，并在对动作美、姿态美、形体美、气质美的追求中提高对美的鉴赏能力和对体育精神的充分认识。

(三) 民族健身操的教学方法

1. 分解法与完整法

把结构比较复杂的动作或组合动作按身体环节合理地分解成几个局部动作分

别进行教学，最后使学生全部掌握动作的方法叫作分解法。而完整法则是指从动作的开始到结束，不分部分和段落，完整地进行教学的方法。完整法不破坏整个动作结构的完整性，不割裂动作各部分或动作之间的内在联系，使学生建立完整的动作概念，迅速地掌握动作。采用这两种方法时要注意以下四个问题：

第一，对于要求协调性较高的动作，往往按身体各部分预先把它分解成几个局部的动作，分别进行教学，使学生掌握熟练分解动作，再进行完整动作的教学。例如学习佤族健身操时把佤族健身操的动作分解成上肢、下肢动作和头部动作等，先进行分解部分的练习，然后再上肢、下肢、头部等配合进行完整练习。

第二，慢速完整练习方法，即学习结构较为复杂的动作时放慢动作的过程，每一个姿势停几拍，以加强学生对动作的运动轨迹、动作各环节变化的理解和记忆，提高学生正确完成动作的整体感觉，待学生建立正确的动作概念后，再按正常的速度进行完整练习。

第三，完整法教学适宜学习结构比较简单的动作。

第四，运用分解法是为了完整地掌握动作。因此，分解教学时间不宜过长。

2. 重复法

按照动作要领进行反复练习，不改变动作结构的方法叫作重复法。民族健身操的教学可重复单个动作，也可重复组合动作和成套的动作。这种方法有利于学生在反复练习中掌握和巩固动作技术，又有利于指导和帮助学生改进动作技术，并对锻炼身体、发展体能等有较好的作用。采用此教学方法时有以下三点需要注意：

第一，要防止错误动作的重复。教学中，一旦发现有错误的动作出现，为防止错误动作定型教师应立即给予纠正。

第二，在动作初学阶段采用重复法时，应避免负荷过大及疲劳的过早出现，以免影响掌握动作及改进动作。

第三，合理地安排重复次数。即重复的次数既要能保证学生在每一次的练习中都能达到动作的要求，不降低练习质量，又能适合学生的负荷能力。重复次数少，达不到锻炼的效果，也不容易掌握和巩固动作；重复次数太多，容易造成动作变形，会使学生失去练习的兴趣。

3. 示范法

教师以自身完成的动作作为教学的示范动作，用以指导学生进行练习的方法叫作示范法。示范法可以使学生明确了解所要学习动作的具体动作形象、结构、要领和方法。

使用示范法时应注意以下四个问题：

第一，教师示范动作要有明确的目的，要根据教学任务、步骤及学生的水平确定。例如在教授新教材时为了使学生建立完整的动作概念，一般可先做一次完整的示范动作，然后结合教学要求，做重点示范动作及慢速和常速示范动作。

第二，示范动作应规范。教师的示范动作力求准确、熟练、轻松和优美，富有民族特点，给学生留下深刻的印象，使学生看到示范动作跃跃欲试。因此，教师要不断提高示范动作的质量。

第三，示范动作一定要与讲解相结合。在民族健身操教学中，只有把示范动作与讲解紧密结合起来，才能取得最佳的教学效果。

第四，示范动作要有利于学生观察思考。在进行示范动作时，要注意选择合适的示范面（镜面、侧面或背面等）、示范速度，以及便于学生观察示范动作的距离和角度。

4. 带领法

学生在教师带领下，连续完成单个动作、组合动作、成套动作练习的方法叫作带领法。此种方法能使学生在较短的时间内建立正确的动作概念，掌握动作间的连接及音乐的节奏感，带领法在民族健身操教学中被普遍采用。采用带领法时应注意以下五点：

第一，根据动作需要正确选择带领的示范面。背面示范带领通常在身体前后行进、转体变化及动作较复杂时采用。身体有左右方向变化动作，根据观察动作的需要，选择镜面或背面示范带领。

第二，采用镜面示范，可以使教师随时观察学生动作的情况，便于与学生沟通。

第三，教师在带领学生做动作时，可将背面示范同镜面示范结合起来运用，在转换示范面后，教师示范的方向，应跟学生的动作方向保持一致。

第四，在进行复杂动作时，可慢速带领，待学生熟练掌握之后，恢复正常速度带领；在完成上肢、下肢动作时，可先反复带领做步法，在此基础上将手臂动作添加进来，形成一个完整的动作。

第五，教师在带领学生练习时，不仅示范动作要做得一丝不苟，还要与手势、口令、语言等提示方法紧密结合，使学生做到眼看、耳听、心想、体动，从而达到最佳的教学效果。

比如在教授傣族健身操的基础步法时，教师一定要逐步讲述身体重心的升降、摆荡时身体控制、屈膝发力、脚步、出脚的方向、路线、身体姿态等，使学生通过眼看、耳听、心想，练习体会正确的动作。在进行带领练习过程中，使大多数学生能较熟练地完成某个动作，发现错误动作要及时纠正。带领法适合于某一单元或小节动作的教学。

5. 讲解法

教师通过语言向学生说明教学任务、动作名称、作用、要领、做法及要求等，以指导学生掌握民族健身操的基本知识、技术、技能，进行练习的方法。这叫作讲解法。讲解法是民族健身操教学中运用语言进行教学的一种主要形式。采用讲解法时应注意以下八点：

第一，注意讲解的时机和效果。民族健身操教学的讲解可以在示范后进行，也可以边做边讲。为了使学生更好地理解和掌握，讲解时要根据学生已有的知识经验来确定讲解内容的深度和广度。

第二，讲解要正确。教师所讲解的内容是科学的、准确的，言之有理，实事求是，并使用统一规范的专业术语。

第三，讲解要具有目的性。教师所讲解的内容要根据教学内容、要求、任务及教学过程中学生存在的问题等情况有针对性地进行讲解。

第四，讲解的顺序要合理。一般先讲解下肢动作，再讲解上肢动作，最后讲解躯干和头颈、手眼的配合。

第五，讲解要有艺术性。教师讲解必须用普通话，层次分明、口齿清晰，表达有趣味性、有感染力，生动形象。同时，恰当的感情和声调都能使语言产生巨大的艺术效果。

第六，讲解要有节奏和鼓动性。讲解的语言节奏是指语言应有利于激发学生练习的积极性。

第七，讲解要有启发性。在教学中尽量使用生动形象的语言激发学生的学习兴趣，启发学生的积极思维，使学生听、看、想、练有机地结合起来。举例来说，如用"水与火"来比喻傣族与彝族的民族性格和动律，让学生自主地联想和体会，用火的热情去表现彝族粗犷、彪悍的民族性格的动作；用水的柔美来表现傣族婀娜、柔中带刚的动作风格。

第八，讲解要简洁易懂。应简明扼要，易于理解。语言简洁却又不失内涵，尽可能使用术语和口诀。

第四章 民族传统体育武术项目的 教学实践

中华民族传统武术有着悠久的历史，是我国的国粹之一。经常参加武术习练对人的身体健康具有很大的帮助。武术在我国民族传统体育中占据着举足轻重的地位，在世界上也有很大的影响力。本章就对武术这一充满魅力的传统体育项目展开具体论述。

第一节 武术基本理论及教学实践

一、武术的基本理论

（一）武术的起源

1. 传统武术的雏形

武术起源于原始人类社会时期。远古时代，生产力极为低下，原始先民为了生存而不得不与大自然进行各种各样的"战斗"。在长期的生产活动中，人类靠拳打、脚踢、躲闪等徒手动作及利用石头、木棒和兽骨等原始工具与野兽"搏斗"，在这些过程中逐渐学会了劈、砍、刺等基本搏斗技能。这种原始的、基于本能的技能还没有脱离生产技能的范畴，因此不能看成是武术的萌芽。因为只有人与人之间的搏杀格斗才具有攻守矛盾的存在、符合技击的逻辑本质。但人在与大自然进行抗争的过程中所积累并逐渐演化为系统技能方法的一系列动作形式为传统武术技能的形成奠定了基础。

随着生产力的逐步提高，原始人类在最基本的生存需要得到满足后，就开始有了更多精神生活的需求，此时，武术以其独特的御敌自卫功能和健身娱乐价值受到人们的欢迎与喜爱。但当时技击之术仍然主要用于格斗，它存在于民族与阶级的战争中、人与人之间的搏斗中。

旧石器时代，人类生产力有了很大的飞跃，在旧石器时代晚期，石器、石球、石斧和石铲等大量石器工具产生并快速发展；新石器时代，石刀、骨制的鱼叉、箭镞、铜钺和铜斧等生产工具使人们的生产和狩猎进一步得到提高。一系列生产和狩猎工具的创新和发展使人类的劈、刺、点、崩、撩、踢、打、摔、挂、斩、扎、扫、缠、穿、架、跌等技术不断成熟。这一时期，武术的雏形已初步显现，人类在生产劳动和部族战争中萌芽和发展的武术形式，构成了原始社会时期人类文化的重要组成部分，但从本质上讲，原始社会的武术还没进入有目的、有计划和有组织的体育活动范畴，因此，还不能称为真正的武术。

2. 传统武术的诞生

在人类发展历史中，传统武术正式萌生于人与人的战争中。原始社会末期，大规模的部落战争开始出现。传统武术的诞生初期，主要表现为以下三个特点：

①人与人的搏杀格斗在客观方面促进了器械的制作及技击技术的发生和发展，《吕氏春秋·荡兵》记载："未有蚩尤之时，民固剥林木以战矣。争斗之所自来者久矣，不可禁，不可止。"

②兵器的发展促进了使用兵器技术的进步，战争将人类的格斗技能从原始生产劳动中分离出来，如《世本》记载："蚩尤作'五兵'，即戈、殳、戟、酋矛、夷矛。"这一时期，人与人的搏杀格斗才使得大量磨制锋利的生产工具逐渐演变为互相残杀的武器，使用兵器的技艺及战争所需的格斗技能也逐渐从生产技术中分离出来，武术作为一种独立的社会技能开始形成并发展起来。

③"武舞"的出现为之后武术套路的形成奠定了基础。原始社会人们进行狩猎和战事活动前后的"武舞"促进了传统武术动作套路的发展。据史籍记载，大禹时期三苗部族多次反叛，部落间战争不断，后来，禹停止战事，让士兵持盾斧操练"干戚舞"，并请三苗部族的人观看，三苗部族被慑服而臣服于大禹。"干戚舞"是古代众多"武舞"中的一种。从表面上看，古代"武舞"是对狩猎或战争场景的模拟，用于鼓舞族民或震慑敌人；从现实角度来看，武舞是对搏杀技能的一种操练；从本质上讲，武舞融知识、技能、身体训练和风俗习惯等为一

体，将用于实战格杀的经验按一定的程序进行演练，使古代人们对武术的认识由感性向理性升华。

3. 传统武术的形成

传统武术最终是在阶级社会逐渐形成的，其形成主要表现在以下三个方面：

（1）武术体系的初步建立

人类社会进入阶级社会后，在不断发生的部族战争和家族私斗中，非常实用的击、刺、出拳和踢腿等技术动作被人们模仿、习练与传授。因此，人类的搏斗经验不断得到丰富，搏斗技能进一步规范化和实用化，再加上兵器的发展，武术体系逐步形成。

（2）民间武术的发展

奴隶社会时期，由于战争的需要，武术成为专门为统治阶级服务的军事技能，随着生产力和生产方式的不断进步，奴隶社会矛盾不断加剧，奴隶制的崩溃使得奴隶主贵族在军队和教育方面垄断武技的局面被打破，"士"阶层和"游侠"开始出现并在当时日渐活跃，这标志着武技开始走向民间。民间的武术技艺主要是以个体性为基础，呈现出多样化的发展趋势。

（3）武术理论的萌生

为了提高武术技能，习武者不断地进行钻研、尝试和比较，武术开始讲究攻防技巧和战术打法的多样化（进攻、防守、反攻和佯攻等），随着武术技能的丰富和发展，武术理论在人类社会开始逐步萌生。

（二）武术的定义

武术在历史上各时期的称谓都不尽相同，春秋战国时叫作"技击"，秦代称"手搏"，汉代则称"武艺"，民国时期称"国术"，中华人民共和国成立后，正式定名为"武术"。

武术是一种以攻和防为主要核心，以套路和搏斗为主要运动形式，同时注重内外兼修的中国传统体育项目。在武术漫长的发展过程中，我国传统文化对其影响是举足轻重的。摄养生之精髓，渐渐形成了众多门派和较为系统的技术体系，其中舞步蕴含着中国传统哲理之奥妙，具有鲜明的中华民族特色。

（三）武术的特点及作用

1. 武术的特点

（1）内容丰富，形式多样

传统武术运动的内容和练习形式丰富多样，武术不仅有对抗性练习，还有套路练习；不仅有单人练习，还有双人和多人练习，且拳种丰富，器械多样，汇集了中华大地上不同地域、不同民族的武术运动形式。不同武术项目的动作结构、技术要求、运动风格和运动量都有很大的差别，这主要因为处于不同地理位置的人，受当地地理条件，包括气候条件的影响，他们的文化产生和发展也不尽相同，这就造就了不同地域的人之间性格、民俗和文化特征的不同，正所谓"百里不同风，千里不同俗"；况且中国地理环境复杂，古代交通不便，不同地域的人之间的交流较困难，形成了许多地理环境相对较封闭的地区，因此，中国不同地区所产生的各具特色的武术形式种类多样，各不相同。正是由于传统武术内容丰富、形式多样的特点，才使得练习者不受年龄、性别、体质、职业、时间、季节、场地和器材等限制，均可找到合适的武术运动项目进行练习。

首先，习武者可以根据自己的条件和兴趣爱好进行选择练习。传统武术既包括适合演练的各种拳术、器械和对练，也有竞技对抗性的散手、推手、短兵，还有与其相适应的各种练功方法。不同的拳种和器械有不同的动作结构、技术要求、运动风格和运动量，适合不同人群进行选择。

其次，传统武术对场地、器材及对环境条件的要求极低，练习者可以根据场地的大小变换练习内容和方式。

最后，传统武术一年四季均可练习，相对于其他体育运动项目而言，更加不受时空限制，这都是由其丰富的内容的可选择性和适应性来决定的。

（2）重视攻防，技击性强

技击性是武术的本质特点，武术正是具备了技击性，才得以区别于其他的体育项目。传统武术运动自萌芽和产生开始就具有攻防技击性的特点。尽管武术运动项目众多、种类不一、风格各异，但无论何种套路，都离不开摔、打、拿、击、刺和踢等攻防动作。

传统武术的技击性特点自古有之，而且一直沿用至今。在冷兵器时代，武术作为军事技术和训练手段，与古代战争紧密相连，这使得武术的技术来源于技击实践，经过不断的加工和提高，然后再用于技击实践。随着火器逐步发展，武术的直接技击价值逐步减小，尽管如此，武术仍然保持了技击性这一本质特点，例如武术的一些技击术仍在军队战士和公安武警中被采用。由此可见，武术是由人的技击自卫术发展而来的，武术在其流传过程中始终保持了技击性特点，并围绕这一特点发展，全面体现了该特点。

（3）内外兼修、形神兼备

中国传统武术是在汲取中国传统文化的基础上发展而来的，受传统文化思想影响较大，具有动作形体规范，精、气、神传意，讲究内外合一的特点。具体表现如下：

①内外兼修

传统武术"内外兼修"中的"内"指人的意识、精神和气息的运行，"外"指人体眼、手、身和步的活动。具体来说，武术"内外兼修"的特点主要是通过武术功法和技法来体现的。"内练精气神，外练筋骨皮"是各家各派练功的准则。《老子》中说："是谓深根固柢，长生久视之道。"《吕氏春秋》中认为："精气日新，邪气尽去，及其天年，此之谓真人。"道教的经典《太平经钞》中说："精气神三者混一，则可延年长生。"求肉体成仙长生自然是妄想，但其养生理论却具有一定的科学道理。武术练习强调"内三合"和"外三合"。关于内外相合的理论在武术不同拳种中或直接论及或间接提到，可以说，它是中国各拳种的一个共同要求。在传统武术中，不同功法运动的动作要领中都调整呼吸，使呼吸和动作相互配合，各拳种都把运气调息和动作配合放到了一个很重要的位置，不仅是为了动作的自如化，也是为了通过呼吸的调整锻炼个体的循环系统和其他内脏器官功能。

②形神兼备

传统武术套路演练讲究技术上把内在的精、气、神与外部的形体动作紧密结合起来，使练习者的意识、呼吸和动作协调一致。在传统武术中，"形"与"神"问题不仅是一个技术问题，它更追求内在"神"的美，中国人往往把主体内在情感表现放在中心位置。我国传统文化领域里不同文化种类（如绘画和舞蹈）都以形神兼备作为要旨。

在传统武术中，形神兼备主要是以拳理形式表现出来，是中国传统文化特点在武术中的反映，具体表现如下：一个（一系列）武术动作是由人体的四肢和躯干不同运动方式来完成的，这就构成了外在的"形"，而且还要通过这个外在的"形"来表现出内在的"神"。总之，"无动作外在的形，就无从表现内在的神""一个没有或不能充分表现内在的神"的动作，必然是缺乏力度、是肤浅的。

（4）天人合一、刚健有为

①天人合一

传统武术"天人合一"的特点就是我们现在所提倡的"和谐"。和谐是中国传统文化的最高价值原则，这一原则认为宇宙是一个和谐的整体。这一世界观及重和谐的思维方式共同对中国传统文化产生了深远影响，和谐美是中国文化区别于西方文化的基本差异之一。和谐就是注重人与自然、人与社会及人的自我身心内外的和谐统一。基于传统武术天人合一的思想特点，要求习武者尚武而不随意用武，在解决人与人之间矛盾时讲究先礼后兵，遵循《论语》中"礼之用，和为贵"的思想。

②刚健有为

在我国传统文化中，"刚健有为"的精神是最基本的精神之一，也是中华民族的重要心理要素之一，具体来说，刚健有为包括"自强不息"和"厚德载物"两个方面，这种精神在传统武术中得到了充分的体现。作为一种技击术，传统武术崇尚勇武，追求制胜是必然的。传为宋人调露子所撰的《角力记》中说："夫角力者，宣勇气，量巧智也。然以决胜负，骋矫捷，使观者远怯懦，成壮夫，已勇快也。"

刚健有为的特点能赋予习武者（甚至是观者）一种勇武顽强、一往无前的强者争胜的精神。即使是以动作轻柔缓慢为技术特点的太极拳也是如此。清代的武禹襄在《太极拳解》中说："气以直养而无害，劲以曲蓄而有余。"所谓"直养而无害"的气，正是孟子所说的"至大至刚，以直养而无害"的"浩然之气"。

陈鑫[1]说："何谓气，即'天行健的'一个'行'字……即乾坤之正气，亦即孟子所谓'浩然之气'。"他在论述搂膝拗步时说："此势得乾坤正气以运周身，外柔而内刚，实与乾健坤顺相合。"由此可见，刚健有为的特点既体现在传统武术的外在技术上，也体现在习武者的内在心态上。

（5）崇礼重道，注重整体

①崇礼

崇礼是传统武术套路产生的核心伦理道德基石。"礼"是指某一时期的典章制度，包括人们的行为规范、规矩和礼节，它影响到中国人的政治、伦理、道德、礼仪、民俗和人们的生活习惯，进而影响到人们的思维方式。这样就使得中国人上至国家大典、下至百姓生活细小的礼节都要有一定的规格和程序，使人们的一举一动高度程式化，这种程式化在武术上就体现出演练的套路。

②重道

传统文化背景决定了武术套路的产生思想基础是对"道"的追求。中国人追求道，而道有原则、方法、方式和路数之义。这种对道的追求在一定程度上表现为对程式性的追求，因此，传统武术的套路是以武术技术的形式表现出来的。

③注重整体

注重整体，即"在对对立统一这个宇宙根本规律的把握上，更注重对立面的统一和协同，强调从统一的角度去观察事物，强调事物的整体性和过程性"，这是中国传统哲学天道观的重要特点。在传统武术中，注重整体的思维方式主要体现在武术既注重每一个动作的规格和细节（如孟子所说的"不以规矩，不能成方圆"），又注重单个动作与单个动作之间的衔接，全套动作演练的功力和气势，动作的衔接要顺畅，全套的演练要气韵生动、气势连贯、一气呵成。王宗岳[2]说太极拳"如长江大海，滔滔不绝也"，正是传统武术演练时注重整体的表现。在现在的武术竞赛中，从整体上、从演练的整个过程中去评价武术选手技艺的优劣仍然是十分重要的。

---

① 陈鑫（1849~1929），字品三，陈仲甡三子，陈氏第十六世，陈氏太极拳第八代传人，清末岁贡生，近代中国武术史上著名的太极拳理论家。

② 王宗岳，明朝万历人，内家拳名家。精通拳法、剑法、枪法，研究数十年，颇有心得。

（6）传统武术的综合性特点

传统武术是功法、套路和技击术三位一体的体育运动，融技击、养生、表演和功法、技道为一体。传统武术的综合性主要体现在以下三个方面：

①和其他体育运动形式相比，传统有着强烈的攻防格斗性质（如拳击、摔跤、击剑等），但没有套路演练，不能个人表演。

②有些体育运动虽有内力的训练，但与武术的内功修炼难以比拟。

③竞技体操和艺术体操虽是套路表演比赛的运动形式，但没有格斗的内涵，动作素材也不必具备技击攻防的属性，更没有内功的要求。

总之，传统武术融合了功法、套路、技击、养生和表演等方面，使武术具有很强的综合性特点。功法又称内功，是套路演练和技击术的基础。技击意识是各派拳法共通的属性，技击意识使以表演为特征的套路演练有着一种独特的美质，而功法的严格要求，又使武术较其他运动项目有着独到的养生修身之价值，长期习武可以延年益寿。

2. 武术的作用

（1）健身作用

受传统养生导引术的影响，传统武术将养生和健身之道纳入自己的理论体系之中，要求习武者重视运动、重视生命。传统武术的健身价值早在古代就受到了重视，古语有"搏刺强士体"，它不仅说明传统武术——"搏刺"可以"强士体"，还说明了"强士体"可以更好地"搏刺"，即"搏刺"和"强士体"相互依存。戚继光认为："凡兵平时所用器械，轻重分量当重于交锋所用之器。重则既熟，则临阵用轻者，自然手捷，不为器所败矣，是谓练手之力。凡平时，各兵须学趋跑，一气跑得一里，不气喘才好……凡平时习战，人必重甲，荷以重物。勉强加之，庶临战身轻，进退自速，是谓练身之力。"（《纪效新书·比较武艺赏罚篇》）意思是说通过练习"手之力""足之力""身之力"可以强身，强身利于实战。至清代，习拳者的目的多在于"益寿延年"，王宗岳在《十三势歌》中记载："详推用意终何在？益寿延年不老春。"由此可见，传统武术的健身价值十分突出。

以长拳为例，长拳类动作手法、身法、步法多变，屈伸、跳跃、翻腾和平衡等动作丰富，通过长拳的练习可以充分调动身体的各个器官参与运动，可以促进机体的新陈代谢，有利于习武者各项身体素质的相互协调发展，具有良好的健身作用。

（2）观赏作用

作为体育运动的一种，和其他体育运动项目一样，传统武术具有很高的观赏价值。传统武术不仅可以展现人体运动之美，还可以展现人在攻防技击中的各种技巧，因此具有较高的观赏功能。

传统武术形式多样、内容丰富，武术表演历史悠久，具有广泛的群众基础。例如汉代的"角抵戏"，类似于现代的二人摔跤比赛；唐代杜甫有"昔有佳人公孙氏，一舞剑器动四方。观者如山色沮丧，天地为之久低昂"（《观公孙大娘弟子舞剑器行》）的诗句，描述了当时演练者精湛的技艺和观众入神的观看情景；宋代十分流行相扑比赛表演，当时不乏民间高手，宋代专门供表演的勾栏瓦舍时常有各种精彩的武术操练和表演。

长期以来，中国传统武术表演在民间一直作为一种民俗时尚，是中国民间传统文化的重要组成部分，使人民群众在观赏传统武术的过程中，满足其一定的精神需要。

（3）技击作用

传统武术的技击性特点决定了其技击作用。传统武术是一种技击术，习武者通过长期的锻炼可以提高与敌对抗的技能和水平。武术在其历史发展过程中的技击功能作用一直存在。无论是在古代还是在现代，传统武术的技击作用都具有重要的实战价值。在古代，传统武术的技击作用主要用于国家军事方面，故历代统治者都十分重视练兵。《孙子兵法》说："兵者，国之大事，死生之地，存亡之道，不可不察也。"《管子》说："国富者兵强，兵强者战胜。"又有古语称"三军生死相关，国家存亡所系"。由此可见，武术格斗水平在一定程度上体现着国家的军事战斗水平。在现代，传统武术的技击价值主要体现在人与人之间的近距离搏斗中，如公安人员在执行公务时所使用的格斗技术就是武术的表现形式之一，普通民众在习得一些武技后，会提升自身的防卫技能。

（4）防卫作用

攻防是传统武术运动的本质特征和主要内容。习武者通过长期的技法练习，不仅可以强身健体，提高自身的运动水平和身体素质，还可以习得一定的攻防格斗技能用于防身自卫。武术的防卫功能在现代显得更加突出。虽然现代武术的技击性不是很突出，但习练者可以通过武术专项训练，学习攻防含义，掌握一些基本的防身技巧，以提高自身的安全感，如在人身安全和财产安全受到威胁时，习武者能镇静面对、有效防卫，保护自身及他人的生命和财产安全。

（5）教育作用

武德是习武者必须修持的重要内容之一，是习武者的一种自我约束与精神自律体系。受中华民族重礼仪、讲道德的优良传统的影响，习武者历来十分重视武德教育。从武术的发展历程来看，传统武术的教育作用一直备受重视，并传承至今。

在古代，所谓"习武以德为先"，正是对传统武术教育作用的最好写照之一，古人"乃教之六艺"（《周礼》），并设立专门的教育机构，《孟子》曰："设为庠序学校以教之。庠者，养也；校者，教也；序者，射也。"十分重视文武教育。

明清时期，武术进入书院，如著名思想家和教育家颜元在他所主持的漳南书院设武备课，"习礼、歌诗、学书计、举石、超距、击拳，率以肆三为程，讨论农兵，辨商今古"。

发展至民国，传统武术被正式列为学校体育课程，并有了专门的武术教材，有意识地激发学生的民族意识，培养人们穷则思变、奋发图强的精神。在当今社会，随着体育事业在我国的地位不断提高和体育运动的快速发展，传统武术被纳入学校教育，成为我国学校教育的重要组成部分。事实证明，对广大青少年进行武德教育，能很好地提高他们的自我修养、增强其社会责任感，有利于维护正常的社会秩序。

（6）经济作用

体育运动能为经济发展带来健康的劳动力，还能作为一种产业直接推动经济发展。武术作为一种体育项目和一种传统文化，对经济发展具有特殊的促进作用。具体表现如下：

①传统武术具有强身健体作用，能提高劳动者身体素质，从而间接促进经济发展。具体来说，通过武术的修养和练习能增加练习者的身体健康、延年益寿，为社会竞技的发展提供高水平的劳动力，提高生产力。

②传统武术是我国优秀传统文化的重要组成部分，它不仅仅是一种运动技法，更是一种精神产品，能以劳务的形式为社会服务，即当武术向社会提供精神产品的同时，提供这种精神产品的人也同时向社会提供了劳务。

③传统武术的发展能带动其周边实物经济的发展。例如通过武术教学收取学费，通过武术比赛收取门票，销售与武术相关的器材和服装获得收益等，虽然这不是武术本身所创造的价值，但和武术的发展有着密切关系。武术的这些附加产品可用于社会交换，创造社会财富。总之，传统武术具有重要的经济作用，能为社会直接或间接地创造巨大的经济财富。

二、武术教学实践

（一）肩功

1. 压肩

动作方法：面对肋木或一定高度的物体开步站立，与肩同宽或略宽，两手抓握肋木，上体前俯下振压肩；也可以两人面对面站立，互相扶按肩部，做体前屈振动压肩动作；还可由他人协助做扳压肩部的练习。

教学要点：挺胸、塌腰，手臂和腿伸直，振幅要大，压点集中于肩部；逐渐增加外力作用。

2. 转肩

动作方法：两脚开步站立，两手握棍于体前，与肩同宽，然后上举绕至体后，再从体后向上绕至体前，往复一周。

教学要点：转肩过程中两臂始终伸直；两手握棍的距离应尽量窄，可结合自身情况进行调节。

3. 臂绕环

（1）单臂绕环

动作方法：成左弓步姿势，左手按于左大腿上（也可两脚开立，左手叉腰），右臂上举，由上向后、向下、向前绕环一周为后绕环。右臂由上向前、向下、向后绕环一周为前绕环。

教学要点：臂伸直、肩放松、贴身划立圆；动作速度尽量加快。

（2）双臂前后绕环

动作方法：两脚开立，与肩同宽，两臂垂于体侧，依次由下向前—上—后或由上向后—下—前绕环。

教学要点：松肩、探臂，体侧划立圆；动作速度尽量加快。

（3）双臂交叉绕环

动作方法：两脚开立，两臂伸直上举，左臂向前、向下、向后；右臂向后、向下、向前，同时于身体两侧划立圆绕环。数次后，再做反方向绕环。上体放松，协调配合两臂绕环，两臂于体侧成立圆绕环。

教学要点：上体放松，体侧划立圆；动作速度尽量加快。

（4）仆步抢拍

动作方法：两脚开立，上体左转成左弓步，同时右掌向左前下方伸出，左掌心向里，插于右肘关节处；上动不停，上体右转成右弓步，同时右臂由左向上、向右抢至右上方，左掌下落至左下方；上动不停，上体右后转，同时右臂向下、向后抢臂划弧至后下方，左臂向上、向前抢至前上方；上动不停，上体左转成右仆步，同时右臂向上、向右、向下抢臂至右腿内侧拍地，左臂向下、向左抢臂停于左上方。目随右手。

教学要点：两臂伸直，以腰带臂，上抢臂贴耳，下抢臂贴腿；动作连贯。

（二）腿功

1. 压腿

（1）正压腿

动作方法：面对肋木，并步站立。左腿抬起，脚跟放于肋木上，脚尖钩紧，两手扶按膝上。两腿伸直，立腰、收髋，上体前屈，向前下做压振动作，压振时，以前额、鼻尖触脚尖，数次后过渡到以下颌触脚尖，压至疼痛时进行耗腿练习。

教学要点：直体向下振压；逐渐增大压腿振幅。

（2）侧压腿

动作方法：侧对肋木或一定高度的物体站立，右腿支撑，脚尖外展，左脚跟放在肋木上，脚尖钩紧，右臂上举，左掌附于右胸前，上体向左侧振压。

教学要点：立腰、展髋，直体侧压；逐渐增大压腿振幅。

（3）后压腿

动作方法：背对一定高度的物体或肋木，然后左腿支撑，右腿后伸，将脚背放在与髋同高的物体上或稍高的物体上，脚面绷直，上体做后仰的压振动作。

教学要点：挺胸、展髋、腰后屈；逐渐增大压腿振幅。

（4）仆步压腿

动作方法：两脚左右开立，右腿屈膝全蹲，左腿挺膝伸直，脚尖内扣。两脚全脚掌着地，两手分别抓握两脚外侧。

教学要点：挺胸、塌腰、沉髋、绑腿，臀部尽量贴近地面；逐渐增加上体下压振幅。

2. 扳腿

（1）正扳腿

动作方法：右腿直立，左腿屈膝上提，右手握住左脚外侧，左手抱膝，然后右手握住左脚上扳，同时左腿挺膝向前上方举起，左手压住左腿膝关节，也可由同伴托住脚跟上扳。

教学要点：挺胸、立腰、收髋；上扳高度逐渐提高。

（2）侧扳腿

动作方法：右腿屈膝提起，右手经小腿内侧托脚跟，然后将右腿向右上方扳起，左臂上举亮掌，或由同伴托住脚跟向侧扳腿。

教学要点：伸腿、挺胸、立腰、开髋；上扳高度逐渐提高。

（3）后扳腿

动作方法：手扶一定高度的物体或肋木，左腿支撑，由同伴托起右腿从身后向上扳举，挺膝，脚尖绷直。练习时挺胸、塌腰，髋放正、腰后屈。

教学要点：后伸腿、抬头、挺胸、呼吸均匀，同伴注意后扳幅度的控制以免受伤。

3. 劈腿

（1）竖叉

动作方法：两手体侧左右扶地或两臂侧平举，两腿前后分开成直线，以左腿后侧着地，脚尖钩起；同时以右腿内侧或前侧着地，绷脚尖。

教学要点：挺胸、立腰、沉髋、挺膝。

（2）横叉

动作方法：两臂侧平举或在体前扶地，两腿左右分开成直线，脚内侧着地或脚尖上翘。

教学要点：挺胸、立腰、展髋、挺膝。

4. 控腿

（1）前控腿

动作方法：右手扶肋木，侧向肋木并步站立，左手叉腰。左腿屈膝前提，脚尖绷直或钩紧并向前上方伸出，停留片刻后还原，然后再伸出再还原，反复进行。

教学要点：挺胸、直背、挺膝；控腿的高度逐步提高。

（2）侧控腿

动作方法：右手扶肋木或一定高度的物体，左手叉腰，侧向并步站立。左腿屈膝侧提，脚尖绷直或色紧，向外侧前上伸出，停留片刻再还原。

教学要点：挺胸、直背、开髋、挺膝；控腿的高度逐步提高。

（3）后控腿

动作方法：右手扶肋木，左手叉腰，侧向并步站立。左腿屈膝前提，脚尖绷直并向后上方伸出，停留片刻再还原，然后再伸出再还原，反复进行。

教学要点：挺胸、展髋、挺膝、腰后屈；控腿的高度逐步提高。

5. 踢腿

（1）正踢腿

动作方法：右手扶肋木或一定高度的物体，左手叉腰，并步侧向站立。右腿支撑，左脚钩起，挺膝上踢，然后下落还原。

教学要点：挺胸、立腰、收腹、沉髋；踢腿过腰后要加速。

（2）侧踢腿

动作方法：双手扶肋木或一定高度的物体，丁字步站立。动作同正踢，唯向侧踢。

教学要点：挺胸、立腰、收腹、沉髋；踢腿过腰后要加速。

（3）后踢腿

动作方法：双手扶肋木，并步站立。右腿支撑，左腿伸直，脚尖绷直并向后上踢起，或大腿后踢过腰后，用脚掌触头。

教学要点：挺胸、抬头、挺膝、腰后屈。

（三）腰功

1. 俯腰

（1）前俯腰

动作方法：两脚并步站立，两手交叉，直臂上举，手心朝上，上体前俯，膝关节挺立，两掌心尽量贴地；也可以两手松开，分别抱住两腿跟腱处，胸部尽量贴近腿部，持续一定时间后再站立。

教学要点：挺胸、塌腰、两腿伸直、挺膝、收髋、前折体。

（2）侧俯腰

动作方法：并步站立，两手手指交叉，直臂上举，掌心朝上。上体左（右）转向左（右）侧下屈，两手掌心触地，持续一定时间后还原。

教学要点：挺胸、塌腰、两腿伸直，挺膝、两脚固定，侧折体。

2. 甩腰

动作方法：开步站立，两臂上举，以腰、髋关节为轴，上体做前后屈动作，两臂也随着摆动。

教学要点：快速、紧凑、动作有弹性。

3. 涮腰

动作方法：开步站立。上体前俯，两臂下垂随之向左前方伸出，以髋关节为轴向前—右—后—左绕环一周或向后—左—前—右绕环一周。

教学要点：两脚固定，两臂放松；上体环绕幅度尽量大。

4. 下腰

动作方法：两脚开立，与肩同宽，两臂伸直上举。腰向后弯，抬头、挺腰向上顶，两手撑地成桥形，也可两手扶墙做下腰动作练习。

教学要点：挺胸、挺髋，顶腰，两脚固定，腰后屈。

(四) 桩功

1. 马步桩

动作方法：两脚平行开立，约为脚长的三倍，脚尖朝前，屈膝半蹲，大腿接近水平，全脚着地，身体重心落于两腿之间。两臂微屈平举于胸前，掌心向下，目视前方，也可两手抱拳于腰间。

教学要点：挺胸、直背、塌腰，深呼吸；逐渐延长静站时间。

2. 虚步桩

动作方法：两脚前后开立，右脚外展 45°，屈膝半蹲，左（右）脚脚跟提起，脚面绷直，脚尖稍内扣，虚点地面，膝微屈，重心落于右（左）腿上。两手在腰间抱拳，目视前方。

教学要点：挺胸、直背、塌腰，虚实分明；逐渐延长静站时间。

3. 浑元桩

(1) 升降桩

动作方法：两脚平行开立与肩同宽，两膝微屈，两肘稍屈，两手心向下，举于胸前，然后配合呼吸，做升、降动作。练习时头颈正直，沉肩垂肘，松腰敛臀，上体正直。呼吸深、长、匀、细。升时配合吸气，小腹外凸；降时配合呼气，小腹内凹。

教学要点：头正、颈直，沉肩、垂肘，松腰、敛臀；呼吸深、长、匀、细；逐渐延长静站时间。

（2）开合桩

动作方法：两脚平行开立，与肩同宽，两腿屈膝略蹲。两臂屈肘，两手心向内，指尖相对，合抱于体前。随自然呼吸做开合运动，开时配合吸气，小腹外凸；合时配合呼气，小腹内凹。

教学要点：头正、颈直，沉肩、垂肘，松腰、敛臀；呼吸深、长、匀、细；逐渐延长静站时间。

第二节　拳术基本理论及教学实践

武术项目当中的拳术种类众多，而太极拳则是最有代表性的一种拳术。本节将重点阐述太极拳的基本理论和教学实践。

一、拳术之太极拳的基本理论

太极拳是一种简单却又非常高深的武术拳法，有着练气、蓄劲、健身、养生、防身和修身的功用，是中国武术杰出代表之一，在中国传统武术文化中占据着非常重要的地位，在民间也是习练者众多。因此，我们说太极拳是中国传统文化的瑰宝，是民族传统体育的古老奇葩。

关于太极拳的起源说法不一。一般情况下，人们所认可的是明末清初陈家沟的陈王庭创编了太极拳。经过数百年的不断发展，逐渐演变成了流传甚广的诸多流派，如陈氏、杨氏、武氏、吴氏和孙氏等太极拳派别。

中华人民共和国成立以后，党和国家对我国传统武术的发展非常重视，太极拳的发展也非常迅速，全国各地都有许多太极拳爱好者。

国家卫生、教育和体育等多个部门也都把太极拳列为重要项目来推广与开展，为此出版了上百万册的太极拳书籍和挂图。很多科研部门对太极拳都进行过深入研究，医学、生理、生化、解剖、心理和力学等多个学科的实践都充分证明太极拳对防治人的高血压、心脏病、肺病、肝炎、关节病、胃肠病和神经衰弱等疾病有着良好的功效。

二、太极拳教学

太极拳种类繁多，其中二十四式太极拳动作较简单，是一种适合大众习练的健身方法。

（一）手型

拳、掌、钩是太极拳的三种常见手型。

1. 拳

并拢除拇指外的四指，其四指集中于掌心，弯曲拇指压在卷曲的食指与中指的第二个指节上，成拳状，拳的表面要保持平直，握拳时要用适当的力，不可过分用力，但也不要松松垮垮地握拳。

2. 掌

稍微弯曲五指，分开五指，五指保持舒展状态，稍微向内收掌心，虎口要尽量保持接近圆形。需要注意的是，手指用力不可僵直，也不可松软弯曲。

3. 钩

五指第一指节自然伸直捏拢成钩，屈腕使钩尖朝下。

（二）步型

太极拳中的基本步型主要有以下六种：

1. 弓步

向前后两个方向分别把两腿分开。前腿的膝盖弯曲保持弓的姿势，膝盖弯曲后不能超过脚尖，与脚下上下垂直，大腿与地面保持斜对立，脚尖朝向前方；自然地蹬直后腿，脚尖向斜前方转动，转动幅度为 45～60°。两脚掌全部着地。从横向来看，两脚之间要保持 10～30 厘米的距离。不要使两脚保持一条直线，也不要交叉两脚，以免造成身体紧张、歪扭，如搂膝拗步步型。

2. 并步

两脚分开站立，分开后保持平行，两脚间的平行距离大约为 20 厘米，注意不要使两脚的脚尖出现八字形，整个脚掌着地，两腿支撑身体的重心。弯曲两腿成半蹲姿势，上体保持直立不动，如云手步型。

3. 马步

向左右方向将两腿分开站立，两脚之间保持平行，两脚之间的距离大约与肩宽相同，弯曲两腿的膝盖保持半蹲姿势，两腿支撑身体重心。弯曲髋部，将臀部收回，上体保持直立，头顶与会阴成一垂线，如起势步型。

4. 仆步

弯曲一腿的膝盖保持全蹲姿势，稍微把弯曲腿的脚尖向外展，整个脚掌着地，膝盖与脚尖保持相同的方向，不要把膝盖向内扣；另一腿在身体侧面保持伸直，向内扣脚尖，整个脚掌着地。两脚脚尖大致保持平行，也可以保持八字形。

5. 虚步

弯曲后腿的膝盖成半蹲姿势，大腿稍微抬高，整个后脚着地，脚尖朝向斜前方向，臀部与脚跟保持上下垂直；稍微弯曲前腿，膝盖与前方正相对，前脚的整个脚掌着地，也可以使脚跟着地，脚尖向上翘起。

6. 独立步

自然地把一腿伸直，支撑身体重心；弯曲另一腿的膝盖并且向前方提起，大腿稍微高于水平，小腿与脚尖朝下，保持上体直立，要保持好重心的稳固。

（三）手法

太极拳中主要有以下 11 种手法：

1. 按

首先，两臂弯曲然后迅速伸直，接着，两手从后到前循序做推按动作。推按的轨迹呈弧形，先向下，然后转为前上方，不要直线推按。两掌要控制好推按的用力点，推按中手不能比肩高，掌心朝向前方，手腕下沉，手指舒展，指尖朝上。

2. 将

倾斜两手保持相对；转动腰部并顺势使两手从前向侧后方划弧将带。两手移动的路线轨迹为弧形曲线，不要直线移动。

3. 挪

前臂从下向前上方挪架，在身体前方保持"横状"，前臂不能比肩部高，肘关节要比手稍低一点，手腕与手指不能过于僵硬，但也不要过分放松。

4. 挤

前手的前臂内侧在后手的推送作用力下移动，两臂从弯曲转为伸直，顺势向前方挤压。前手前臂是主要的用力点。挤出后两臂不能比肩高。

5. 抱掌

两掌保持上下相对，也可以保持左右交叉之势，然后在身体前或身体侧面合抱。两臂半弯曲成弧形。

6. 分掌

两手由合抱向前后或左右分开。

7. 挑掌

侧掌由下向前上方挑起，指尖向上，力点在掌的拇指一侧。

8. 推掌

臂先弯曲屈后伸直，向前方推掌，可以从肩上推，也可以从腰间或胸前推。掌心朝向前方，指尖保持向上。

9. 插掌

伸直并合拢除拇指之外的四指，分开拇指，臂先弯曲后伸直，伸出掌，伸出方向为指尖方向。向前伸就是前插掌；向下伸就是下插掌。四指指尖是主要用力点。

10. 打

拳在腰间旋转拳并冲打向前方，从拳心向上向拳眼向上转变。拳面是主要着力点。

11. 贯

以弧形轨迹从斜下方向前上方摆动拳并横击。半弯曲臂部呈弧形姿势并向内旋动，拳面是主要着力点，拳眼与斜下方相对。

肩部不要耸起，不能将肘部提起，也不能弯曲手腕。

（四）步法

武术练习中两脚的移动，就是所谓的步法。轻灵沉稳，虚实分明，是太极拳中对步法的要求。具体来说，就是应该做到两脚移动时轻起轻落，迈步如猫行，由点及面，重心稳定；不能猛收急落，脚步沉重。在步法转变中，有三个方面需要注意：首先，落脚的位置（距离、宽度、方向）要适当，脚尖或脚跟辗转的角度要适度；其次，支撑腿要保持平稳不可忽起忽落；最后，移动腿要屈伸灵活，不可僵硬。

太极拳中常用的步法主要有以下四种：

1. 上步

后脚向前迈出一步，如野马分鬃的步法。或前脚向前移动半步，如白鹤亮翅接左搂膝拗步的步法。

2. 退步

向后一步移动前脚，如倒卷肱的步法。

3. 跟步

向前半步收拢后脚，如白鹤亮翅和手挥琵琶的步法。

4. 侧行步

两脚横向依次向一侧移动，脚尖平行向前，如云手的步法。

（五）腿法

脚、腿的攻防运用方法，就是所谓的腿法，也被称为脚法。太极拳中的腿法主要是指蹬腿。其技术动作如下：一腿独立支撑，膝微屈；另一腿屈膝提收后再蹬踹伸直，脚尖上翘，力点在脚跟，高度要超过水平。蹬伸腿一定要先屈后伸，不可直腿上摆。做蹬脚时，支撑要稳定，上体维持中正，不可前俯后仰，左右歪斜。

（六）眼法

太极拳习练过程中，眼睛的状态与移动就是眼法。在进行太极拳练习中，定势时，视线对准前方，也可以对准前手；变化身体姿势时，注意眼睛与手法、身法、腿法的协调与配合，视线要随身体的变化灵活变化集中点，要始终注意全神贯注。

第三节　器械套路基本理论及教学实践

一、器械套路的基本理论

中国武术有着悠久的历史，内容也丰富多彩，在器械套路中，主要包括剑术、刀术、棍术和枪术等。

（一）剑术

剑术属于短器械中的一种，主要以刺、点、撩、截、崩、挑等剑法，配合步型、步法等构成套路。其运动特点是轻快敏捷，潇洒飘逸，灵活多变，刚柔相济，富有韵律。

（二）刀术

刀术属于短器械中的一种，主要以劈、砍、斩、撩、扎、挂、刺等基本刀法为主，并配合各种步型、步法、跳跃等动作构成套路。

其运动特点是勇猛快速，气势逼人，刚劲有力，雄健剽悍。

（三）棍术

棍术属于长器械中的一种，主要以抡、劈、扫、挂、戳、击、崩、点、云、拨、绞、挑等棍法，配合各种步型、步法、身法等构成套路。

其运动特点是勇猛泼辣，横打一片，密集如雨，气势磅礴。

（四）枪术

枪术属于长器械中的一种，主要以拦、拿、扎、崩、点、穿、挑、云、劈等枪法，配合各种步型、步法、跳跃构成套路。其运动特点是力贯枪尖，走势开展，上下翻飞，变幻莫测。

二、器械套路之刀术教学

器械套路有很多种，而刀术则属于短器械中的一种。它具有勇猛快速、气势逼人、刚劲有力、雄健剽悍的特点。

（一）刀的构造

刀的各部位分别称为柄首、刀把、护手、刀刃、刀身、刀背和刀尖。

（二）刀的握法

以虎口绕刀把，靠近护手盘，除拇指外其余四指自然弯曲，拇指第一节直接压在食指第二指节外侧。

（三）动作名称

预备势。

第一段：1. 起势；2. 弓步藏刀；3. 虚步藏刀；4. 弓步扎刀；5. 弓步抡劈；6. 提膝格刀；7. 弓步推刀；8. 马步劈刀；9. 仆步按刀。

第二段：10. 蹬腿藏刀；11. 弓步平斩；12. 弓步带刀；13. 歇步下砍；14. 弓步扎刀；15. 插步反撩；16. 弓步藏刀；17. 虚步抱刀；18. 收势。

（四）组合动作学练

预备势。

两脚并立，左手虎口朝下，拇指在前，其余四指在后握住刀柄，手腕部贴靠刀盘，刀刃朝前，刀尖朝上，刀背贴靠前臂内侧；右手五指并拢，垂于身体右侧；目视前方。

第一段包括以下几个动作：

1. 起势

左手握刀与右手同时从两侧向额上方绕环，至额前上方时，右手拇指张开贴近刀盘，接握左手刀。

教学要点：两臂从体侧向额前上方绕环的动作必须协调一致。

2. 弓步藏刀

①右腿屈膝略蹲，左脚向左上步。右手持刀使刀背贴身从左绕向身后，左臂内旋（拇指一侧朝下）向左伸出。目向左平视。

②上身左转，左腿屈膝，右腿伸直，成左弓步。右手持刀，手心朝上，上身左转的同时，从身后向右、向前、向左平扫至左肋时臂内旋，手心朝下，刀背贴靠于左肋，刀身平放，刀尖朝后；左臂随之屈肘上举至头顶上方成横掌。目视前方。

教学要点：缠头时，刀背必须贴着脊背绕行；扫刀时，刀身平行，迅速有力。

3. 虚步藏刀

①上身右转，左腿伸直，右腿屈膝，成右弓步。右手持刀，手心朝下，随上身右转向右平扫，刀背朝前；左掌随之向左侧平落，手心向下。目视刀身。

②顺扫刀之势右臂外旋，手心朝上，使刀背向身后平摆。

③以右脚前脚掌为轴碾地，脚跟外展，上身随之左转，左脚后收半步成虚步。刀尖朝下，从背后向左肩外侧绕行；同时左手经体前向下、向右腋处弧形绕环。目向左前方平视。

④右手持刀从左肩外侧向下、向后拉回，肘略屈，刀刃朝下，刀尖朝前；左手随即向前成侧立掌平直推出，掌指朝上。目视左掌。

教学要点：以上四个分解动作必须连贯起来做；扫刀要平，绕刀要使刀背靠脊背。

4. 弓步扎刀

左脚稍前移，踏实，右脚随即向前上步，成右弓步。左掌在上步的同时，向后直臂弧形绕环至身后平举成钩手，钩尖朝下；右手持刀随之向前扎刀，刀刃朝下，刀尖朝前。目视刀尖。

教学要点：刀尖和右手、右肩要平行，上身略前探，力达刀尖。

5. 弓步抡劈

①左脚向左斜前方上步，成左弓步。右手持刀臂内旋、屈腕，使刀尖由左斜前方向上挂起，刀刃朝上；左钩手变掌附于右肘处。目视刀身。

②右手持刀从上向右斜前方劈下，刀尖稍向上翘；左臂同时屈肘上举，至头顶上方成横掌。目视刀尖。

教学要点：抡劈动作必须连贯、有力，与步法配合一致。

6. 提膝格刀

左脚尖外展，同时右腿提膝至身体前方。刀由前下向左上横格，刀垂直立于胸前，刀尖朝上，刀刃向左；左手横附于刀背上。目视刀身。

教学要点：提膝与格刀必须同时完成。

7. 弓步推刀

①右脚向前落步。右手持刀向后、向下贴身弧形绕环；左掌此时从上向下按于刀背上面。目视刀尖。

②上体微右转，左脚从体前上步，成左弓步。右手持刀随之向前撩推，刀刃斜朝上，刀尖斜朝下；左掌仍按刀背，掌指朝上。上身前探，目视刀尖。

教学要点：撩推刀必须与步法协调一致。

8. 马步劈刀

上体右转，两腿屈膝半蹲成马步。右手持刀从左向上、向右劈下，刀尖稍向上翘与眉相齐；左掌在头顶上方屈肘成横掌。目视刀尖。

教学要点：转身、劈刀要快，力达刀刃；马步两脚尖要向里扣，大腿坐平。

9. 仆步按刀

右脚向右后方撤一大步，右腿屈膝全蹲，左腿伸直平铺，成左仆步，上身右转的同时，右手持刀做外腕花（以腕为轴，刀在右臂外侧向前下贴身立圆绕环）；左掌同时向下按切，附于右手腕，刀尖朝左，刀刃朝下。目向左平视。

教学要点：撤步与外腕花要快速有力，并与仆步按刀协调连贯；做仆步时，上身略向左前方探倾。

第二段包括以下几个动作：

10. 蹬腿藏刀

①右腿蹬直立起，左腿提膝成独立；右手持刀向右后拉回，左掌向左前方伸出，掌指朝上。目视左手。

②上身左转，右手持刀从后向前由左膝下方朝左裹膝抄起，左掌屈肘附于右前臂。目视前下方。

③右手持刀从左肩外侧向后沿肩背绕行，左腿即向左斜前方落步成左弓步，左掌向左平摆。

④右手持刀经肩外侧向前、向左平扫，至左肋时顺扫刀之势臂内旋，将刀背贴靠左肋；左掌随之屈肘上举至头顶上方成横掌。

⑤右脚脚尖上翘，用脚跟向前上方蹬腿。目视脚尖。

教学要点：缠头时必须使刀背绕裹左膝后顺脊背绕行，动作要迅速，蹬腿要快，并与缠头刀协调连贯。

11. 弓步平斩

①右脚向前落步。

②左脚向前上步，右脚趁势提起，上身在上步的同时向右后转。右手持刀手心朝下，随着转身平扫一周；左掌从上向左后方平摆，掌心朝上。

③右手持刀臂外旋，刀尖朝下，使刀从右肩外侧向后绕行，做裹脑动作；右腿后撤一步，成左弓步。右手持刀使刀背贴靠于左肋，刀尖朝后；同时左掌屈肘

上举至头顶上方成横掌。目视前方。

④上身右转，成右弓步。右手持刀，手心朝下，向右平扫，扫腰斩击，刀尖朝前；左掌同时从上向后平摆，掌指朝后。目视刀尖。

教学要点：裹脑时必须使刀背贴靠脊背绕行；斩击时刀要与肩平，力达刀刃。

12. 弓步带刀

①右手持刀臂外旋，使刀刃朝上，刀尖稍向下斜垂。

②重心左移，左腿全蹲，右腿挺膝伸直平铺成仆步。右手持刀向左上方屈肘带回；左臂屈肘，左掌附于刀把内侧，拇指一侧朝下。目向右侧平视。

教学要点：翻刀、后带动作要连贯。仆步时，上体稍向左倾斜。

13. 歇步下砍

①上身稍抬起。右手持刀，刀尖朝下，从右肩外侧向背后绕行；左掌同时向左侧平伸，拇指一侧朝下。

②左脚从身后向右侧插步。右手持刀从背后向左肩外侧绕行，手心朝下，刀身平放，刀尖朝后；同时左掌向右腋处弧形绕环。目向右视。

③两腿屈膝全蹲成歇步。右手持刀在歇步下坐之同时向右下方斜砍，刀刃斜朝下，刀尖朝前；左掌随之向左摆出，在左侧上方成横掌。目视刀身。

教学要点：上述分解动作，要连贯一气呵成；下砍时力点在刀身后段。

14. 弓步扎刀

上体左转，双脚碾地，左脚向前上半步，成左弓步。同时右手持刀，随势向前平伸直扎，刀刃朝下，刀尖朝前；左掌顺势附于右腕里侧。目视刀尖。

教学要点：转身、碾地、上步与扎刀协调连贯，力达刀尖。

15. 插步反撩

①上体稍直起并右转，右脚不动，左脚向右前方活步。同时右臂内旋，刀背朝下，使刀由前向上、向后直臂弧形绕行，刀刃朝下；左掌在屈肘时收于右肩前侧。

②右脚向左脚前方上步，成右弓步。同时右手持刀向下、向前直臂弧形撩

起，刀刃朝上，刀尖朝前；左掌由右肩前向上直臂弧形绕行至头部上方时，屈肘横架，掌心朝上，掌指朝前。目视刀尖。

③右脚内扣，上体左转，刀随转体收于腹前，刀尖上翘，左掌下落附于右腕处。目视刀尖。

④左脚向右脚后横迈一步成左插步。同时右手持刀向后反臂弧形撩刀，刀刃朝上；左掌向左上方插出，掌心朝前。目视刀尖。

教学要点：上步要连贯，撩刀要走立圆，刀尖不可触地，力达刀刃前部。

16. 弓步藏刀

①左脚向左前方上一步。同时右手持刀臂内旋，刀尖朝下，使刀由左肩外侧向后绕行，做缠头动作。

②身体重心左移，成左弓步。右手持刀由背后经右向左平扫，至左肋时顺扫刀之势臂内旋，使刀背贴靠于左肋，刀尖朝后；同时左掌屈肘上举至头顶上方成横掌。目视前方。

教学要点：缠头时必须使刀背贴靠脊背绕行，扫刀要迅速，力达刀刃。

17. 虚步抱刀

①上身右转，左腿伸直，右腿屈膝。同时右手持刀向右平扫，左掌随之向左平摆，掌心朝上。目视刀尖。

②上身稍直起，同时右手持刀顺平扫之势，臂外旋，手心朝上，使刀向身后平摆，继而屈肘上举使刀尖下垂，刀背贴身；左掌协调配合。目向右平视。

③上体右转，成右弓步。右手持刀由背后经左肩外侧向身体前方平伸拉带，刀刃朝上，刀背贴于左臂，刀尖朝后；左掌由左向下、向前直臂弧形摆起，至脸前时，拇指张开，用掌心托住刀盘，准备将右手之刀接回。目视两手。

④右脚跟外转，上体左转，左脚由左移至身前，成左虚步；同时左手接刀，经身前向下、向身体左侧抱刀下沉，刀刃朝前，刀背贴靠左臂，刀尖朝上；右手由身前向下、向后、向上直臂弧形绕至头上方时屈腕成横掌，掌心朝前，肘稍屈。目向左平视。

教学要点：裹脑刀要使刀背沿右肩贴背绕行，虚步要虚实分明。

18. 收势

右脚向前、向左脚靠拢，并步直立。右掌随即由右耳侧向下按落，掌心朝下，肘略屈并向外撑开，左手握刀不动。目视前方。

教学要点：上步和按掌动作要连贯迅速。

三、器械套路之剑术教学

剑术属于短器械中的一种。剑术以轻快敏捷、潇洒飘逸、灵活多变、刚柔相济见长。

（一）剑的构造及技法要求

1. 剑的构成

剑主要由剑身和剑柄两部分构成。

剑身由剑尖、剑锋、剑刃（两侧）、剑脊构成；剑柄由剑格（也称为"护手"）、剑柄、剑首组成。

除此之外，剑的附件还包括剑穗、剑鞘等配件。

剑的长度一般以练习者直臂下垂反手持剑，剑尖不低于本人耳上端。

2. 剑的规格

这里介绍的剑的规格是以现代武术运动中的剑为例，它的外形和规格基本传承了我国古代传统剑的样式。由于现代的剑几乎不再作为实战武器，所以与传统的剑略有不同，即剑身变薄了，而且一般剑刃不开锋。

①长度：武术运动竞赛项目用剑的长度，一般以反手直臂持剑的姿势为基准，剑尖高度应至少高于本人的耳上端。长度为 70~100 厘米。

②重量：包括剑穗重量在内，成年组男子用剑重量不得轻于 0.6 千克，成年组女子用剑重量不得轻于 0.5 千克，少儿组则不受重量限制。

③剑的硬度：将剑垂直倒置，剑尖触地，以通过剑身重量的压力不能使剑身有弯曲为准。

3. 技法要求

剑术在其悠久的发展历史中，各门各派林立，剑术名目繁多，技法丰富多彩。但尽管剑术技法较多，却也都有其沿袭相传的演练技巧与方法，这些剑法的特点大致可以汇总归纳为以下四点：

（1）把活腕灵，以巧制胜

"剑无成法，因敌变化而制胜。"各种剑法的衔接变化须变换把法，如螺把、钳把、满把等握法，很多变化又与手腕的劲力运使技巧有关，如挂剑时须扣腕，撩剑须旋腕，否则剑法就不能正确地表达。所以，要求执剑手的指、掌虚实变换，手腕灵活转展，恰到好处地把持剑器，达到合理地调节剑法和劲力之变化。在此基础上，剑术十分讲究运用以巧制胜技法，不硬挡硬架，而是逢坚化刃、避实就虚，借人之势，后发先至。

（2）剑法清晰，轻快敏捷

剑的形制特征使得剑法颇多，要使剑法做到清楚准确，要明其剑器各部性能，明其剑法运动方位（攻防目标）。例如剑尖锐利主于刺，剑锋呈斜主于点。而撩剑的运动路线为立圆，最终方位为前上或后下。剑器两面刃，持剑时不能触身，不能做缠头裹脑、大劈大砍类动作，剑术中的点、崩、抹、绞等剑法都十分注重敏捷轻快，体现出"剑器轻清"的特点。

（3）身剑合一，气韵洒脱

"身剑合一"强调以身运剑，身法、步法、神意、剑法融为一体。其变化则身行如龙，剑行若电，身械如一。气韵，指剑术中的节奏和气度。剑术运动应气度宏大，洒脱自如，富有节奏变化的韵律感。

（4）持短人长，刚柔兼备

剑器短小轻便，利于变化，欲达以短制长需刚柔兼备，参互运用。剑法运使要体现柔中寓刚、刚中含柔、刚柔相济和防中有攻、攻中有防、攻防相间的技法要求。

（二）剑术基本技法习练

1. 基本持剑法

在练习武术时，练习者首先要了解剑的握持方法，这里主要介绍持剑、握剑和剑指。

（1）持剑

练习者在持剑时，应使臂内旋成手心向后贴紧剑格，食指伸直扶于剑柄，拇指和其余手指分别扣握剑柄格两侧，剑脊贴近前臂后侧。

（2）握剑

练习者的握剑姿势应根据剑法合理地选择。以握平剑为例，握剑时握剑手的虎口应靠近剑格，拇指与其余手指相对握拢剑柄。

剑刃朝向上下为立剑握，剑刃朝向左右为平剑握。

（3）剑指

剑指是舞剑或练剑时不握剑手的常见手型，即中指与食指伸直并拢，其余三指屈于手心，拇指压在无名指第一指节上。

2. 剑术基本动作

（1）抹剑

采用左脚在前的错步站立姿势；右手握剑直臂前平举，虎口向上，左剑指立于右臂内侧；目视前方；随后上体右转，同时两脚辗转成开立步；右臂内旋，手心向下，剑由前向右弧形抽回，力达小指侧剑刃，左剑指稍前伸附右腕处；目视前方。

（2）劈剑

两脚开步站立；右手握剑直臂上举，小指侧剑刃向前剑尖向上，左剑指按于胯旁；目视前方。然后右手由上向下提剑后直劈至体前，力达剑刃，与肩同高，左剑指屈肘上提，立于右肩前；目视前方。

（3）刺剑

两脚呈开步站立姿势；右手握剑提于右腿外侧，剑身横平，左剑指按于左腿外侧；目视前方；右手握剑屈肘上提，经腰侧向前直刺，剑与臂成一直线、与肩同高，手虎口向上，力达剑尖，左剑指屈肘上提，附于右腕处；目视前方。

（4）挂剑

右脚在前，错步侧身站立，右手握剑直臂侧平举，虎口向上，左剑指直臂侧平举，虎口向上；目视右前方。然后右臂内旋，剑尖向下、向左贴身挂起，力达虎口侧剑刃前部，左剑指下落附于右手腕处。随后右臂外旋，剑尖向上，向前划弧成平举姿势。再用右手发力使剑尖沿身体右侧向下、向后挂起，力达虎口侧剑刃前部，左剑指直臂前伸，虎口向上，与头同高；目视剑指。

（5）撩剑

采用右脚在前的错步姿势站立；右手握剑直臂前平举，虎口向上，左剑指立于右肩前；目视前方。然后右手握剑臂内旋，直臂向上、向后立绕至体后，随之臂外旋向下，沿身体右侧贴身弧形向前撩至体前上方，虎口斜向下，力达剑刃前部，左剑指向下、向前再向上直劈绕至体左侧，要求剑身与腰同高；目视剑尖。

（6）点剑

以右脚在前的错步姿势站立；右手握剑直臂前平举；虎口向上，左剑指立于右腕处；目视前方。然后右手提腕，使剑尖猛向下点，力达剑尖；目视剑尖。

（7）崩剑

两脚开步站立；右手握剑直臂侧平举，虎口向上，左臂侧平举，左剑指虎口向上；目视右前方。随后，右手剑沉腕，直臂下落，使剑尖猛向上崩起，力达剑尖，左臂屈肘回收，左剑指附于右臂内侧。

（8）扫剑

右腿支撑下蹲，左脚尖点于右脚内侧成丁步；右手指剑直臂下截，手心向下，左剑指左斜上举，臂伸直；目视剑尖。随后，身体左转；同时左脚向左开步，成右跪步；右手握剑臂外旋，手心向上，随转体剑身向前平扫，力达小指侧剑刃，高不过膝，左剑指下落依附于右腕处；目视剑尖。

（9）提剑

采用左脚在前的错步站立姿势；右手握剑直臂前平举，虎口向上，左剑指立于右臂内侧；目视前方。然后身体右转；同时两脚辗转成开立步；右手握剑随转体直臂下落，并随之臂内旋，虎口向下，屈肘贴身弧形向右肩前提起，剑尖斜向下，左剑指向左斜下伸出，虎口向上，剑指与腰同高；目视剑指。

（10）云剑

两脚呈开步站立；右手握剑直臂侧平举，虎口向上，上体稍右转，左剑指直臂侧平举，虎口向上；目视右前方。随后右臂内旋上举，然后臂外旋，同时右手腕外旋转动，仰头，使剑在脸上方平圆绕环一周，左剑指向上摆起后附于右腕内侧；目视剑身。

（11）带剑

采用左脚在前的错步姿势站立；右手捏剑直臂前平举，虎口向上，左剑指立于右腕处；目视前方。然后右手握剑使臂内旋，使小指侧剑刃翻转向上；与此同时，由前向右侧后方屈肘抽回；目视前方。随后，右手发力使剑尖向上、向左弧形下落，左剑指屈肘回收，附于右腕处。接着右手握剑，使臂内旋，剑尖向下沿身体左侧贴身弧形向前撩至体前上方，虎口斜向下，力达剑刃前部；目视剑尖，左剑指随之立于右手腕内侧。

（12）架剑

采用左脚在前的错步站立姿势；用右手握剑直臂前平举，虎口向上，左剑指立于右腕处；目视前方。随后，上体右转；同时两脚辗转成开立步；右臂内旋，使剑向头上方架起，要求剑身横平，手心向前；目视左斜前方。

（13）绞剑

采用右脚在前的错步站立姿势；用右手握剑前举，要求与胸同高，手心向上，以腕为轴，剑尖向右、向上立圆绕环一周，使力达剑身前部；左剑指架于头部左上方；目视前方。

四、器械套路之棍术教学

棍术属于长器械中的一种，具有勇猛泼辣、横打一片、密集如雨、气势磅礴的特色。

（一）棍的构造及技法特点

1. 棍的构造

棍一般都是选用质地坚硬，不易变形和形体又直的木材做成，还要经过烤、煨和打磨等加工处理。现代武术运动中的棍一般由白蜡杆制成，构造简单，长度要求不得短于本人身高，分为棍把和棍梢。具体来说，棍的各部位主要是顶头、梢段、梢端、中段、把端和把段。比赛时棍的直径有要求，学校教学用棍可放宽限制。

2. 棍的技法特点

在棍术发展过程中，产生了多种流派，其演练技巧和方法也各不相同，但是，由于棍形制的特点使其在技法特点上大同小异，因而可以将它们在技法方面的共同点归纳如下：

（1）棍如旋风，纵横打一片

棍的形制特点是梢锐不及枪、把粗不如棒，因此，多以棍把戳、扎，以棍梢抡、劈、扫，运使时快速勇猛，抡动赛旋风，上揭下打，纵横抡劈，能远能近，长短兼施，虽四面受敌而八方可兼顾，形成了棍打一大片的技法特点和运动风格。棍论"打必及地，揭必过胸"，精辟地总结了"棍打一大片"的技法要领。

（2）兼枪带棒，梢把并用

棍的形制一般是把粗、梢细。棍梢可按照长枪技法中的拦、拿、扎、点、崩、圈、穿、戳和穿梭等枪法运使；棍把可按照棒的技法，完成大劈、大抡、大扫等各种棒法动作。但以枪棒兼用的棍术，在运动结构上往往不如梢把兼用的棍术密集紧凑。所以，两者相融，是棍术技法特点的具体表现之一。

（3）换把变招，固把击发

由于棍形制特点，棍身处处可作为握持把位，因而形成了棍械浑身藏法的特点。所以，换把应有招、固把便击发是棍术技法所遵循的基本原理。

（4）把法多变，长短兼施

棍的技法很多，关键在于把法。握持把的一端，可以利用棍梢抡、劈、扫进行远击；握持棍的中段，可以把、梢兼用，一攻一防，上挑下撩，左拨右打。在运使时，一般都是棍梢、棍身、棍把交互使用，变化莫测。所以，有"枪怕摇头，棍怕换把"的精辟棍论。另外，抡、劈、扫、撩的长击远打棍法和戳、扎、格、压的近身攻守棍法，都充分体现了长短兼施的棍术技法特点。

（二）基本棍法教学

1. 戳棍

戳棍是一种远近距离都可以进攻的棍法，远距离采用滑把方法，若结合步法等，可以击打对方胸、腰等部位，是一种梢、把兼用的常见进攻性棍法。

两脚前后开立，两手握棍横于腹前，棍梢朝前，目视前方。左手滑握棍身，臂内旋向左伸出，手心朝下，同时右手握棍向前戳出，力达棍梢端。

在练习戳棍时，需要注意的是用力要短促准确，直进直出，滑把灵活。这样往往能够达到较好的练习效果。

2. 劈棍

劈棍是一种远距离进攻性棍法，能充分利用步法等，可以击打对方头、肩等部位，也可劈击对方手中器械，是一种常见的进攻性棍法。

两脚前后开立，右手握棍直臂上举，左手握棍把在右腹前，将棍竖于右前侧；目视前方。左手将棍把屈肘拉至左腰侧，右手握棍向前下劈出，棍梢高与腰平，力达棍前端，同时身体稍左转；目视棍梢。

在练习劈棍时，要想取得较为理想的练习效果，就需要注意棍杆要贴腰，下劈要迅速有力，右手可伴同下劈微向后滑把，两臂稍微屈。

3. 崩棍

崩棍属于有攻有防的棍法，攻时由下向上崩击对方手腕，防时可以崩击在棍身上方的器械。

两脚前后开立，两手持棍平举于体前；目视棍梢。右手屈肘将棍把拉至右腰侧，左手滑握中段，臂伸直，使棍梢向上崩击，高与头平；目视棍梢。

在练习崩棍时，为了取得较好的练习效果，需要注意两个方面：一方面，右手拉棍要迅速，并沉腕下压；另一方面，左手滑握棍身中段时，要突然紧握，两手短促有力，使棍梢上崩，力达前端。

4. 抡棍

抡棍是一种远距离进攻性棍法，结合步法可横击对方肋、腰等部位，是一种常见的进攻性棍法。

呈右弓步，两手紧靠，顺把握于棍身后段，将棍扛于右肩上；目视左后方。两手用力使棍由右经体前向左平抡，扛棍于左肩上，呈左弓步；目视右后方。

在练习抡棍时，需要注意留把长度要适宜，抡棍要平，力达棍身前段，配合腰腿力量，使棍虎虎生风。另外，在练习平抡时，要注意两手旋腕。

5. 左右提撩棍

提撩棍属于远距离的进攻性棍法，主要用于对付两人以上对手的情况下，边守边攻，乱中取胜，是一种常见的棍法。

两脚前后开立，两臂于腹右侧屈肘交叉，左手在上，右手在下，顺把握棍，棍身斜置于右侧，棍梢斜向下，上体右转；目视棍梢。两手握棍，使棍梢由后贴近右腿外侧向前上方弧形绕行，上体随之稍向左转。左手心朝左，肘微屈，右手在左臂外，手心朝右上，屈肘于胸前，棍梢高于头；目视棍梢。上体不停，两手握棍，使棍梢由上向体左后侧下劈，肘微屈；目视棍梢。随即两手握棍，使棍梢由后贴近左腿外侧，向前上方弧形绕行，上体随之右转，左手滑至右手处，两肘微屈，棍梢高于头；目视棍梢。

在练习提撩棍时，为了取得较理想的练习效果，需要注意撩棍要贴近腿外侧，不得触及身体，右撩上体左转，左撩上体右转，身械协调一致，速度要快，力达棍前段。另外，还要注意不要造成运动损伤。

6. 左右舞花棍

舞花棍属于防御性棍法，主要用于遭多方位攻击或对方抛出器械打来时防御，是常见的一种防守棍法。

两脚前后开立，上体稍右转，右臂屈肘平举，手心朝下握棍，左臂胸前屈肘，在右腋前反手握棍，手心向上，两手虎口相对。棍身在右腋下贴于右背侧，棍把朝右前；目视棍把。右手握棍，使棍把向下，经腿前向左弧形绕行，左手松握棍身，两臂于胸前交叉，上体稍左转；目视棍把段。上动不停，右臂外旋，左臂内旋，两臂体前屈肘摆动至胸前交叉，使棍梢继续由右向下，经腿前向左、向上、向右弧形绕行，上体稍向右转。当棍梢向下时，左手迅速改为正握棍身，即虎口朝棍梢；目视棍梢。紧接着，身体右转，左臂内旋，右臂外旋稍向前伸，两手交叉握棍同时转动，使棍梢继续向下，随身体转动，经右腿外侧向后弧形绕行；目随棍移动。随即左臂外旋稍向前摆，右臂内旋屈肘稍向后拉，使棍梢继续向上、向前弧形绕行；目视棍梢。上动不停，右臂内旋，屈肘时稍向上，向前摆动，左手屈肘摆至右腋前，两手同时摆动，使棍梢继续向下，经右腿外侧向后弧形绕行。上体稍向左转，当棍梢向下时，左手迅速改为反握棍身，还原为预备姿势；目视棍把。

在练习左右舞花棍时，需要注意以下三个方面：一是左右舞花动作必须连贯；二是两手松握棍身，以便两臂交叉，左手换握要适时迅速；三是右臂内旋体左转，左臂内旋体右转，棍要贴身立圆舞动，速度快而均匀。只有把握好以上这三点，才会取得较为理想的练习效果。

第五章　民族传统体育搏击项目的教学实践

搏击是我国民族传统体育的重要项目，主要包括散打、擒拿、摔跤和自卫防身术等项目。搏击项目具有健身和技击价值，经常参加搏击项目习练，不仅能有效地增强体质，还能练就御敌防身的本领。

第一节　散打基本理论及教学实践

散打有着悠久的历史，散打的形式比较自由，其技术动作主要包括步法、拳法、腿法和摔法四种，通过散打技法的习练，能增强练习者的身体素质，御敌防身。本节将重点阐述散打的基本理论及以上四种技术动作的教学方法。

一、散打基本理论

散打是我国一项优秀的民族传统体育运动，其技法特点非常鲜明，是一种区别于其他武术项目的传统体育运动项目。

（一）散打概述

散打又称散手，是中国传统武术领域中的一种重要擂台竞技方式。而发展到现代，散打则是指中国武协为了使武术能够与现代体育运动相适应而整理形成的一种武术形式。散打具有重要的健身和技击价值，不仅能够在危险时刻防身自卫，还能在对敌斗争中克敌制胜。

现代散打运动是按照一定的竞赛规则，运用武术中的踢、打、摔等攻防技法进行徒手对抗的一种现代竞技体育项目。目前，除每年举行全国性的团体赛和个人冠军赛外，武术散打还被列为全运会、亚运会和世界武术锦标赛项目。随着现代散打运动的快速发展，散打技术得到了很大程度的发展和提高，散打规则也日益健全，这为其竞技化发展奠定了坚实的基础。

散打是我国传统武术的重要内容，从技术角度看，它与实用技击是基本一致的，但从体育角度出发，散打有一定的规则限制，它以不伤害对手为前提，与实用技击又有着本质的区别。因此，从这个意义上来说，散打属于体育范畴，是人们健身锻炼的一种重要形式。

(二) 散打的特点

1. 体育性

散打具有较强的技击性，它以增强体质、交流技艺、防身自卫和提高技术水平为出发点，从传统武术徒手搏击术中取舍动作，使散打成为体育，即寓技击术于体育之中。与其他运动项目一样，散打属于一种体育项目，但其技击性又非常突出，但这种技击性又明显区别于使人致伤致残的技击术。

2. 对抗性

散打运动的基本形式就具有鲜明的对抗性，这种对抗性表现在双方已熟练掌握基本技术动作，并经过一段时间的训练后，在规则允许的范围内而展开的较量。

3. 民族性

散打是在中国特定的社会历史条件下逐渐演变和发展形成的，因此，它具有鲜明的民族特色。但需要注意的是，这种民族性并不是过时的和传统的，它会随着时代的发展而不断发展，又表现出一定的时代性特点。

二、基本步法教学

(一) 滑步

1. 前滑步

后脚掌蹬地，前脚稍离地向前滑出 20~30 厘米，后脚随之跟进相同距离，身体重心保持在两脚之间，整个动作完成后仍为原来的姿势。

2. 后滑步

前脚掌蹬地，后脚稍离地向后滑出 20～30 厘米，前脚随之后退相同距离，身体重心保持在两脚之间，整个动作完成后仍保持原来的姿势。

在做滑步时，需要注意以下六个方面的问题：第一，靠近运动方向的一侧脚先移动；第二，脚要沿着地面滑动；第三，滑步时，身体重心移动要平稳，上体不可前俯后仰，重心不要超出两脚的支撑面；第四，脚掌尽可能不离开地面，腿部肌肉放松自然，不可做跳跃步；第五，移动过程中，两脚应始终保持平行，以保持移动中的稳定性；第六，移动时应以脚掌为支撑点，不应出现迈步现象。

（二）交换步

从预备姿势开始，前后脚同时蹬地稍离地面，在空中左右腿前后交替，转体120°左右，同时两臂也做前后体位的交换，完成动作后成与原来相反的预备姿势。

在运用交换步时，转换时要以髋部力量快速带动两腿交换，同时身体不能腾空过高，否则就会影响步法的运用效果。

（三）纵步

以前纵步为例，从预备姿势开始，两脚同时蹬地，使身体向前或向后移动。

在运用纵步时，为了能够达到理想的步法运用效果，要注意以下三个方面：首先，启动前不宜过分减低重心，不然容易暴露动作意图；其次，动作主要靠脚踝的力量向前纵出，但不宜过于腾空；最后，向后纵步，动作要领与向前纵步相同，但方向相反。

（四）垫步

从预备姿势开始，重心前移，后脚蹬地向前脚内侧并拢，随即前脚屈膝提起，根据情况使用蹬、踹腿法；上动不停，在使用腿法的同时，支撑腿随蹬（踹）腿向前再垫出一步，脚跟斜向前。

在运用垫步时，为了能够取得理想的步法运用效果，要注意以下两个方面：

首先，后脚向前脚并拢要快，前腿提起的动作与后腿的并拢，动作不脱节、不停顿；其次，配合后腿的垫步要与腿法同时完成，但要注意垫步时不能腾空，为加大力度和充分伸展，踹出后的支撑腿脚后跟必须斜向前方。

（五）闪步

1. 左闪步

从预备姿势开始，上体保持原来的姿势，前脚向左侧迅速蹬出 20~30 厘米，紧接着后脚以前脚为轴迅速向左滑动，角度在 45~90°，动作完成后成预备姿势的步型。

2. 右闪步

从预备姿势开始，后脚向右方横向蹬出，随后以髋部带动前脚向右侧滑动，身体转动一般在 60~90°，动作完成后成预备姿势。

需要注意的是，此步法也常常用于侧闪防守时，而在做侧闪步时，要迅速转体，否则就会影响步法的运用效果。

（六）击步

1. 向前击步

从预备姿势开始，重心前移，后脚蹬地向前脚内侧迅速靠拢，在后脚着地的同时前脚向前方迅速跃出，着地后两脚成预备姿势步型。

2. 向后击步

从预备姿势开始，重心后移，前脚蹬地向后脚内侧迅速靠拢，着地后两脚成预备姿势步型。

在做击步时，需要注意脚不能腾空过高，两脚动作要依次、连贯、快速，同时还要注意上体不能前俯后仰，否则完成的动作就不规范、不合理。

三、基本拳法教学

拳法是武术散打技法中以中距离攻击对方为主的方法。从人体运动的习惯来讲，上肢是最灵活的部位，无论是发出动作和变换动作，比其他部位都要方便得多。因此，在比赛中，运动员使用拳法的频率要比其他技法多得多。从技法攻击的目标来讲，虽然竞赛规则规定只要是得分部位拳法都可以攻击，但是拳法主要是用于攻击对方的头部。从使用方法上来讲，拳法可以用于主动进攻，也可以用于防守反击，还可以用于调动和迷惑对方，转移对方的注意力，为拳法、腿法的主动进攻创造有利的条件。

(一) 冲拳

1. 左冲拳击头

从基本搏斗姿势开始，右脚掌蹬地，使重心快速前移到左脚上，身体右转，右脚跟稍向内转一下，在转体的同时，探左肩，左臂迅速向前伸出，力量集中在拳头顶部，在击拳瞬间应该感到肩部有催劲。左膝稍弯曲一下。右手防护下颌，肘部防护身体；左手击打完成后应尽快收回成开始姿势。

2. 右冲拳击头

从基本搏斗姿势开始，以右脚前脚掌支撑蹬地，同时脚跟外转，把蹬地力量传至全身。身体随之左后转，旋右臂向前沿直线冲出，在接近目标刹那合肩，将拳握紧。随出拳瞬间，重心移在左脚上，全脚着地。右脚微向左脚踵跟进，右膝靠近左膝。收左手防护头及上体。

在运用右冲拳击头时，需要注意以下几点：蹬地、前移重心、转脚、屈膝、转体、顺肩、旋臂和出拳动作要协调一致；左膝不能过屈；不能有右拳后撤动作，发拳之前重心不要过早地移到左腿上。

3. 左冲拳击上体

从基本搏斗姿势开始，重心移至左脚。左脚微向里扣，脚跟微外转，左膝屈成110~120°。重心向左脚移动。右脚蹬地，身体随之右转。同时左臂沿直线快速冲出。右手防护不变。

在运用左冲拳击上体时，要注意：头不能超出前脚尖过多；左脚外转与屈膝要同时进行；出拳时上体微向前弯曲，但不能仰头或低头。

4. 右冲拳击上体

从基本搏斗姿势开始，重心移向右脚，以右前脚掌为支点，用力蹬地，身体随之左后转；重心前移到左脚，全脚着地。在身体左后转的同时，左膝屈 100～130°。重心在后脚。与转腰同时，右手臂沿直线向前冲出。左手护头，肘护肋。

在运用右冲拳击上体时，既可以直接击打上体或闪躲后击上体，也可以在左拳击出后使用。

（二）贯拳

1. 左贯拳击头

身体重心移至右脚，随之向右转体带臂，左肘微屈，左拳前送并成横向从左向右摆动。同时左脚蹬地，脚跟稍微外转，全脚掌着地，左膝屈 110～120°。右手保护下颌。

在做左贯拳击头动作时要注意以下两点：首先，要以腰带臂；其次，出拳的手臂边前伸，边横摆，以加快速度。

2. 右贯拳击头

从基本搏斗姿势开始，右脚尖蹬地，脚跟微外转，身体随之猛向左拧转，右臂由侧横向成弧形摆动。边摆边前伸，再加上肩部动作一起向击打方向送出。身体重心略移到左脚。击打后，身体稍降低，微向左侧偏，以防身体前倾失去重心、暴露弱点。击打的刹那左肩比右肩略低。击打后的右手不要离开身体过远。左手保护下颌。

在运用右贯拳击头时，需要注意以下三点：首先，击打时抢臂与转腰同时，拳与肘接近水平，即边出拳边起肘；其次，抬肘不要过高，免得动作僵直缓慢；最后，拳头边出边内旋，击中后就停，用脆劲，以便于收成开始姿势。

3. 左贯拳击上体

重心右移，两膝微屈，重心下降。同时身体及腰部向右突转带动左手臂（左臂微屈）将拳成横向朝对方上体击出。右手保护头部。

在运用左贯拳击上体时，注意要边出拳边抬肘，碾脚、蹬地，转体带臂。这样才能提高动作练习的质量和效果。

4. 右贯拳击上体

从基本搏斗姿势开始，上体向右转。同时身体微俯，右拳屈臂横向向左击出。边出拳边抬肘，碾脚，蹬地、转体带臂，重心左移。拳触目标时向里推击，防止对方把腹部绷紧。击后迅速成开始姿势。

运用右贯拳击上体时，需要注意以下四点：首先，重心降低并前移；其次，后腿屈膝，脚跟外展，以利用上全身的劲；再次，摆臂时不要有意抬肘；最后，臂微屈，但要放松。

（三）抄拳

1. 左抄拳击头

从基本搏斗姿势开始，重心移向左脚，体位微下沉，腰部和左腿瞬间挺直，借挺展力量带动手臂，将拳由下往上抄起。击打的刹那间，拳心朝内。

在运用此拳法时，既可以直接击头，也可用于当对方右冲拳击己方头部时，己方向右侧闪，同时用左抄拳击对方头部。

2. 右抄拳击头

从基本搏斗姿势开始，重心微降，右脚前脚掌蹬地，重心移至左脚。上体略向击打方向伸直，腰微左转、前送，借转体力量带臂（臂屈 45~80°）将拳自下而上，用挺展力量击出。击打刹那间拳心向内。

在运用右上抄拳时，需要注意以下两点：首先，要注意脚跟朝外转动，以加大打击力量；其次，右脚蹬地与转脚跟要协调一致。

3. 左抄拳击上体

左抄拳击上体的动作方法与左抄拳击头基本相同，不同之处在于左抄拳击上体的身体弯曲度加大。

这种拳法既可以直接击打对手上体，也可以在防住对手右腿踢后，用左抄拳击其上体；除此之外，还可以先用右手做假动作，使身体重心移至左脚，微屈膝，上体微向左转，重心下降，随之左膝蹬直，用左抄拳击对方上体。

4. 右抄拳击上体

从基本搏斗姿势出发，将身体重心逐渐移至右脚，体位略下沉。右脚猛蹬地，使腰部突然微左转挺展带动手臂将拳由下向上抄起，击打对方腹部，同时重心移至左脚。一般随出拳向前跨一步。

在运用右抄拳击上体时，应注意协调性，基本动作与右抄拳击头部基本相同。

（四）鞭拳

1. 左鞭拳击头

从基本搏斗姿势开始，重心前移，上身前探，左臂旋臂前伸，随之以肘为轴，猛甩腕翻拳，用拳背击打对方头部。

在运用左鞭拳击对方头时，要注意以下四点：首先，发劲要快要有力，使臂部有鞭击动作；其次，臂部放松，勿发僵劲；再次，肘微屈，不要有意抬肘；最后，转身鞭拳应注意插步转体要快。

2. 右鞭拳击头

从基本搏斗姿势开始，重心前移，上身前探，右臂旋臂前伸，随之以肘为轴，猛甩腕翻拳，用拳背击打对方头部。

用右鞭拳击对方头部时，需要注意以下三点：首先，发动要快而有力，使臂部有鞭击动作；其次，臂部放松，勿发僵劲，肘微屈不要有意抬肘；最后，转身鞭拳，注意插步转体带臂要快。这样才能取得理想的拳法效果。

四、基本腿法教学

腿法是武术散打技法中以远距离攻击对方为主的方法。腿法的技术特点主要表现在两个方面：一方面，是攻击力量大，易于发力；另一方面，是腿法攻击的空间范围广。从高度上来讲，下至可以使用钩踢腿，前后扫腿，攻击对方踝关节以下的部位，上至可以攻击对方的头部。从距离上来讲，腿法通过姿势状态的调节，攻击的距离可远可近，远能够达到一寸长一寸强的效果，近能够表现出腿法的伸缩性。当然，腿法也有自身的弱点：一方面，相对于拳法来讲动作的灵活性差；另一方面，单腿独立支撑的平衡能力差，容易被对方摔倒。因此，运动员不但需要提高下肢关节的柔韧性，而且需要掌握好使用腿法的技巧，不给对方接腿摔的可乘之机。

（一）正蹬腿

支撑腿微屈，另一腿蹬地屈膝上抬，脚尖微钩起，展髋向正前方猛蹬伸。同时上体微后倾，髋前送，右脚触及目标瞬间全身肌肉绷紧，力达足跟，再次发力用前脚掌点踏。

在运用正蹬腿时，需要注意以下三点：首先，支撑腿微屈，蹬出腿屈膝尽力向上顶；其次，猛送髋，大腿发力带动小腿，脚沿直线向前蹬伸；最后，脚跟与前脚掌先后依次发力，先蹬再点踏。

（二）边腿

前脚向前滑动一步，前移 10～20 厘米，带动后脚前移，支撑身体重量。几乎在落步同时，屈膝向斜前抬大腿，带小腿，随之用力拧腰转髋，猛挺膝，横向由外向内用力踢出，力达足背。

在运用边腿时，需要注意以下两点：首先，要注意起腿时，支撑腿微屈，上体向支撑腿一侧倾斜，以维持身体平衡，起腿越高，倒体越大；其次，用鞭击方式发力，踢击后立即收回。

（三）侧踹腿

支撑腿脚尖微外转，腿微屈，侧对对方；另一腿屈膝高抬，脚尖自然钩起，脚外沿朝向对方，腿部猛然伸直，用脚掌沿直线蹬踹目标。发力瞬间转髋，加大旋转劲，以助腿部鞭打效果。踹腿时上体自然向相反方向倒体，踹腿越高倒体越大。

在运用侧踹腿时，为了能够取得较为理想的腿法运用效果，要注意以下三点：首先，要以转髋助蹬踹；其次，起腿要突然，沿直线越快越好；最后，注意在不断移动中调整距离。

（四）小边腿

重心略后移，支撑腿微屈；另一腿抬起，快速向斜下侧弹出。上体自然朝踢击方向微转。

在运用小边腿时，要注意以下三点：首先，起腿离地不要过高；其次，弹腿要快而有力，发劲时身体重心随之下降；最后，弹击后回复原来姿势。

五、基本摔法教学

摔法是武术散打技法中近距离攻击对方的方法。与其他技法相比，摔法不但动作方法多而且同样一种方法使用的技巧变化也很多。中国跤术的绝大部分方法在武术散打中不但可以用，而且根据破解对方拳法、腿法的需要，又派生出了一些新的方法。武术散打摔法的基本原理，主要是借对方动作的惯性和破坏对方的身体重心来使之倾倒。当使用一个摔法时，对方肯定会防摔或反摔，身体重心的支撑点会不一样，同样的摔法使用技巧要随着对方身体重心的变化采用相应的措施，因此，摔法技巧的变化没有穷尽。

（一）接腿搂颈摔

己方右脚在前，对方起右脚蹬己方上体时，己方用左臂由外向内抓其小腿，右手搂其颈部并外旋。左手猛力上抬对方右腿，右手继续向右后下方边搂边抓压，形成力偶，同时用右脚截其支撑腿使其倒地。

在运用接腿搂颈摔时，需要注意转体带臂，一抬一压，造成旋转动势而摔倒对手。

（二）抓臂按颈别腿摔

对方用右贯拳或右直拳向己方头部击来，己方迅速向左微转体，用左前臂向左上架格挡住，左手下滑抓其腕部，随身体左转上右脚，用右腿别住对方右腿，右臂向左挟拧对方颈部时身体再向左拧转，左手用力向左后拉对方右臂，右臂向左下猛挟拧对方颈部，继续用力直至使对方倒地。

在运用抓臂按颈别腿这一摔法时，注意挟颈要紧，转体要快；否则就不会取得较为理想的摔法运用效果，给对方可乘之机。

（三）抱腿压摔

对方用左边腿击己方上体，己方迅速靠近对方，用右手从上抓握其左脚踝，并屈左臂用肘窝夹住其左膝窝。右脚向右后撤一步，上体随之右后转并屈膝降重心。左臂夹紧其膝部，右手先向左后拽拉，后向上扳其小腿。左肩前靠，形成力偶，使对方向后倒地。

运用抱腿压摔时，要注意向右后转体时，右手向上扳与左肩朝下压腿动作要一致，否则就不会取得较为理想的摔法运用效果。

（四）闪躲穿裆靠摔

对方左脚在前，用左冲拳或贯拳向己方头部击来。己方迅速屈膝下潜，使对方击打落空。下潜的一刹那，上右脚落于对方左脚后。同时用左手抓按对方的左膝，右臂沿对方左腿内侧伸进裆内，别住其右膝窝处，用头顶住对方胸部，上体用力向后猛靠使对方倒地。

在运用闪躲穿裆靠这一摔法时，要注意两点：一是要按膝、穿裆同时上步；二是上体向后靠时，向右后转体。把握好这两点，往往就会取得较为理想的摔法运用效果。

（五）抱腿别摔

对方用左边腿击己方上体，己方迅速靠近对方，用右手从上抓其左脚腕，并屈左臂用肘窝夹住其左膝窝。随即躬身用左手由裆下穿，用左手掌扣住其右膝窝，右手往右后扳拉其左脚腕。身体右后转，同时下降重心，右手继续向右后扳拉，形成力偶，迫使对方瞬间失去重心而倒地。

在运用抱腿别摔时，要注意左别右搬，协调一致，转体与两臂用力一致。这样往往能够取得较为理想的效果。

（六）格挡搂推摔

对方左脚在前，用左冲拳或贯拳向己方头部击来。己方用右手臂上架来拳，并屈臂顺势向右后经由对方左臂外侧由上往下滑动，用力卡住其左臂。上左腿，右手下滑至对方左大腿时，向回按扒，同时用左手猛推对方左胸部，使其失去重心倒地。

在运用格挡搂推摔时，要注意一拉一推的动作要同步，否则就会对摔法的运用效果产生一定的影响。

第二节　擒拿基本理论及教学实践

擒拿术历史悠久，是我国传统体育的重要组成部分，它以其重要的技击防卫价值，历来受到人们的欢迎和喜爱。擒拿具有自己独特的风格，并且有着较强的实用性，发展到现在，一些警校甚至将其作为一门重要的课程。

一、擒拿基本理论

（一）擒拿概述

在我国古代文献记载中，"擒"字的使用在史籍中出现较早。《春秋公羊传》庄公十二年（公元前685年）记载："（宋）万怒，搏闵公，绝其脰。"所谓"绝其脰"，就是用擒拿中的"锁喉法"，使之气绝而死。《汉书·娄敬传》载："夫与人斗，不扼其亢，拊其背，未能全胜。"亢，是喉头，"扼亢"是擒拿的一种方法。由于擒拿有明显的技击作用，故为历代兵家所重视。明代戚继光《纪效新书·拳经·捷要》中介绍各拳术名家时就有"鹰爪王之拿"的记载。清朝称为串指，直到民国才系统地称为擒拿，或称为拿技。由此可见，擒拿术中的"擒"字含义是较明确的，"擒者，捉也""鸟力小可擒捉而取之"，形容擒拿胜对手犹如捕获小鸟般轻而易举。

擒拿还可以分为大擒拿和小擒拿。其中小擒拿又称锁筋扣骨手，都是一些小巧功夫，主要是在近身格斗中锁拿敌人的小关节和主筋等部位。而大擒拿又称作分筋错骨手，主要是通过拿捏敌人的肌腱或利用反关节技术令敌人的大关节失去功能。

总之，可将"擒拿术"定义为：以至微之巧力，擒敌于肢体一部位或某部位，使其身体关节受制，而失去反抗能力被擒的技术或技法。至于何时为擒，何时为拿，可谓见仁见智，众口纷纭。根据擒拿术特点，以统一握为"擒"，指扣合作拈指打之或捉之为"拿"；或者说以施法制敌为"拿"，接手为"擒"。

（二）擒拿的风格及要诀

1. 擒拿的风格

擒拿可以分为拿骨，即反关节、拿筋和拿穴三类，其中以拿骨为其核心技术，它以巧制关节为手段，以擒伏对手为目标，以不伤害对手而达擒获为高超技能，充分体现中华武术"巧打拙，柔克刚"的特点。

2. 擒拿的要诀

第一，胆大，所谓的胆大就是指临阵杀敌时的策略；第二，力雄，指身体壮、力气雄，这是擒拿中取胜的物质基础；第三，准确，擒拿不但技术非常复杂，规格十分严谨，而且在使用时必须精细准确；第四，快速，擒拿是应敌防身之术，因此，擒拿动作要快速，能以一快制百慢，能在快速中赢得获胜的时间；第五，狠毒，狠毒是指使用擒拿术靠近敌身，攻其要害，或最大限度地牵张敌人各关节，使之旋折。

二、擒拿的基本手法教学

擒拿的手法有很多，对于控制对手和取得胜利至关重要，可以说要想掌握基本的擒拿技术及动作方法，首先就要熟练掌握擒拿的基本手法。根据关节活动和手法运用的特点可将擒拿的手法分为抓、压、托、刁、拧、推、架、拨等十几种，其中每一种手法都是非常重要的，都需要反复练习以求熟练掌握。

第一，抓。对方用拳或掌击来，五指合力将其前臂或腕关节握住。在实战中，抓和拿是并举配合运用的。

第二，压。当对方用拳或掌击打我方腹部时，我方前臂由上向下挤住对方前伸臂用力向下。其常与拿一起使用，压住对方的臂、腕、肘、膝等关节处，使其无法移动。

第三，托。对方用拳或掌由上向下击来，我方用手掌由下向上举，控制对方手臂，阻止对方下击。

第四，刁。对方用拳或掌击打我方头面部，我方反手由里向外，小指一侧先接触对方前臂或腕关节，然后五指合力，将其前臂或腕关节攥住。

第五，拧。对方用拳或掌击来，抓住对方前臂或腕关节向里或向外旋转，将其控制住。

第六，推。对方用拳或掌击来，用手向外或向前用力，使其前臂移动，改变攻击方向。

第七，架。对方用拳或掌击来，用前臂向上横截，支撑对方前伸臂。

第八，拨。当对方用拳击打我方腹部时，我方用前臂由上向下、向里封堵，使对方攻击方向改变后迅速回收。

第九，缠。当对方抓住我方手腕时，我方被抓手以腕关节为轴向上、向外、向下旋转，抓拧对方手腕。

第十，搅架。对方用拳或掌击打我方头面部，我方用前臂向斜上方架出，拳心朝里，当触到对方前臂后迅速外旋上架前臂，拳心朝外。上架前臂要贴紧对方前臂，不但使对方前臂改变攻击方向，还可紧紧将其控制住。

第十一，掳抓。对方用拳或掌击打我方头面部，我方用前臂由下向上横截，当触到对方前伸臂时，顺势反手抓紧对方前臂或腕关节，用力向自己斜下方拉。

三、基本功教学

擒拿，是以至微之巧力，擒敌于肢体一部位或某部位，使其身体关节受制，而失去反抗能力被擒的一种技术或技法。其基本功主要练习的是指力和腕力，只有指力和腕力得到加强了，运用擒拿技术才得心应手，才能制服对手。

第一，指功。面对墙壁或木桩、其他物体，用两手食指交替向其戳击。初学者开始练习时用力不要过猛，练习次数由少到多。

第二，抓罐子。自备一个小罐子，内可装沙子等物，重量大小适宜。两腿屈膝半蹲成马步，左右手交替抓罐子，也可抓铁锥等物体。重量和练习次数可逐渐增加。

第三，抓沙袋。自制一个重量适宜的小沙袋，内装沙子或谷物。两脚开立或两腿屈膝蹲成马步，然后一手上抛沙袋，待其下落时另一手迅速抓握，左右手交替抛接沙袋，反复练习。此项练习还可以两人或多人互相扔、抓沙袋反复练习。

第四，抓铁球。两腿开立半蹲，一手抓握铁球，然后上抛。当铁球下落时，另一手迅速抓握，两手交替反复练习。

第五，推砖。两脚开立，屈膝半蹲成马步。上体正直，两手各握一块砖，拇指在上，屈肘收于两腰侧，目视前方。然后左右两手交替向前平推，动作同冲拳。初练时重量可轻，随功力增强，练习的时间、次数和重量可逐渐增加，也可手持哑铃做冲拳练习。开始每组 30 次，每天推 2~3 组，以后可不断增加。

第六，拧棒。将若干块砖或一个重物系在一绳子上，拴在圆木棒上。两手各握木棒两端。两脚开立蹲成马步，两手向前臂伸直，握棒两手向前下用力拧棒，将重物拧起，随即两手向后反拧慢慢放下，如此反复练习。初学者可用一块砖或轻重量的物体练习。随着功夫的增长，练习的时间、次数和重量逐渐增加。一般每次练习 3~5 组，每组 50 次。

第七，缠腕。二人面对，相距两步左右半蹲成马步。甲乙双方同时伸出左手或右手，由对方外侧向里，两手相交在手腕处，同时向外旋，掌心向下，虎口向前抓握对方手臂向下拧压，然后将手松开，再以另一手缠抓对方。如此反复交替练习，目随手转。

第三节　摔跤基本理论及教学实践

摔跤在我国也有着悠久的历史，通过参与摔跤运动能很好地发展和提高人的体能素质，目前，在我国一些高等院校或体育院校中开设有摔跤选修课，极大地促进了我国摔跤运动的发展。

一、摔跤基本理论

与世界其他民族的摔跤运动不同，我国传统的摔跤运动有着悠久的历史及自己鲜明的民族特色。

（一）摔跤概述

摔跤有着悠久的历史，其产生最早可以追溯到原始社会。当时，社会生产力非常低下，人类为了争取生存，经常手持棍棒和石块等狩猎工具与野兽搏斗，有时在不得已的情况下还得徒手与野兽搏斗，这就逐渐形成了摔跤的雏形。

随着社会生产力的不断发展，人们为了争夺生产与生活资料，不断发生各种战争，而在战争中人们学会了生存和自卫的各种方法，其中摔跤就成为重要的学习内容。后来，摔跤还成为训练奴隶的军事体育项目之一。

（二）摔跤的分类及特点

1. 摔跤的分类

一般来说，摔跤分为古典式摔跤和自由式摔跤两种。古典式摔跤禁止抱握对手腰以下部位、做绊腿动作及主动用腿使用动作。自由式摔跤允许抱握对手的腿、做绊腿动作，允许积极地用腿使用动作。双腋下握颈动作禁止在女子摔跤中使用。

2. 摔跤的特点

第一，健身性。经常参加摔跤运动，能极大地增强自身身体素质，发展身体机能。第二，表演性。摔跤的技法有很多，双方运动员之间的攻防转换具有较强的观赏性，能给人带来一定的心理愉悦。第三，技巧性。摔跤技术对运动员的要求较高，运动员不仅要具备扎实的基本功，同时还要练就一定的技巧，这样才能打败对方，取得比赛的胜利。

二、摔跤基本教学

（一）站立姿势

其基本姿势为运动员站立，一脚站于另一脚的斜前方，两脚之间的距离约为一脚宽，两膝微屈，上体略前倾，两肘贴紧肋部，前臂向前伸出，尽量使身体重心平均分配在两腿上。

（二）跪撑姿势

跪撑姿势是指比赛时从站立姿势转入跪在垫子上继续比赛，运动员两膝跪在垫子上，两手撑垫，两膝间距离大约与肩同宽，足尖撑地，两手间距离略宽于肩，手与膝间的距离不得小于 20 厘米，两脚不得交叉。在摔跤比赛中，运动员在掌握了跪撑姿势后，重要的是要学会如何从跪撑姿势迅速站起来成站立姿势或从跪撑姿势迅速摆脱对方的控制。

三、过背摔技术教学

过背摔技术是指利用自己的腰部为支点将对方从背上摔过去的技术。此动作幅度大，得分分值较高。利用腰作为支点，就如同力学的杠杆原理一样，动力臂越长就越省力。摔跤时进腰的动作就是用力使对方的身体向前失去平衡，自己转体和对方平行贴紧，降低身体重心，用腰背作为支点作用在对方的下腹部，两手或两臂配合做动作，就可以使对方在支点的作用下向前失去平衡并大幅度滚倒，在一定范围内，支点越高越费力，支点越低越省力。其他摔法的原理大致如此，只是支点不是用腰，而是用腿、用脚、用手法上的变换等。

第一，夹颈和臂过背摔。夹颈和臂过背摔，又被称为夹颈背，即夹住对手颈部，通过转身将对手背在身上并摔倒。

第二，握臂和躯干过背摔。握臂和躯干过背摔，俗称后把背和下把背，即将一只手臂插进对手腋下并抱住对手的腰，通过转身将对手背在身上并摔倒。

第三，抱肩颈过背摔是过背摔的一种。在古典式中常被运动员所使用，由于古典式摔跤比赛中，双方运动员经常四臂搭扣在一起，此技术即在搭扣中转身将对手背在身上并摔倒。

第四，握同名臂和躯干过背摔（自己左手握对方左臂）也是过背摔的一种，即将头伸进对手腋下用肩背翻转发力的方式将对手背在身上并摔倒。

四、过肩摔技术教学

过肩摔是摔跤比赛中常用的技术，指以腰为支点，将对方从肩上摔过的技术，这种技术具有较强的观赏性和杀伤力。

第一，握臂过肩摔。过肩摔的一种。在古典式中常被运动员所使用，俗称揣。通过抓握住对手单臂从肩上将对手摔出。

第二，抱单臂挑。过肩摔的一种。属于自由式摔跤动作，是练习者抱住对手一手臂，同时用腿从外向内挑摔对手的技术。

第三，钻扛向侧摔。过肩摔的一种。头部潜入对手腋下，向一侧翻转摔倒对手。

第四，钻扛向后摔。过肩摔的一种。头部潜入对手腋下，用一臂抱住对手腰部，向后摔倒对手。开始的动作与钻扛向侧摔是一样的，只是一个是向侧摔，一个是向后摔。

五、过胸摔技术教学

过胸摔是指搂抱对方，将其从胸上摔过的技术。一般来说过胸摔与过桥摔非常相似，只是过桥摔是成桥向后摔倒对方，动作幅度更大一些。摔跤中常将二者合称为过胸摔，是分值较高的技术，一般用在古典式摔跤中。

第一，躯干过胸（桥）摔是过胸摔的一种，也是古典式摔跤运动员常用的高分值动作。即用两臂勒紧对手上体并将其一臂抱住，然后主动后倒，同时两腿蹬地发力，用腹部撞击对手腹部，抬头后仰挺胸，当后脑部快要着地时，向一侧转体将对手摔倒在垫上并控制住。

第二，后抱腰过胸（桥）摔也是过胸摔的一种，是利用接臂转移或潜入转移技术转到对手身后抱住对手腰部使用过胸摔的技术。

第三，捧臂过胸摔。过胸摔的一种，是将对手一臂夹在自己腋下，用自己的另一手臂插在对手腋下并使用过胸摔的技术。

第四，锁双臂过胸（桥）摔。过胸摔的一种，它是利用对手抱住自己的上体时，使用的过胸摔技术。

第五，侧面抱躯干过胸摔。过胸摔的一种，从对手身体一侧用两手臂将对手臂和躯干一同抱住，使用过胸摔技术摔倒对手。

六、抱折摔技术教学

抱折摔是抱住对手躯干等部位，用力折倒对手的技术。

第一，抱腰折。属于抱折摔的一种。两臂环抱对手腰部并用力向前勒腰，头向前下方用力，将对手折成仰卧。

第二，抱单臂折。属于抱折摔的一种。两手握抱对手一臂，有一个来回劲，整个身体向下折对手单臂，使对手来不及调整身体重心而向后摔倒成仰卧姿势。

七、抱绊腿摔技术教学

抱绊腿摔是自由式摔跤中常用动作之一，即握抱或钩绊对方单腿或双腿，使对方失去平衡而被摔倒。

第一，握颈扣同名腿摔。抱绊腿摔的一种。握对方颈部并用另一手抠住对手的腿摔倒对手。

第二，握颈扣异名腿摔。抱绊腿摔的一种。与握颈扣同名腿摔的不同就在于一个是左手扣左腿，另一个是左手扣右腿。

第三，抱单腿手别摔。抱绊腿摔的一种。即抱住对手单腿，用另一手别住对手另一腿摔的技术。

第四，抱单腿压摔。抱绊腿摔的一种。即通过抱住对手单腿用身体的重量压对手腿而摔倒对手，主要是用肩胸部位压。

第五，抱双腿冲顶。抱绊腿摔的一种。即抱住对手双腿向前冲顶的摔法。

第六，穿腿侧摔。抱绊腿摔的一种，俗称穿腿。即用一手臂穿进对手两腿间，同时肩、头潜入对手腋下，身体向一侧滚动，将对手摔成仰面倒地。

第七，穿腿前摔。抱绊腿摔的一种，俗称穿腿。即用一手臂穿进对手两腿间，同时肩、头潜入对手腋下，身体向一侧滚动，低头将对手摔在自己身体的前方。

八、跪撑技术教学

跪撑技术主要包括两个部分，即摔和翻，这两种技术在实践中经常被用来制服对方或摆脱对方的控制。用摔的方法时，主要是使对手离开垫子。如运用桥摔、半桥摔、向侧或向后摔。用翻的方法则一般是不使对手身体全部离开垫子。在跪撑技术中，凡是没有用上肢握抱或用下肢钩绊对方腿部的动作都是古典式摔跤动作，其他只能在自由式摔跤中才被允许使用。

第一，后抱腰滚桥翻。属翻的一种。从对手后面抱住对手腰部进行滚翻，要求使用者呈桥的姿势。

第二，杠杆握颈翻。属翻的一种。主要采用前臂压住对手颈部，两臂以杠杆的作用翻对手。

第三，侧面抱单臂翻。属翻的一种。拉住对手一臂使用挤压的方法将对手侧翻过去。

第四，里肩下握颈翻。属翻的一种。一手由对手左腋下穿过握住对手头颈，右臂压抱对手腰部或用右手握自己的左前臂并用右臂压在对手的肩背上，同时左臂用力撬压对手左肘关节和头颈，用上体搓挤对手身体左侧，左腿配合向对手头前移动，将对手翻转过去并控制住。

第五，外肩下握颈翻。属翻的一种。身体移向对手左侧，右手从对手右腋下穿过握对手头颈，左腿跪于对手左腋下挡住其左侧身体的移动，然后右臂用力向左撬压对手右肘关节并用手下压对手头颈，并用左手协助撬压，将对手翻转过来并控制住。

第六，反抱躯干翻。属翻的一种。双手反抱对手腰部，然后双臂用力向上抱提对手腰部，同时用身体左侧压住对手左侧上体，蹬腿、挺腹、抬头，将对手向自己的左后方向翻转过去。

第七，前握肩颈滚翻。属翻的一种。抱压住对手头部并抱压对手的肩颈，用左臂圈直对手的右臂，右手从对手左侧腭下穿进环抱住对手肩颈，向自己身体左侧成桥滚翻，将对手滚翻过去。

第八，正抱提过胸摔。属跪撑摔的一种。从对手后面抱住对手腰部，将对手整个身体提起成过胸摔将对手摔倒。

第四节　自卫防身术基本理论及教学实践

一、自卫防身术基本理论

（一）自卫防身术的概念

自卫防身术属于中华传统武术的一部分，因此，对自卫防身术的概念进行研究需要对武术的概念进行分析。目前，武术界公认武术源于古代狩猎和战争，是人与兽及人与人之间搏斗技术和经验的总结，其本质是传统的技击术。"武术"一词最早出现在南朝梁武帝长子萧通所编《文选》中，但不具有今天武术概念的含义。直到近代，才出现了武术的概念。随着武术运动的不断发展，其概念也在不断地演变和变化着。但不论如何变化，武术早已经成为多功能的集合体，其技击性是不变的本质属性。而自卫防身术是武术技击功能体的现代再现。

（二）自卫防身术的基本特点

1. 利用一切可以利用的条件进行防卫

在遇到危险伤害时，为了保证自身不受到暴力侵害，可根据不同环境和条件进行避险和自卫，正确运用一切正当和合理的防卫措施，充分利用头、肘、膝、肩、手、脚、嘴及身边能够起到防身自卫效果的诸如泥土、沙子、砖头、石块、钥匙、皮带、桌椅和板凳等物品来达到能战胜犯罪分子，保证自身安全的目的。

2. 抓住敌方要害进行防卫

在遇到危险事故时，还击不能"手软"，机会可能就一次，既然出击，一定要重创，摧毁对方的攻击能力，控制局势。无论对方身形是高大还是矮小，无论是强壮还是瘦弱，都不能低估，但凡有犯罪企图的人员，精神上都是高度集中的，往往会超出本身能力，做出过激行为。因此，打击就要狠，打击就要针对人体薄弱环节、要害部位，这样才能达到保护自己的目的。

3. 防卫技术较为全面

面对暴力侵害，任何情况都有可能发生，双方在互战中，从站立格斗到抱缠扭打直至地躺厮打，无不存在。因此，自卫防身不仅把掌、拳、腿、肘、膝、摔和擒的技法由站立引申到地躺中进行运用，进而全面掌握、逐步提高个人的防护能力和对时间、空间、环境的掌控能力。在远、中、近、贴的距离中，在站立和躺地骑压中，充分施展个人潜质，进行自救。

4. 讲究以弱制强，以巧制胜

在发生危害自身安全的事故时，在各方面条件都不利于自己的情况下，要注重以弱胜强、以巧制胜。自卫防身术的技术体系主要包含四大部分：踢击技术、打击技术、摔法技术和拿法技术。其中摔法技术和拿法技术的学习和训练难度较大。打击技术和踢击技术只要能做到快、狠、准、稳，即反应、出招动作要快，用力要狠，击打要害部位要准，自己心理、身体要稳定，就能以弱制强。而摔法技术和拿法技术则要讲究巧，如借力、顺势、避让等以巧制胜。

5. 技术多样，技法灵活

自卫防身术讲究以身体各部分作为攻击对手的"武器"，人体自上而下有头、肩、肘、手、髋、膝、脚七个可用作"武器"的攻击对方要害的部位，传统武术中就有"七锋"之说，讲的就是运用人体的这七个部位攻击对手、保护自己的方法。人体的每一个环节（部位）都有其不同的活动范围和幅度，其活动的规律也不一样，而且每一个环节（部位）的活动都要有相应的环节加以配合，不同环节参与配合的技术动作效果就不一样。对于这七个部位，每一个部位都有好几种不同的攻击方法。所以，由以上七个部位的攻击动作和防守动作所构成的技术动作将是多样的，运用时机、场合和技击方法等也是灵活多变的；同时按照简单实用的原则，遵循对抗运动的规律与特点，要求"能避就避、避有避法，能跑就跑、跑有跑法，能战就战、战有战法"。

6. 动作简单，应用广泛

一般来说，自卫防身术的动作朴实，没有花架子，每一个招法、动作都有一定的目的和作用，非常简练，不讲究动作的舒展大方、飘逸潇洒，讲究的是简单自然、敏捷灵活。在与敌人的搏斗中，可能面临生死存亡，任何一个华而不实的动作都会对自己造成极其严重的后果，甚至危及生命。正因为自卫防身术动作非常简单，每一个招法动作又有着不同的应用，不同的时机出手有不同的效果，打击不同的部位，对手的受伤程度也不一样，所以，自卫防身术的招法应用非常广泛。

综上所述，自卫防身术的特点比较鲜明，在人们遇到伤害自身安全的事件时，能起到保护自身的作用，值得在大学生群体和社会人群中大力推广。

（三）自卫防身术的价值

1. 增强人的体质水平

自卫防身术是一项技击运动。通过习练自卫防身术，能够发展人的力量、耐力、柔韧和灵敏等素质，同时自卫防身术又是一项对抗性运动，可以发展人的心智，使人的身心得到全面的锻炼。

大学生在日常学习和生活中，坚持自卫防身锻炼，可强筋骨、壮体魄，对提高神经系统的灵活性都有很大的帮助。在实际训练中，要求练习者在极短的时间内，正确地判断并抓住时机打击对手或避开对手的击打。自卫防身术是以双方对抗为运动形式，这就要求练习者在实践中正确地把握进攻时机。防守到位，反击及时，从而建立正确的条件反射，同时还要针对不同的对手和双方临场的变化，提高应变能力，因此，严格的自卫防身训练，能有效地提高人体的灵敏度和反应速度。通过严格的、科学的、持之以恒的自卫防身训练，还能有效地增强人体肌肉的力量。自卫防身训练能够完善和提高呼吸系统、心血管系统、运动和神经系统的活动机能，强身健体，对人的反应速度、力量、灵巧、耐力都有良好的促进作用。总之，经常参加自卫防身术习练，能有效地提高人的体质水平。

2. 丰富精神文化生活

武术运动具有很高的观赏价值，作为武术的重要组成部分，自卫防身术也同样具有很高的观赏和娱乐价值，徒手自卫、擒拿对抗中双方激烈的擒拿和反擒拿动作，精湛的攻防技巧，逼真的踢打搏斗场面，敢打敢拼的斗志都可以给人们带来一种鼓舞和美的享受，同时也能给人们带来精神上的愉悦。

3. 培养积极的、顽强的意志品质

在进行自卫防身训练时，要遵循循序渐进的原则，按部就班地练习各个动作。从开始的基本动作、基本技术练习，到条件实战以至于全面实战的练习过程中，在每个阶段和每个层次都对人的意志品质具有不同程度的考验和锻炼。初学自卫防身时，要忍受拉韧带的痛苦；攻防练习时，要承受击打的皮肉之苦；加量加强度时，要克服疲劳之苦；进行实战时，要克服胆怯、犹豫、紧张、冒失等不良心理反应。通过长期的自卫防身训练，可以培养学生机智、勇敢、顽强、坚毅，不怕苦、不怕累，敢于拼搏的精神，进而形成成熟、稳健和积极向上的优秀品质。

在遭遇突发侵害时，自卫对抗的形式多种多样、变化无穷，此时要求保持头脑的冷静，并在较短的时间里正确了解和判断对手的基本情况并立刻做出反应——如何回避、反击、控制及如何运用谋略，进而要求自卫者充分发挥智能、技能、体能进行搏斗。只有在日常的训练当中锻炼胆量，提高技艺，磨炼心志，稳定心理，培养分析解决问题的能力，才能在突发事件中用良好的心理因素、坚定的精神、顽强的意志和灵活的战术去战胜对手。

4. 改造人们的人生观、价值观和道德观

自卫防身的目的是防范和抵御外界侵扰。受课程性质和目标的影响，自卫防身教育非常重视"武德"的灌输和培养。武术之所以讲究武德，是因为本身具有的杀伤性。因此，"尚武崇德"是课程教育的重要部分。传统武术讲究"未曾学艺先学礼，未曾习武先习德"，自卫防身课程教育可以培养练习者养成谦虚、宽容、礼让的高尚品德和尊师重道、讲礼守信、见义勇为的情操，同时提高人们的综合素质，改造和发展人的世界观、人生观、价值观和道德观，这对于提高人的综合素质也具有重要的意义。

二、自卫防身术基本技法教学

（一）站立防卫技法教学

1. 站立姿势

①站立姿势的"正架"与"反架"。站立姿势一般分为左手在前的"正架"和右手在前的"反架"两种。学生可以根据自己的习惯（力量重的手臂在后）和爱好选择合适的一种防卫姿势作为最初学习自卫防身术的定式。

②站立姿势的步形。两脚开立与肩同宽，平行上左步，前后脚的距离稍大于肩；前脚掌稍内扣，后脚跟抬起，脚掌撑地；两腿膝关节微屈，身体重心在两腿之间。

③站立姿势的躯干手臂。身体侧向前方，含胸收腹；手形要求握拳即四指内屈并拢，大拇指横握于食指和中指的第二指节上；前臂的肘关节夹角在 $60\sim90°$ 之间，拳在视线下方，肘下垂；后臂的拳在颌下，肘贴近胸肋部，头稍下低，收下颌，目平视，与前拳上方在一条水平线上；闭唇。

2. 手形

（1）拳

①平拳：四指并拢卷握，拇指紧扣食指和中指的第二指节拳心向下。

②立拳：四指并拢卷握，拇指紧扣食指和中指的第二指节拳眼向上。

③鸡心拳：四指屈握，中指凸出成尖，拇指压于中指第一指节上。

（2）掌

①立掌：四指并拢伸直，拇指弯曲紧扣于虎口处，伸腕立掌。

②八字掌：五指自然伸直，拇指与食指形成八字，掌心向内凹。

（3）爪

①麒麟爪：拇指弯曲内扣，其余四指曲拢，第二、第三节指骨弯曲紧扣。

②虎仆爪：五指用力张开，第二、第三指骨弯曲，第一指骨尽量向手背的一面伸张，使手掌向外翻转，使掌心凸出。

（4）钩

屈腕，食指、中指和拇指第一指节捏拢，无名指和小指弯曲内扣。

3. 步法

①进步：后脚蹬地，前脚先向前进半步，后脚再跟进半步。

②退步：前脚蹬地，后脚先后退半步，前脚再退回半步。

③上步：后脚向前迈一步，右脚在前，左脚在后，成反架。

④撤步：前脚向后退一步，右脚在前，左脚在后，成反架。

⑤前跳步：后脚蹬地两脚依次离地向前快移半步，成防卫姿势。

⑥后跳步：前脚蹬地两脚依次离地向后快移半步，成防卫姿势。

⑦左跨步：左脚向左侧跨半步，右脚略向左脚靠近，成防卫姿势。

⑧右跨步：左脚向右侧上半步与左腿平行，右脚后撤半步，成左架防卫姿势。

4. 防守方法

（1）格挡防守

①上架

左上架：侵害方抛拳、劈拳或棍棒攻击头部时，己方左臂内旋由下至上横护于头上方，右手上提护于头侧。

右上架：侵害方抛拳、劈拳或棍棒攻击头部时，己方右臂内旋由下至上横护于头上方，左手上提护于头侧。

②挂挡

左挂挡：侵害方摆拳、木棍进攻头部左侧时，己方左臂内旋由下至上护于头侧方，同时身体微向右转。右手上提护于头侧。

右挂挡：侵害方摆拳、木棍进攻头部右侧时，己方右臂内旋由下至上护于头侧方，同时身体微向左转，左手上提护于头侧。

③下截

左下截：侵害方腿、木棍攻击左侧躯干或腿部时，己方左臂内旋由上向下护于体侧，同时上体微右转，右手上提护于头侧。

右下截：侵害方腿、木棍攻击右侧躯干或腿部时，己方右臂内旋由上向下护于体侧，同时上体微左转，左手上提护于头侧。

（2）抓握防守

①正抓握

左正抓握：侵害方右冲拳攻击面部时，己方左手抓握对方手腕同时上抬，身体微向右转，右手上提护于头侧。

右正抓握：侵害方左冲拳攻击面部时，己方右手抓握对方手腕同时上抬，身体微向左转，左手上提护于头侧。

②顺抓

左顺抓：侵害方右冲拳攻击面部时，左跨步躲闪，借势顺应发力方向抓握对方手腕，右手上提护于头侧。

右顺抓：侵害方左冲拳攻击面部时，右跨步躲闪，借势顺应发力方向抓握对方手腕，左手上提护于头侧。

③反抓

左反抓：侵害方右摆拳攻击头侧时，己方左臂内旋翻腕抓握对方手腕，同时身体微左转，右手上提护于头侧。

右反抓：侵害方左摆拳攻击头侧时，己方右臂内旋翻腕抓握对方手腕，同时身体微右转，左手上提护于头侧。

④上抓

左上抓：侵害方右劈拳、抛拳攻击头部时，己方左手斜上方抓握对方手腕，右手上提护于头侧。

右上抓：侵害方左劈拳、抛拳攻击头部时，己方右手斜上方抓握对方手腕，左手上提护于头侧。

（3）躲闪防守

①下潜：侵害方摆拳、木棍攻击胸部以上部位时，己方膝关节屈膝，重心下沉躲闪，随后站立。

②收身：侵害方踹腿、木棍攻击躯干部位时，己方后跳收腹躲闪，然后回原位。

③收步：侵害方踹腿、木棍攻击小腿部位时，左脚回收躲闪，然后回原位。

（4）倒地防护

①前滚翻：由站立姿势开始，身体下蹲，双手撑地，重心移至两手上；两脚用力蹬地，同时低头屈臂，团身向前滚动，然后双手抱小腿成蹲立，再站起。

②前倒：并腿站立，上体前倒；同时屏气，两臂摆伸，顺势双手撑地，屈臂缓冲。

③后倒：两脚分开站立，屈膝下蹲；然后屏气，上体后倒，收下颌，在肩背触地的同时，两手在体侧拍地。

5. 抓抱的解脱方法

（1）手、臂被抓的解脱

①单手腕被同侧单手抓解脱法

屈肘解脱：左手腕被对方右手正抓握，左臂内旋屈肘，即可解脱。

提手解脱：左手腕被对方右手反抓握，右手抓握对方手腕上提，同时左臂内旋下压，即可解脱。

②单手腕被异侧单手抓解脱法（挑手解脱）

左手腕被对方左手正抓握，右手向上拍打对方手腕，同时左臂内旋下压，即可解脱。

③单手腕被双手抓解脱法

上提屈肘解脱：左手臂部被对方双手正抓握，右手抓握对方左手腕上提，同时左臂屈肘内旋回带，即可解脱。

握手下带：左手臂被对方双手反抓握，右手从对方两臂之间向上抓握己方左拳，随后双手同时向下用力即可解脱。

④双手腕被双手抓解脱法

下按上挑：双手腕被对方双手正抓握，双臂内旋下按，随后，双臂外旋屈肘上挑，即可解脱。

下按拍打：双手腕被对方双手反抓握，双臂外旋下按，同时拍打对方手腕，即可解脱。

⑤拇指被折解脱法

右手拇指被推折时，用左手抓握对方右手背，拇指上推对方手指，同时右手下带，即可解脱。

⑥腕部被折解脱法

当对方双手缠切我右手腕时，身体下蹲，右臂屈肘，左手抓握对方左手腕，随后左手上提，右手侧带，身体直立，即可解脱。

⑦肘部被折解脱法

揪发撞膝：右肘被对方背向扛在右肩上，左手抓揪对方头发回拉，同时右膝顶撞对方后腰，即可解脱。

转身掐喉：左臂反拧肘关节被压，己方左臂屈肘身体右转，同时右手前伸卡掐对方喉部，即可解脱。

（2）颈部被抓的解脱

①颈部被单手掐卡

推打解脱：喉部被对方正面单手掐卡，己方右手猛推对方右手腕，同时身体右转即可解脱。

格击解脱：颈部被对方正面单手掐锁，己方左手由里向外磕击对方左手腕，同时身体右转，即可解脱。

拉带解脱：颈部被对方正面单手掐锁，己方左手抓握对方右手腕，向外拉带同时身体右转即可解脱。

②颈部被双手卡喉

绕转解脱：颈部被对方正面双手掐卡，己方头部向前向左由对方臂下绕过即可解脱。

挫打解脱：颈部被对方正面双手掐卡，己方双手交错右手推击对方右手腕，同时左手推击对方左手腕即可解脱。

双手砸打对方：颈部被对方正面双手锁卡，己方双手相握，由下向上撞击对方下颌，接着两手下落时砸打对方鼻梁，即可解脱。

转身打喉解脱：颈部被对方手背面双手锁卡，己方左手迅疾抓握对方右手腕回带，同时右手变八字掌推击对方喉部即可解脱。

（3）被搂抱的解脱

①推下颌解脱：对方正面搂腰，己方双手在外，己方左右手相叠猛推对方下

颌，同时身体后撤即可解脱。

②推鼻搂腰解脱：对方正面搂腰，己方双手在外，己方左手搂对方腰，右手拇指猛推对方鼻尖即可解脱。

③插鼻解脱：对方正面搂腰，己方双手在外，右手搂对方腰，左手食中指插向对方鼻孔，随后下带即可解脱。

④抠眼解脱：被对方正面搂腰，己方双手在外，双手拇指抠按对方双眼，其余四指抓扣对方头部。

⑤掼耳解脱：被对方正面搂腰，己方双手在外，身体后仰，双手推肩，腰后弓，随即双掌同时攻击对方耳门即可解脱。

⑥掐点穴位解脱：被对方正面搂腰，己方双手在外，单手中指或拇指掐点对方天突穴、肩井穴、极泉穴即可解脱。

⑦击裆解脱：被对方正面搂腰，己方双手在内，双手前推对方腹侧，腰弓随后向对方裆部顶膝即可解脱。

⑧击肋解脱：被对方正面搂腰，己方双手在内，双手前推对方腹侧，腰弓随后向对方肋部双击掌即可解脱。

（4）背面被搂抱的解脱

①勾裆解脱：侵害方背后搂抱，己方双臂在内，身体向前移动，右手伸向对方裆部抓捏即可解脱。

②掐皮解脱：侵害方背后搂抱，己方双臂在内，身体向左转身移动，随即右手掐抓对方大腿内侧皮肤，即可解脱。

③肘击解脱：侵害方背后搂抱，己方双臂在外，身体向左转身移动，随即抬左臂向对方面部、颈部进行砸肘、顶肘即可解脱。

④头撞解脱：侵害方背后搂抱，己方双臂在内，身体上伸头顶对方下颌或头部后仰撞击对方面部即可解脱。

⑤脚踩解脱：侵害方背后搂抱，己方双臂在内，身体转动，重心落在一脚，另一脚抬起向对方脚面踩踏即可解脱。

⑥裹摔解脱：对方背后锁脖，己方提臀撞击对方裆部同时，双手抓握对方前手臂，随即左转身上右步面向侵害方，左手抓对方后腰带，然后，身体后倒左手

左带同时身体左后转身，骑压对方，右手臂迅疾按压对方颈部即可解脱。

6. 抓抱的擒拿方法

（1）握手擒拿法

①握手旋臂擒拿：双方右手互握时，左臂内旋左手四指抠其拇指，同时拇指压其掌背，随后左臂外旋四指翻拧、拇指上推，随即右手挣脱，然后右手反抓侵害方手背，配合左手逆时用力拧折侵害方手腕和前臂，同时右腿体外插。

②握手迭腕擒拿：双方右手互握时，右臂内旋右手下拉，同时身体右转，随即左手抓侵害方右肘，接着右手下按，左手上托，撅折侵害方右肘；若侵害方屈肘抵抗，顺势向前右掌按压其右手背，折侵害方手腕。

（2）抓握手腕擒拿法

①抓腕推腕擒拿：左手腕被侵害方同侧正抓握，己方左臂外摆，同时右手四指抠抓对方掌外延，拇指按压虎口，随即右手翻转，左手外旋，随后左手四指抠抓对方拇指内侧，与右手同时发力推压手腕。

②抓腕拧臂擒拿：左手腕被侵害方同侧正抓握，己方左臂内摆，同时右手四指抠抓对方拇指内侧，拇指按压掌背，随即右手翻转，左手外旋，随后左手抓握对方手背，与右手同时逆时扭转手臂。

（3）掘腕屈腕擒拿法

右手腕被侵害方异侧正抓握，左手四指抠抓对方拇指内侧，拇指按压掌背，随即左手扭转，右手翻转挣脱，抓握对方手腕前折。

（4）抓握前肩擒拿法

①抓肩折腕擒拿：左肩部被侵害方右手抓握时，己方右手抓握侵害方右手腕，随即左臂屈肘上抬经外向里砸压侵害方右腕，同时，身体右转，右手拧折侵害方右手腕。

②抓肩折肘擒拿：左肩部被侵害方右手抓握时，己方右手抓握侵害方右手腕后，随即左臂屈肘上抬磕击侵害方右肘，同时身体右转，撅折侵害方右肘。

③抓肩反臂擒拿：肩部被侵害方双手抓握时，随即左手由下抓握侵害方左腕，右手由上抓握侵害方右腕，随后，左臂屈肘上撬，同时上体后仰右转，随即右手搬拉，左臂翻转，拧折侵害方腕臂。

（5）抓握前襟擒拿法

①直臂抓襟擒拿：前襟被侵害方右手直臂抓握时，右手扣按侵害方右手背，随即身体右转回带，左臂按压侵害方前臂，拧折侵害方肘部。

②立屈抓襟擒拿：前襟被侵害方右手立屈臂抓握时，右手扣按侵害方右手背，同时左手抓其肘部，随后身体右转，右手按压，左手推其肘部。

③平屈抓襟擒拿：前襟被侵害方右手平屈臂抓握时，左臂抬起，抡臂砸压扭转对方右手臂，同时抓握对方手腕控于后背这种动作需要迅速而准确地执行，以确保控制的效果。

（6）卡掐颈部擒拿法

①单手掐喉擒拿：侵害方单手掐喉时，己方四指抠抓对方左手拇指内侧，拇指按压手背，随后左臂外翻，同时上右步，右手掐抓对方喉部。

②双手掐喉擒拿：侵害方双手掐喉时，己方右手四指抠抓对方右掌外延内侧，拇指按压手背，同时左手按压对方肘部，随后，身体右转折腕压肘。

（7）搂抱正面擒拿法（搂腰折颈擒拿）

腰部被侵害方从前面搂抱，无论两臂在内、在外，立即双手掌根撞击侵害方双肋，随后，左手搂抱侵害方腰部，右手掌根推其下颌，或用右手拇指按于侵害方鼻底部位，同时左手回拉。

（8）搂抱后背擒拿法

①外抱擒拿：腰部被侵害方从里面搂抱，并两臂在内时。随即头部向后，撞击侵害方头面部，随后臀部撞击侵害方裆部；左手抓握侵害方右手腕，随后，身体下蹲，向左后转体解脱，右手抓握对方右肘，左手上推拧其右肘。

②内抱擒拿：腰部被侵害方从后面搂抱，并两臂在外时。随即头部撞击侵害方头部后，右手四指扣抓侵害方右手手掌外沿内侧，拇指按压侵害方右手虎口；随后身体挣脱向左转体180°，右臂内旋拧转，左手配合右手向前、向下折推侵害方的右腕。

（9）抓握头发擒拿法

①前发折臂擒拿：头部被侵害方右手抓时，右手抓扣侵害方右手背，左手按压侵害方右肘尖，随即身体右转俯身，头顶右手横折对方右腕，左手下压肘部。

②前发折腕擒拿：头部被侵害方右手抓时，双手相叠右下左上扣压侵害方右手手背，随即身体前屈低头前顶，折对方手腕。

③后发拧臂擒拿：头部后面被侵害方右手抓时，双手相叠扣压侵害方右手背，身体下蹲并向右后转身180°，随即身体直立抬头，扭折侵害对方手腕。

（10）抓握后肩擒拿法

①单肩折肘擒拿：右肩被侵害方单手抓握时，随即左手扣抓对方右腕，随后身体右转，右臂由下向上横击对方右肘。

②双肩锁喉擒拿：肩部被侵害方双手抓握时，随即左手扣抓对方右腕，随后左手回拉，身体右转，同时上右步，右手向上用拇指和食指掐卡侵害方喉部。

（二）站立防卫反击技法教学

1. 拳法进攻反击

（1）抓握盘肘

①双方站立，侵害方后手直拳攻击，己方左正抓握，随即进身盘肘反击侵害方头部、颈部的薄弱部位。

②要点：保持、调整距离与角度，以便反击。

③要求：抓握要准，进身要快。

（2）抓握踢裆

①双方站立，侵害方后手摆拳攻击，己方左反抓握，随即弹腿反击侵害方裆部、腹部或膝关节。

②要点：根据距离、角度，判断易攻击部位，实施反击。

③要求：抓握为反击准备空间。

（3）抓握顶膝

①双方站立，侵害方后手摆拳攻击，己方左反抓握，随即右抡掌反击侵害方颈部，同时搂抓侵害方颈部，随即右顶膝反击侵害方裆部、腹部、胸部、头部。

②要点：左转抓握与抡击要连贯、协调。

③要求：因时势灵活掌握反击部位。

（4）抓握压肘

①双方站立，侵害方后手右直拳攻击，己方左跨步左顺抓握，随即左手扭转回带致使侵害方肘关节尖压于腋下，随后，双手上抬，身体下沉，撅其肘关节。

②要点：躲闪中抓握。

③要求：左跨步要急，同时进身。

（5）抓握拧脖

①双方站立，侵害方前手左直拳攻击，己方右跨步左反抓握，随即左手回带，右弹手反击侵害方面部、颈部，随即右手按压侵害方左肘，随后右手抠抓侵害方下耳根部，发力扭转侵害方颈部，同时左手别肘。

②要点：抓握下带，反击侵害方要害部位。

③要求：因时势灵活掌握，弹手后也可抓发顶右膝控制。

（6）前摔控制

①双方站立，侵害方前手直拳攻击，己方下潜进身双手搂抱侵害方双腿，肩顶回带前顶摔，双手不松，右腿反击侵害方后腰，随即左转身，同时右跨腿下坐，身体后仰。

②要点：摔倒侵害方后身体直立，以便腿部反击。

③要求：可左腿反击，也可拖带移动中右腿攻击，最终翻转侵害方身体进行控制。

（7）背摔控制

①双方站立，侵害方后手右摆拳攻击，己方左反抓握，随即上右步，同时右臂搂抱侵害方腰部，左转过背摔，侵害方落地后，抓握手臂，右脚反击侵害方腋下并最终控制侵害方。

②要点：侵害方落地，己方移动调整空间，便于反击控制。

③要求：右臂搂抱，可颈部、可腋下、可腰部。

（8）顶膝控制

①双方站立，侵害方后手右摆拳攻击，己方左反抓握，右手搂抓侵害方后颈部，随即回带顶膝，随后下压，拧臂右膝压颈部控制。

②要点：下压时，身体侧后移，以便控制。

③要求：因时势，身体侧后移，可扭转侵害方肘的同时右转身坐压侵害方。

（9）顶时控制

①双方站立，侵害方前手左直拳攻击，己方左反抓握，随即上右步顶肘，随后右手击打侵害方后腰进行别摔，倒地后，右膝顶肩，右手压肘，左手压腕于己方腿部。

②要点：顶肘后收身以便右手反击，别摔侵害方于体前。

③要求：致使侵害方肘部向上，可脚踩侵害方肩部。

2. 腿法进攻反击

（1）接腿打掌

①双方站立，侵害方右腿横击，己方进步左臂外挂防守，随即推掌反击侵害方面部。

②要点：在对方横击力未全发时，外挂。

③要求：进步要快，与外挂要协调。

（2）接腿踹膝

①双方站立，侵害方右腿横击，己方左跨步双手外抄防守，随即右踹反击侵害方膝部。

②要点：在侵害方横击力未全发时，跨步防守。

③要求：反击侵害方膝内侧时要准。

（3）接腿踢裆

①双方站立，侵害方右腿横击，己方左跨步双手外抄防守，随即右弹腿反击侵害方裆部。

②要点：在侵害方横击力未全发时，跨步防守。

③要求：反击出腿的距离要调整到位。

（4）接腿横踢

①双方站立，侵害方踹腿直击，己方抄抱防守，回带左转，右横踢腿反击侵害方膝关节腘。

②要点：收腹抄抱，转身上步。

③要求：横踢腿的同时，向左转身。

（5）别摔控制

①双方站立，侵害方右腿横击，己方左跨步双手外抄防守，上左步于侵害方体后，左转身别压，侵害方倒地后，右腿踩踏其裆部、腹部、大腿内侧。

②要点：左转别压同时发力。

③要求：左臂护肋以防踢到肋部。

3. 摔法进攻反击

（1）压脖砸背

①侵害方下潜搂抱己方双腿时，己方左肘迅速按压侵害方颈部，随即右肘砸击后心。

②要点：被搂抱的同时，重心偏后下沉。

③要求：保持平衡，拧转砸肘要快。

（2）压脖砸颈

①侵害方下潜搂抱己方双腿时，左手压按侵害方颈部，右手按压侵害方左上臂，随即左肘砸击侵害方后颈部。

②要点：因时势移动，保持重心稳定，寻机反击。

③要求：左砸肘可随机反击要害部位。

（3）兜裆控制

①侵害方下潜搂抱己方双腿时，左手压按侵害方颈部，右手按压侵害方左上臂，随即收左步同时上右步，随后右手抓裆，左手下按发力致使侵害方翻滚，紧跟上踩踏侵害方颈部。

②要点：抓裆要迅速、准确。

③要求：侵害方下潜搂抱时，己方两腿重心要稳，压按侵害方头部时要到位。

4. 匕首行刺反击

（1）匕首的握法

①正握匕首

手腕虎口朝向匕首把端为正握。

作用：上刺、斜刺、侧刺、反刺等刺法。

②反握匕首

手腕虎口朝向匕首尖为反握。

作用：下刺、直刺、横刺、横割等刺法。

（2）匕首的攻击技法

①刺法

上刺：右手正握匕首，向前上右步，由上方向前下方刺。

下刺：右手反握匕首，向前上右步，由下向上刺。

侧刺：右手正握匕首，向前上右步，由右向左方刺。

反刺：右手正握匕首，向前上右步，由我腹、胸前向右前上猛刺。

直刺：右手反握匕首，向前上右步，由胸前向前方刺。

斜刺：以左斜刺为例，右手正握匕首，向前上右步，由右上向左下方刺。

横刺：以右横刺为例，右手反握匕首，向前上右步，由右向左横割。

②匕首刺杀反击

上刺别摔：侵害方右手正握匕首，当上刺进攻时，己方左手正握抓侵害方持刀手腕，随即外旋拧，同时左脚侧移，右脚落步于侵害方体后侧，随后右臂由下向上击打侵害方肘关节，左手下按造成侵害方右手成反关节；右手抽回，用掌根或前臂抡打侵害方喉部或右肩，同时身体向左扭转，将侵害方摔倒。

侧刺担肘：侵害方右手正握匕首，当侧刺进攻时，己方左手格挡随即反握抓侵害方持刀手手腕，随后上右步，身体左侧转动180°；同时将侵害方持刀手肘关节担于右肩，右手下压，肩上顶，造成侵害方肘部成反关节。

下刺拧臂：侵害方右手反握匕首，当下刺进攻时，己方左手向下抓握侵害方持刀手腕，出右手用小臂由下向上抡打侵害方肘关节，同时左脚侧移上右步于侵害方右后侧，随即右臂向上翻拧，右手压按侵害方右肩，左手向上推侵害方持刀手腕，造成侵害方肘关节扭曲。

直刺别肘：侵害方右手反握匕首，当直刺进攻时，己方左跨步躲闪，同时右手正握抓住侵害方持刀手腕，左手由下向上抓握侵害方手腕，随即右腿向后撤步，身体下压，左臂压住侵害方肘关节。

直刺托肘：侵害方右手反握匕首，当直刺进攻时，己方左跨步躲闪，出右手反握抓住侵害方持刀手腕，右手翻拧，同时左手由下向上托住侵害方持刀肘关节，随即左手上托，右手下压，造成侵害方肘部成反关节。

横刺撅肘：侵害方右手反握匕首，当左右横刺进攻时，己方收身后移，同时出左手，随即握抓住侵害方持刀手腕，左手内旋翻拧侵害方持刀手腕，同时右手由下向上抓住侵害方肘关节，随后右手内拉、左手外推，造成侵害方肘部成反关节。

直刺打穴：侵害方右手反握匕首，当直刺进攻时，己方左跨步同时出右手反握抓住侵害方持刀手腕，随即右手上提持刀手腕，随后左手指戳侵害方右腋下极泉穴。

5. 棍棒抡打反击

（1）持棍的方法

①单手举棍：一手抓握棍把，棍梢在体后上方，身体侧向站立，目视前方。

②单手提棍：一手抓握棍把，棍梢在体后下方，身体侧向站立，目视前方。

③双手举棍：双手抓握棍把，棍梢在体后，身体侧向站立，目视前方。

④双手抱棍：双手抓握棍身，棍梢在体前，身体侧向站立，目视前方。

（2）棍棒的攻击方法

①劈棍：双手举棍站立，双臂抬起，棍由后经上向前劈击，力达棍梢，目视前方。

②抡棍：双手举棍站立，双臂带棍由外向前横击，力达棍梢，目视前方。

③扫棍：双手举棍站立，双臂带棍由外向前横扫，同时身体前俯，力达棍梢，目视前方。

④撩棍：单手提棍站立，单臂带棍由后经下向前撩打，力达棍梢，目视前方。

⑤戳棍：双手抱棍站立，两臂向前推击，力达棍尖，目视前方。

⑥盖把：双手抱棍站立，左手前移，右手跟进，反肘由上向前劈把，目视前方。

（3）棍棒攻击的反击

①别盖夺打：侵害方举棍站立，当向己方劈棍时，上右步双手抓握侵害方棍

身，身体顺势右转跟左步，同时左手压棍；随后身体左侧滚转，上右步别打侵害方右腿，右手发力借棍打把侵害方面部后摔倒侵害方，顺势夺棍攻击侵害方。

②挑钩夺打：侵害方举棍站立，当向己方劈棍时，迅速右跨步双手抓握侵害方棍身；随后身体背转，右腿挑钩侵害方右腿外侧后摔倒侵害方，顺势夺棍攻击侵害方。

③踹膝夺打：侵害方举棍站立，当向己方劈棍时，左跨步双手抓握侵害方棍身，侧踹攻击侵害方膝关节内侧，同时双手回带夺棍，随即落步戳棍攻击侵害方面部，随后左转盖把攻击侵害方头部。

④踹膝反戳：侵害方抱棍站立，当向己方戳棍时，己方右跨步收腹同时双手抓握侵害方棍身；随即右踹攻击侵害方膝部关节内侧，同时双手回带夺棍，随后落步戳棍攻击侵害方面部。

⑤钩踢夺打：侵害方举棍站立，当向己方扫棍时，左上步左手抓握侵害方棍中，随后身体左转右腿钩击侵害方左腿，同时右手劈打侵害方喉面部后予以摔倒，随即顺势夺棍攻击。

⑥别肘夺打：侵害方提棍站立，当向己方撩棍时，左手护裆，右手护体前，仰身后跳躲闪；随后进步右手抓握棍身，左手抓握侵害方右肘，随即上右步左转身，别腿反肘摔倒侵害方，顺势夺棍攻击侵害方。

第六章 民族传统体育在体育健康教学模式中的融合发展

本章着重探讨了民族传统体育在促进高校学生体育健康教育中的融合与应用。首先，分析了高校学生体育健康教育体制的科学发展，强调了构建全面、系统的体育健康教育体系的重要性。接着，章节深入讨论了健身气功的教学指导，包括其理论基础、教学方法和对学生身心健康的积极作用。进一步地，探讨了民族传统体育健身在高校学生体育健康教育中的价值影响，阐释了民族传统体育项目如何提升学生的体质健康、文化认同和精神风貌。最后，章节关注了民族传统体育运动性疲劳的消除与损伤处理，提供了运动恢复和伤害预防的策略，以确保学生在参与民族传统体育活动时的安全与健康。

第一节 大学生体育健康教育体制的科学发展

一、大学生体育与健康教育工作研究的意义

（一）大学生体育与健康教育工作研究的针对性与实效性

第一，大学生体育与健康教育研究成果为领导机构关于大学生体育与健康教育工作规划决策提供理论依据。根据马克思主义原理，任何新事物的产生都遵从"实践—理论—再实践—再理论"的规律，本书所要建立的大学生体育与健康教育工作体系是建立在教育学、社会学、管理学、系统科学等众多理论的基础之上。各高等院校应积极发挥自身的体育资源优势，因势利导，积极开展大学生体育与健康教育工作。大学生体育与健康教育机制、体制的建立就是要依附于一定的理论研究基础。当研究成果从理论和实践上都具备了可行性，这个研究成果才

具有可借鉴性和参考作用，才能为相关机构开展体育与健康教育工作提供决策依据。第二，大学生体育与健康教育工作研究有利于大学生体育与健康教育的开展，有利于改善在校大学生体质，满足他们的健身需求。人生路漫漫，在我们的一生中将会遇到许许多多的困难和挫折，这是不以人的意志为转移的。当频繁听到大学生因工作、生活的原因而选择结束自己的生命时，我们不禁会问，国家、家庭花费大力气培养的人才就如此不堪一击吗？我们的教育到底出了什么问题？我们不能说参加体育活动就不会有人想不开，但经常参加体育活动能够为大学生个体提供一个与人交往的机会，在不断的交流与运动中发泄情绪，能够消除人的部分焦虑，减少消极的想法。大学生对健康的需要是激发开展体育与健康教育活动的内在诱因。在校大学生参加体育运动的途径有很多。可利用的场地主要有本学校的体育场馆、校园广场、学校附近的社区体育活动场所、对外开放的体育场馆等，这些场馆基本能够满足学生的健身需求。开展大学生体育与健康教育要集中学校的师资优势，为学生提供学习机会，最大限度地满足大学生个体的体育需要。第三，大学生体育与健康教育工作研究成果有利于增强教学内容的针对性与实用性，引领校园体育文化建设，营造良好的体育人文环境。大学生进行体育与健康教育的目标就是以"以人为本，健康第一"为指导思想，关注大学生的体质健康。明确了教学这一目标后，在教学实施的过程中，就要充分体现教学内容、教学方式、教学方法等的针对性。而当步入一所大学，整洁的田径场令人赏心悦目，球场上运动的身影是活力的展现，挥洒的汗水也能成为校园的亮丽风景。以体育运动为主导，在学校教育中传播奥林匹克精神，有利于形成独特的体育文化氛围。

（二）加强和完善我国的大学生体育与健康教育工作

首先，大学生体育与健康教育工作研究是运用科学的方法来探讨大学生体育与健康领域存在的诸多问题，引领大学生体育与健康教育工作向前发展。其次，大学生体育与健康教育工作是人文领域的科学，它的理论体系关系到教育学、管理学的理论与知识体系。有效应用多方面的知识，结合体育与健康教育实践，促进体育素质教育实施的实践创新，以期解决大学生体育与健康教育的实际问题。

另外，本书以可持续发展的眼光，通过大学生的体育与健康教育课程，教授大学生健身技术技能，使大学生养成健身习惯，促进其形成健康的体育意识及终身体育观。

二、大学生体育与健康教育工作的研究内容

（一）紧紧围绕大学生群体特征而开展体育与健康教育的理论研究工作

大学生体育与健康教育主要是针对大学生这一群体身心发展特征而进行的，紧紧围绕大学生群体特征而开展体育与健康教育的研究工作，有利于更好地推广和开展适合大学生身心特点的体育与健康教育，落实大学生体育与健康教育管理体系，明确教学内容和教学组织形式，改革大学生体育与健康评价体系，努力开拓新的教育资源，优化大学生体育与健康教育环境，增强大学生体育意识，提高大学生自我保健能力及最终形成终身体育锻炼的习惯等。大学生体育与健康教育研究工作必须紧紧围绕其群体特征而开展，这也是大学生体育与健康教育研究的重要内容之一。

只有充分把握住大学生的群体特征，才能对其体育与健康教育进行深入、透彻、有针对性的研究。

1. 大学生群体特征

随着年龄的增长，个体的生长发育可分为"快—慢"，再"快—慢"两个阶段。从出生到 10 岁左右为第一阶段，这一时期身高可增加 50%，体重可增加一倍。从 11~25 岁为第二阶段。每一个阶段又分为前后两个时期。前期是快速生长期，后期是缓慢生长期。第二阶段后期，即 18~25 岁，正好是我国大学生在校接受高等教育的时期。这一时期，男青年平均每年身高增高 3~4 厘米，总共平均增高 45 厘米，体重平均每年增加 3~4 千克，总共平均增长 35 千克；女青年平均每年身高增高 3 厘米，总共平均增高 25 厘米，体重平均每年增加 2~3 千克，总共平均增长 25 千克。

迅速的成长使青年学生骨骼粗壮，肌肉发达，使他们在体型上挤入了成人的行列。

（1）大学生的生理发育特点

①体态发育基本稳定。经过青春期的快速成长，大学生的体态发育已基本完成。根据有关调查显示，我国大学生的身高、体重在 17 岁以后增长非常缓慢。以 17~21 岁年龄组的平均增长率来看，5 年之间男女身高的年均增长值仅为 0.44 厘米，年增率为 0.21%，体重的发育已基本完成，呈现出逐步稳定的趋势。②体内机能趋于完善。与高中生相比，大学生的心率减慢，脉搏输出量增加，这标志着血液循环系统进一步成熟。20 岁左右的男女学生肺活量分别为 4124 毫升±552 毫升和 2871 毫升±390 毫升，已接近成人的水平。大学生的肌肉已接近体重的一半，而且肌纤增粗，肌肉力量加大。③神经系统发育达到成人水平。大学生的大脑及整个神经系统已基本发育成熟。其主要表现在大学生的脑重量已达到成人水平。脑电波已全部完成向 α 的转化，皮层细胞活动的数量迅速增加，联络纤维大量发挥作用，大脑皮层的兴奋与抑制已具有较好的平衡性，第二信号系统的主导作用进一步加强。这些为大学生担负繁重的脑力劳动，以及适应复杂的环境变化奠定了基础。④性器官和性功能已发育成熟。性生理成熟以女子初潮和男子第一次遗精为标志。女性的发育和性成熟年龄一般比男性早 1~2 年。我国当代女性性发育的平均年龄为 13~16 岁，男性性发育的平均年龄为 17 岁。而女性性成熟的平均年龄为 17 岁，男性性成熟的平均年龄为 18~21 岁。性器官的完全发育与性成熟对大学生的心理发展具有很大的影响。一方面，它很自然地唤起大学生的性意识，产生对异性的情感需求；另一方面，伴随性成熟而产生的性欲，需要通过合理、合法的方式来满足。而从性成熟到合法婚姻的建立，有一个很长的时间过程。这一点给大学生的校园生活和身心健康带来新的挑战。

青年时期的体、力、脑、性四个方面的巨变，为青年的心理变化提供了良好的物质基础。

（2）大学生的心理成熟

①智能成熟。心理学家对 10~60 岁的人研究结果表明，个人智力发展的高峰年龄，即智力发育的顶点在 19 岁左右，之后开始下降。智力发育的高峰是与身体形态、机能发育的高峰密切相关的。我国大学生正处于智力发育的最高点，当然，智力发育主要还是环境影响和教育的结果。②情绪成熟。情绪稳定、能够

自我控制是情绪成熟的标志。情绪成熟的标志如下：能保持健康；能适应环境；能洞察、理解社会，谋求自我的稳定和发展。情绪成熟与身体发育，特别是与神经系统的发育成熟有关，但起主导作用的仍然是社会影响与教育。③人格成熟。青年期大学生身体发育成熟及环境教育的作用会对人格的形成产生重大的影响。"我"的发现是青年期大学生心理发展的重要成果。进入青春期以后，人们开始注意自己的内心世界，同时发生心理性"断乳"现象，即要求摆脱对父母的依赖而独立。当"我"开始观察、评价以至于监督和调节自己的时候，也就是自觉地改造自己、教育自己的时候，是人格的第二次重建时期。这个时期恰恰是在大学时期。

人格形成的过程离不开神经生理基础的作用。同时，逐步成熟的生理因素也在不断地与心理发生交互影响，参与人格的形成。比如气质是人格的心理特征之一，它和人的高级神经活动类型密切相关。气质在一定程度上决定了人际关系中的行为和态度，这也影响着人格的形成。

（3）大学生心理发展的一般特点

大学生在校期间的学习生活，可以划分为三个阶段：适应阶段、稳定发展阶段和准备就业阶段。在这三个阶段中，大学生所面临的发展任务不一样。因此，心理状况与其需要面对的心理问题是不同的。

①入学适应阶段。新生入学后，首先面对的是大学生活的适应。与中学相比，生活环境变了，人际关系变了，学习的方式、方法变了，这些变化有时使一部分大学生适应不过来，因为原有的习惯和心理活动方式被打乱了。大学新生只有努力去适应新的环境，尽快建立起新的心理结构，才能实现新的心理平衡。入学适应阶段是整个大学生生活最困难的时期，如果适应不好，就会影响到整个大学时期的生活。适应期的长短因人而异，适应能力强的人所需的时间短些。一般来讲，大约需要一个学期。②稳定发展阶段。这一阶段指从基本适应了大学生活到毕业前夕。在这一阶段中，大学生会遇到许多新问题、新情况，要求大学生做出抉择。大学生极强的可塑性在这一阶段得到了充分的体现，每个人都按自身独特的方式塑造着自己。他们可能会遇到许多锻炼提高的机会，可能会有克服困难获得成功的喜悦，也可能会遇到困惑和苦恼。然而，多数大学生正是因经历这种

磨炼而成长起来的。③准备就业阶段。这一阶段是指从学生生活向职业生活过渡的阶段。在此阶段必须开始做走向社会的心理准备。深入地了解社会及把握好自己在生活中的位置是所有大学生面临的任务。面对毕业后的去向、毕业设计及需要处理的各种人际关系等，每个大学生的心理冲突是不可避免的。这个阶段对大学生来讲是各方面素质的综合考验，同时，又进一步促进了大学生心理的成熟与发展。

(4) 大学生心理的基本特征

①心理发展的过渡性。青年期是少年儿童向成年人转变的过渡期，也是少年心理向成人心理过渡的关键期。从心理发展水平看，多数大学生的心理正处于迅速走向成熟又没有完全成熟的时期。从心理发展过程看，认知迅速发展，达到了相对成熟。认知的核心要素思维已由经验型向理论型转化。情感也从激情体验、易感状态逐步过渡到富于热情，充满青春活力，社会道德感和社会责任感增强的阶段。在意志行动上则从容易冲动发展到具有一定的自控力，形成稳定的行为习惯。从个性发展看，性格、能力等个性心理特征都达到相对稳定和渐至成熟的水平，理想、信念、自我意识等个性意识经过大学阶段逐渐接近成人的发展水平。②心理发展的矛盾性。当代大学生由于在学校受教育期长，没有社会生活经验；心理成熟滞后于生理成熟；经济上不独立；传统价值权威的衰落及现代价值多元化的影响等，使得大学生的心理既存在积极的一面，又存在消极的一面，这就必然导致矛盾和冲突。在这一过程中，大学生处于心理断乳期，即由于失去他律，自律又尚未充分形成，种种矛盾冲突交织在一起，势必影响大学生的健康成长。此阶段大学生常见的矛盾冲突有独立性和依赖性的矛盾，理想性和现实性的矛盾，强烈的成才意识与知识经验不足的矛盾，心理闭锁与寻求理解的矛盾，群体友谊与争强好胜的矛盾，性生理成熟和性心理成熟相对迟缓的矛盾，等等。③大学生心理发展的差异性。不同年级的大学生心理发展的特点不同。第一，适应期。大学新生以"胜利者"的喜悦进入大学后，突出的问题主要是如何适应大学生活，建立起新的人际关系。他们的心理矛盾主要是自豪感和自卑感交织，新鲜感和恋旧感交织，轻松感和紧张感交织，奋发感和被动感交织。这个时期一般是在大学一年级。第二，发展期。当新生适应了大学生活，建立起了新的心理平衡

后，大学生活进入了相对稳定的时期，这是大学生成才定型的关键时期。大学生大多产生了自信心，竞争意识增强。这一时期，大学生突出的心理问题是成才道路的选择与理想的树立，学习目标的实现与学习态度、学习方法的掌握，以及形成优良的学习心理结构。这个时期是大学生人生观形成时期，也是实现教育目标的关键时期。这个时期一般是在大学二年级至三四年级。第三，成熟期。大学生经过 4 年的生活和学习，世界观、人生观和价值观逐步形成，心理逐渐成熟。但是，这个时期又是大学生从学生生活向职业生活的过渡阶段，他们又要面临新的心理适应。

2. 围绕大学生群体特征应开展的研究

（1）对大学生体育与健康教育指导思想的研究

大学生的群体特征决定了要对大学生体育与健康教育指导思想进行深入透彻的研究，改变过去的以传授体育运动技术为手段，以技评、达标为目的的教学观，树立"以人为本，健康第一"的观念，教会学生科学锻炼身体的方法，形成终身体育观，培养良好的心理品质。只有这样，大学生体育与健康教育才能再上一个新的台阶，才能引导和帮助大学生实现体育与健康教育的目的和任务。对大学生体育与健康教育指导思想的研究可以推进大学生体育与健康课程教学改革，使之真正发挥出大学生体育与健康教育的功能，促进大学生德、智、体、美等方面全面发展，使广大高校体育工作者和体育教师在体育与健康课程教学改革实践中对指导思想达成共识。

（2）对大学生体育与健康教育工作目的与任务的研究

大学生体育与健康工作目的与任务指导并制约着大学生教育的开展，对其研究有助于明确普通高校大学生体育与健康教育工作的方向，因此在对大学生群体特征分析的基础上，应加强对大学生体育与健康教育工作目的与任务的研究。目前，关于大学生体育与健康教育目的与任务的研究取得的共识有以下四点：①进一步确立大学生体育与健康教育工作的指导思想，树立"以人为本，健康第一"的指导思想，使得大学生体育与健康教育有思想层面的指导；②加强大学生体育与健康课程体系建设，使得大学生体育与健康教育工作在实际开展中能够有具体规范的操作，达到大学生身心健康发展的最终目的；③进一步规范大学生体育与健康教育工作的管理体制，使得大学生体育与健康教育工作得以顺利地开展；④完善大学生校园体育文化氛围建设，充分开发利用大学生体育与健康教育工作的资源，使得大学生的体育素质得以提升。

（3）对大学生体育与健康教育工作管理体制的研究

目前，我国在大学生体育与健康教育工作管理体制的问题上还没有明确的法律法规及政策指导，对大学生体育与健康教育的成败没有一个专门的标准来衡量，欠缺规范大学生体育与健康教育的法规、制度、条例等。因此，加强对大学生体育与健康教育工作管理体制的研究具有现实意义。建立健全大学生体育与健康工作管理体制，将有助于根据大学生的群体特征顺利地开展大学生体育与健康教育工作，以及形成"以人为本、健康第一"的思想。大学生体育与健康教育工作管理体制研究的内容主要是对属于这一系统的人、财、物、时间、空间、信息等的统筹安排。

（二）紧紧围绕大学生身体健康促进方式而开展的实践研究

1. 大学生身体健康促进方式

（1）大学生体育课的设置

大学生体育课对于促进大学生身体健康发挥着十分重要的作用。开设大学生体育课的作用不仅在于让大学生参加系统的身体健康教育，更重要的是促进大学生养成自觉参加体育健康教育的习惯。针对大学生体育课程设置的现状，应积极加强体育必修课的设置，探索形式灵活、内容丰富、易被大学生接受的体育选修课，做到体育必修课和体育选修课相互结合，促进大学生身体健康的提高。

（2）体育健身俱乐部的组建

加强体育锻炼，不仅有利于身体素质的提高，而且有利于身心的放松，缓解工作、学习中的压力，提高工作、学习的效率。由于每个人的爱好不同，传统的体育课及现实的体育锻炼条件不能满足大学生体育锻炼的需求。成立形式多样的体育健身俱乐部，能够满足不同大学生体育爱好者的需要，是大学生身体健康促进方式的有效形式。

（3）大学生体育赛事的举办

大学生参加身体锻炼，达到一定的程度就很想展示自己所取得的成果。这时，不失时机地举办不同形式的体育赛事，不仅有利于大学生更加自觉地参加各种体育活动，而且能在这种比赛的氛围中起到很好的宣传教育作用，有利于号召更多的大学生参加体育锻炼。"友谊第一，比赛第二"，在这种轻松的比赛中，大学生身体健康促进方式将得到很好的诠释。

2. 围绕大学生身体健康促进方式应开展的研究

（1）对构建新的课程体系，充实调整教学内容的研究

大学生的体育锻炼正处于由学校体育向社会体育过渡的阶段。因此，要根据他们身体健康促进方式来构建新的课程体系，充实调整教学内容，使其由学校体育顺利地向社会体育过渡，不至于出现断层。围绕大学生身体健康促进方式，对构建新的课程体系，充实调整教学内容的研究主要包括与其以后的社会生活、工作紧密联系的运动项目，使其学习和了解有关的知识、技术与技能，拓宽获取体育与健康信息的渠道，通过多动、多练、多参加使其参与到体育运动中来，逐步提高自身的健康水平。

（2）开展校园体育文化建设的研究

围绕大学生身体健康促进方式应开展的研究不仅包括构建新的课程体系，切实调整教学内容的研究，还包括校园体育文化建设的研究，因为校园体育文化的建设直接影响学生的体育意识、体育态度、体育行为、体育价值观念等，对学生的生活质量、生活习惯及生活方式也有着不容忽视的作用。开展校园体育文化建设的研究有利于在大学生中加强校园体育文化的传播与发展，使得高校校园体育文化与素质教育相互交融，使大学生在校园体育文化的氛围中受到潜移默化的影响，真正参与到体育运动中来，形成正确的体育健康意识，培养良好的锻炼习惯，全面提高体育素质，为今后走向社会打下良好的基础。

三、大学生体育与健康教育工作的科学研究方法

（一）大学生体育与健康教育工作的科学研究方法概述

大学生体育与健康教育工作的科学研究方法是指针对大学生体育与健康教育

工作的开展而进行的相关科学研究采用的研究方法的总和，但它又是具有针对性的特殊研究方法，是进行大学生体育与健康教育工作科学研究的必要手段，是为了实现研究目的、保证研究顺利进行而采用的技术和程序的集合，是体育科学研究方法论视野下的"具体研究方法"。大学生体育与健康教育工作的科学研究不仅是对当前的问题进行分析、探求解决方案，更多的是对未知事物、未知领域的探索。这种实践活动是不能缺少正确的科学方法的。体育科学研究工作者能否正确地、有效地认识大学生体育与健康教育工作，并对其进行深入的研究和改造，方法的重要作用是必须肯定的。掌握、运用正确的科学研究方法是进行大学生体育与健康教育工作科学研究的第一步。没有正确可行的方法去进行大学生体育与健康教育工作的科学研究是应该避免的，因为没有科学的方法去实施科学研究，整个实践活动就会处于盲目状态。科学、正确的研究方法不仅是实现大学生体育与健康教育工作研究目的、促进其顺利进行的保证，同样对于体育科学研究方法论的发展也是具有促进作用的。

（二）大学生体育与健康教育工作科学研究方法的确立原则

1. 求真务实

求真务实作为大学生体育与健康教育工作的科学研究方法的原则，是指以大学生体育与健康教育工作的科学研究的现实情况为出发点来确立方法。求真务实原则主要体现在研究方法本身和研究方法在使用过程中的"真"和"实"。拒绝搞形式主义，不能空有研究方法的形式，没有实际的应用体现。另外，体育科学研究方法的简单移植也是要拒绝的。这是马克思主义哲学理论品质——"一切从实际出发"的具体体现。

2. 客观有效

客观有效是对大学生体育与健康教育工作研究方法确立价值的保证，是保证研究成果具有价值的关键，有效的方法本身就是一笔具有相当价值的财富。特别是在体育科学研究中，有效的方法更具有现实意义。在确立方法时保证方法的客观有效性，既是对大学生体育与健康教育工作科学研究的促进，也是对体育科学方法论发展的推动。

3. 动态发展

动态发展原则主要是指在确立大学生体育与健康教育工作科学研究方法的过程中要体现"事物是不断运动变化的"和"事物是普遍联系的"这两大哲学思想。方法的不断变化和发展是谁也不能阻挡的，能够根据实际情况采用适当的科学研究方法是基本的要求，而根据事物的不断变化和发展进而采用先进的方法，则是动态发展原则的要求。在体育科学研究方法的引进与创新中还必须重视事物的普遍联系，动态发展原则与务真求实原则、客观有效原则相结合，这本身就是体育科学研究方法的创新所在。

（三）大学生体育与健康教育工作科学研究方法的内容分析

1. 大学生体育与健康教育工作科学研究的一般方法

（1）大学生体育与健康教育工作研究中资料收集的方法

①调查法：在大学生体育与健康教育工作研究中，研究者运用一定的调查手段，如访谈或问卷等方式，对大学生体育与健康教育工作中的某种现象进行考察，并对所得的各种资料或数据进行分析，以获得资料的研究方法。②观察法：在大学生体育与健康教育工作研究中，研究者根据研究目的，用自己的感官和辅助工具直接去观察研究对象，以此收集研究资料的一种科研方法。③实践法：在大学生体育与健康教育工作研究中，研究者亲自到研究对象中去体会，以获得第一手研究资料的研究方法。④实验法：在大学生体育与健康教育工作研究中，实验者根据研究的需要，对研究对象的某些变量进行有效控制，设计出某些情景，以获得所需资料的研究方法。⑤前沿理论收集法：在大学生体育与健康教育工作研究中，研究者主要运用查阅书籍、期刊、报纸、新闻媒体、互联网等方式，以获得所需资料的研究方法。

（2）大学生体育与健康教育工作研究中资料加工整理的方法

①分类法：在大学生体育与健康教育工作研究中，研究者按研究资料的性质、领域、问题的同一性等进行分类。②比较法：在大学生体育与健康教育工作研究中，对同一事物之间的差别，通过资料的比较，进行整理以发现内在的规律。③历史排序法：在大学生体育与健康教育工作研究中，将某一事物的发展过

程按时间顺序整理，寻找出不同阶段的共性与特性。④归纳与演绎法：在大学生体育与健康教育工作研究中，研究者对所获得的个别研究资料进行归纳，认识大学生体育与健康科学研究的一般现象，再从一般的规律演绎到个别的现象，经过这样的资料加工处理过程所获得的资料就是相对准确的资料。

（3）大学生体育与健康教育工作研究中研究者论点形成过程所用的方法

在大学生体育与健康教育工作研究中，研究者论点的形成是一个认识过程，也是一个科学推理的过程。在整理资料的过程中，研究者就在对事物的本质进行着思考与研究。在这一过程中，研究者受知识结构、认识局限性、思考所运用的方法、看问题的角度等影响，会形成许多不同的看法，得出的论点也是不同的。在论点的形成过程中，一般要辩证地、历史地、全面地、系统地看问题，具体运用的方法有综述法、反证法、实证分析法、分类比较法、调查报告等。

2. 大学生体育与健康教育工作科学研究的特殊方法

（1）系统论研究方法

系统论研究方法就是按照事物发展的客观规律，把研究对象放在系统中进行研究的方法。此方法是着眼于整体与局部的相互联系和相互影响，追求整体功能最大化的科学研究方法。在大学生体育与健康教育工作科学研究中特别要注意从整体去认识系统的层次性、结构多元性和综合性，从子系统之间的联系性和开放性来认识系统之间的相互作用。不同系统都是不断变化发展的动态系统，因此在应用系统论研究方法时，需要对系统的开放性、动态性等系统论视野下的特征进行分析。

（2）数学研究方法

首先，大学生体育与健康教育工作科学研究中需要处理的大量数据，必须借助数学研究方法。其次，对某些定量研究数据的分析需要借助数学技术，对不确定、多变量等复杂系统的分析研究更需要借助数学研究方法。最后，对于某些特殊问题的分析需要借助计算机软件才能实现，也就是以数学的方法为桥梁、为纽带联系起来的。因此，在大学生体育与健康教育工作的科学研究中，对于数学研究方法是必须掌握和应用的。数学研究方法的准确性和概括性能够使大学生体育与健康教育工作科学研究方法更加丰富和实用。

（四）大学生体育与健康教育工作科学研究方法的应用分析

1. 多角度、多层次分析问题，选择适用的方法

在大学生体育与健康教育工作科学研究方法的使用和选择上，首先，要针对研究中的实际问题，根据需要进行选择。对于问题的理解和认识在一定程度上能够影响方法的选择，要确保对实际问题的充分认识和了解，就要多角度、多层次地进行分析，把握问题的关键环节，采用合适的解决方法。其次，在众多的科学研究方法中，可供选择的方法太多。而且随着科学技术的不断进步，新颖的方法不断涌现，但是在大学生体育与健康教育工作的科学研究中采用的方法是有其范畴的，即根据研究目的和研究对象的不同而采用教育科学与体育科学中的相应研究方法。最后，方法的选择就是为了解决问题，所以在实际应用中不能局限于主要矛盾而忽略其他有效的方法。方法选择的成功与否以解决问题为标准，就能促进多角度、多层次地选择适合的科学研究方法。

2. 注重时效、资源，协调性地选择方法

在任何一项科学研究中，人力、物力、财力等都是有限度的。因此，在大学生体育与健康教育工作的科学研究中选择方法应该注重时效，根据实际资源的利用程度协调性地选择方法，确保科学研究中对有限资源的最大化利用、研究目的的理想化实现。要在大学生体育与健康教育工作科学研究中实现科学研究的"经济最优化"，必须合理地安排研究任务，在时间、人力、物力、财力等因素允许的条件下，选择最佳的科学研究方法。需要注意的是，在研究过程中适当地选择灵活的方法处理有限的资源，是对科学研究的促进，也是研究方法要求范畴内的任务。

3. 整体与局部相结合，创造性地选择方法

随着各门学科的相互影响和相互渗透，学科之间的交叉和分化在不断加剧，因此，在大学生体育与健康教育工作的科学研究中，不应该把研究方法局限于体育科学的范畴或者教育科学的范畴。相对来说，大学生体育与健康教育工作的科学研究只是局部的研究，因此在处理好整体与局部相结合的基础上，创造性地选

择科学研究方法尤为重要。首先，处理好整体与局部的关系需要把握大学生体育与健康教育工作中的实际问题。根据问题的外延和内涵，适当地选择有效的方法。其次，在多学科交叉发展的环境下，引入其他学科优秀的研究方法、先进的研究技术、前沿的研究成果，促进大学生体育与健康教育工作的良好开展，这本身就是对研究方法的选择。最后，抓住研究方法创新的关键。大学生体育与健康教育工作科学研究方法的创新应用关键在于确保研究成果的基础上，促成新方法的诞生，而不是移植某种不合实际的研究方法，误以为是一种创新。判断方法的优劣就是看对于实际问题的解决程度如何。

四、大学生体育与健康教育工作研究的科学性、实用性与创新性

（一）大学生体育与健康教育工作研究中要始终贯彻科学性

1. 在大学生体育与健康教育工作研究中要充分重视大学生体育与健康教育本身的客观性

科学研究工作的科学性要求我们重视研究对象的客观性。教育是一种有目的的、通过人为控制而达到预期目标的社会现象。不管是社会现象、自然现象，还是思维现象，都是客观存在的。我们在对教育现象进行科学研究时也要本着客观的原则，不能忽视这些现象本身的种种规律，它们并不是以人的主观意志为转移的。在充分考虑到事物本身发展规律的基础上，利用已掌握的客观规律使事物按照我们所期望的方向发展则是完全可以实现的。事物的客观性是我们所不能违背的，但却可以很好地使之为我们所用。在进行大学生体育与健康教育工作的研究中，我们要充分重视大学生体育与健康教育这种教育现象本身的客观性，只有这样才能让研究工作进行得更科学、更合理，达到事半功倍的效果。这也就是要求我们不断地探索和掌握大学生身体健康、心理健康和社会适应能力等的发展规律及体育与健康教育的发展规律，在实际的研究工作中利用好这些规律，使之真正地为我所用。

2. 在大学生体育与健康教育工作的研究中要充分重视大学生体育与健康教育所特有的规律性特征

客观事物都是按照自身特殊的规律发展运动的，科学研究的过程其实就是揭示其规律并让其规律更好地指导实践的过程。我们在进行大学生体育与健康教育的研究中，要努力探索大学生体育与健康教育所特有的发展与变化的规律性特征，从规律入手、从特征着眼，从而减少研究工作的盲目性。

3. 要始终以发展的眼光去研究大学生体育与健康教育中所存在的实际问题

客观事物不断发展和变化的性质决定了我们在大学生体育与健康教育工作中也要始终抱着发展的眼光，只有这样才能够敏锐地发现问题、科学地分析问题和及时地解决问题，也就能够让大学生体育与健康教育的研究始终跟得上大学生体育与健康教育发展的步伐。

（二）大学生体育与健康教育工作研究中要始终贯彻实用性

"学"的最终目的是能"学以致用"，而科学研究的目的也就是在研究中利用理论指导我们发现问题、分析问题及解决问题，总结实践经验，从而得出升华过的科学理论，用以进一步指导实践。这个过程是一个不断飞跃发展的过程，而这个过程的出发点与落脚点都是"用"，也就是研究始终要为实用服务。因此，我们在进行大学生体育与健康教育工作的研究中一定要始终贯彻实用性这一思想。不论从研究资料的收集、分析还是结论的归纳上面，以及研究结果的最终得出方面，都要紧紧围绕实用性这个重点，真正地体现出整个研究成果的实用性。

（三）大学生体育与健康教育工作研究中要始终贯彻创新性

1. 从事大学生体育与健康教育研究的人员要在思想上具有创新精神

我们从事大学生体育与健康教育科研的工作者要在对待实际问题时始终抱着创新的思想去研究。只有具备了创新意识，才能在研究工作中开拓新的领域，发现新的问题，也只有具备了创新精神，才会在研究工作中从创新的角度去思考、去分析、去判断。在大学生体育与健康教育研究中，研究者思想中创新意识的多与少直接影响到大学生体育与健康教育研究成果的价值大小，直接影响到大学生体育与健康教育事业的进一步发展。

2. 从事大学生体育与健康研究的人员要拥有创新型思维

一个人的思维在一定程度上决定了他的行为，对于从事科学研究的人员来说，拥有了创新型思维则是拥有了实现创新科学实践的有力武器。换句话说，就是创新型思维是实现创新科学实践的保证。在从事大学生体育与健康教育的研究中，研究者要始终以创新的思维去思考问题，不能墨守成规，不能迷信权威，不能一味地以定式思维去考虑问题、分析问题。既要拥有灵活多变、独立开拓、深刻前瞻的思维品质，也要有具体与形象、分析与直觉、求同与求异并存的思维方式，这样研究工作才能朝着科学创新的思路去发展，研究的成果才更有可能为指导教育实践发挥作用。

第二节　健身气功教学指导

一、五禽戏教学

（一）五禽戏概述

"五禽戏"这一传统健身项目在我国十分流行，其发展历史十分悠久。五禽戏的形成主要是模拟五种动物的形态和姿势。华佗编创的五禽戏是有关五禽戏的最早记载。

对五禽戏的具体动作进行具体描述的文献资料是南北朝陶弘景所著的《养性延命录》。此后，《夷门广牍·赤风髓》（明代周履靖）、《万寿仙书·导引篇》（清代曹无极）等著作中都有关于五禽戏的习练方法，而且配有相关的图片。尽管目前对于五禽戏起源和发展还没有形成统一的观点，但这些文献资料为后人对五禽戏的研究提供了非常重要的依据。

不同时期所流传的五禽戏其特点都有差异，因此五禽戏的发展也具有多变的特色，而且形成了不同的风格。但是有一条是不变的，那就是以"五禽"的动作为主要依据进行动作的创编，而且在创编中还结合了创编者自身练功的体验，这样创造出来的五禽戏对健身具有很大的功效。

（二）五禽戏的特点

第一，安全可靠：五禽戏的动作十分简单，速度不快也不慢，属于一种有氧运动。练习时可以单独练习某一戏。五禽戏的运动量较为适中，几乎所有不同的人群都可以练习。运动中的动作强度与负荷可根据练习者自身因素进行灵活调节，安全可靠。

第二，形松意充：练习五禽戏时，练习者要尽量使自身各部分肌肉处于放松状态，在舒适自然的感觉下完成练习，动作不要太僵硬，但也不能软弱无力。只有自然放松身体，才能做到以意引气，气贯全身；以气养神，气血通畅，达到健身的效果。

（三）五禽戏的手型与步型教学

1. 基本手型

①虎爪：张开五指，虎口撑圆，弯曲第一、第二指关节并内扣。

②熊掌：拇指在食指指端上压着，并拢并弯曲其余四指，虎口撑圆。

③猿钩：五指指腹捏拢，手腕弯曲。

④鹿角：伸直并向外张开拇指，伸直食指、小指，弯曲并内扣中指与无名指。

⑤鸟翅：伸直五指，向上跷起拇指、食指、小指，并拢无名指、中指并朝下。

⑥握固：拇指抵掐在无名指根节内侧，屈拢其余四指。

2. 基本步型

①弓步：两腿前后分开一大步，横向之间保持一定宽度，右（左）腿膝盖弯曲并向前弓，大腿斜向地面，膝与脚尖上下相对，脚尖稍微内扣；自然伸直左

（右）腿，脚跟与地面相触，稍内扣脚尖，全脚掌置于地面。

②虚步：以右脚虚步为例，向前迈出右脚，脚跟触地；向上翘脚尖，膝部稍微弯曲，左腿膝盖弯曲并向下蹲，全脚掌置于地面，脚尖斜向前方，臀部与脚跟上下相对。左腿支撑身体重心。

③丁步：两脚左右分开 10~20 厘米站立，膝部弯曲并向下蹲，提起左（右）脚脚跟，脚尖与地面接触，虚点地面，放在右（左）脚脚弓处，右（左）腿全脚掌置于地面。

（四）五禽戏功法套路教学

1. 虎戏

自然站立，身体向前俯，两手与地接触，身躯用力前耸同时配合吸气。身躯耸至极后时停止，然后向后缩动身躯并呼气，练习做 3 次。然后向前挪动两手，先左手后右手，同时向后移动两脚，以最大力对腰身进行拉伸。接着抬头向上看，再低头平视前方。最后再像虎行一般用四肢向前爬七步，向后退七步。

2. 鹿戏

四肢与地接触，吸气，向左转头颈，眼睛注视右侧后方，头颈向左转到不能再继续转动后停止，呼气，向回转头颈，恢复初始位置后再吸气，继续以同样的方式向右转。左转 3 次，右转两次，最后还原初始姿势。然后左腿抬起并向后挺伸，保持一会儿后左腿下落触地，以同样的方法抬右腿。左腿向后伸 3 次，右腿向后伸两次。

3. 熊戏

仰卧地面，两腿膝部弯曲拱起，两脚与地面分离，两手在膝下合抱，用力向上抬头颈，肩背与地面分离，稍停一会儿，先移动左肩使之触地面，左肩与地面接触瞬间头颈立即用力向上，肩再次与地面分离，略停后再右肩以相同方式做此动作。左右肩交替各做 7 次。然后起身，在地面上做蹲式姿势，两手分别置于同侧脚旁。接着像熊行走一样，左脚和右手掌抬起。左脚、右手掌回落后右脚和左手掌随即抬起。左右交替进行，随手臂移动向左右方向摆动身躯，片刻停止。

4. 猿戏

选择一根牢固的横竿，横竿高于自身身高，站立，用手指触及横竿，像猿攀物一样用双手将横竿抓握，两脚离地，做引体向上 7 次。接着先用左脚背将横竿钩住，两手放下，然后头身向下倒悬，保持一会儿后用右脚做相同动作，左右交替各做 7 次。

5. 鸟戏

自然站立。左腿在吸气时跷起，两臂向侧方向平举，眉毛扬起，把气力鼓足，像鸟展翅一样做即将起飞的姿势。呼气时，左腿触地，两臂置于腿的两侧，然后跷起右腿做相同动作。左右腿交替各做 7 次，然后坐下。右腿弯曲，两手在膝下合抱，将膝部拉到接近胸前的位置，稍停后用左腿做相同动作，左右腿交替 7 次。最后，两臂像鸟展翅一样各伸缩 7 次。

二、六字诀教学

（一）六字诀概述

1. 六字诀的起源与发展

南北朝时梁代陶弘景所著的《养生延命录》最早记载了六字诀。这些记载就是六字诀的起源。

陶弘景《养生延命录》记载六字诀后，历代都有对六字诀的记述，这些记述是对之前六字诀的补充。例如唐代胡情在《黄庭内景五脏六腑补泄图》中改变了六字与五脏的配合方式，改肺"嘘"为肺"哂"，改心"呼"为心"呵"，改肝"呵"为肝"嘘"，改脾"哺"为脾"呼"，改肾"哂"为肾"吹"，另增胆"嘻"之法。对六字诀理论与方法做最详细论述的是宋代邹朴庵的《太上玉轴六字气诀》，这一著作对呼吸和读音手法有了具体的要求。明朝之后，肢体动作在六字诀中开始出现。

目前，六字诀已经形成了比较完整的体系，其对健身与保健具有重要的作用及价值。

2. 六字诀的特点

①舒缓柔和：六字诀的动作十分缓慢，而且很柔和，动作之间衔接紧密，自然大方，像行云流水一样，表现出鲜明的阴柔美。此外，六字诀动作十分讲究动静结合。

②简单易练："嘘、呵、呼、呬、吹、嘻"六字的每个字诀都有简单的导引动作，结合起势、收势和预备势后一共有九个动作，这些动作非常简单，而且记起来比较容易，学练起来也不会有难度，适合广大人群习练。

（二）六字诀功法套路教学

1. 预备势

两脚平行站立，距离同肩宽，微屈两膝；头颈正直，微收下颏，竖脊含胸；两臂置于体侧，周身中正；唇齿合拢，舌尖放平，与上腭轻贴；眼看前下方。

2. 起势

①弯曲肘部，双手手掌十指相对，掌心朝上，慢慢上托直到胸前，与胸部保持水平高度。

②双手手掌向内翻，掌心朝下，将手掌慢慢向下按，置于肚脐前。

③稍微弯曲膝部并向下蹲，身体向后坐；双手手掌内旋外翻，慢慢向前拨出，直到两臂成圆。

④双手手掌外旋内翻，掌心朝内。起身，慢慢收拢双手手掌并置于肚脐前，虎口交叉相握与肚脐轻贴；停止片刻，自然呼吸；眼看前下方。

3. 嘘字诀

①松开两手，掌心朝上，小指与腰际轻贴，向后置于腰间。

②两脚保持静止不动，大约向左转动身体90°；右掌从腰间向左侧穿出，与肩保持水平高度，并配合口吐"嘘"字音；两目慢慢地圆睁，眼看右掌。

③右掌沿着原路移到腰间位置；同时将身体转正；眼看前下方。

④身体转向右侧90°；同时，左掌从腰间慢慢向右侧方向穿出，与肩保持水平高度，并口吐"嘘"字音；双眼渐渐圆睁，眼看左掌。

⑤左掌移到腰间位置，同时，身体转正；眼看前下方。

⑥左右穿掌各 3 次。

本式共吐 6 次"嘘"字音。

4. 呵字诀

①吸气，双手小指与腰际轻贴，指尖朝斜下方。眼看前下方。膝部弯曲并向下蹲，同时，双手手掌向前下大约45°方向插出，稍微弯曲两臂；眼看两掌。

②肘部弯曲，臂部收回，双手小指一侧相靠，掌心朝上，成"捧掌"，与肚脐保持水平高度；眼看两掌心。

③将两膝慢慢伸直；同时弯曲肘部，两掌放在胸前位置，掌心朝内，两中指与下颌保持水平高度；眼看前下方。

④向外伸展两臂肘部，与肩保持水平高度；两掌内翻，掌指朝下，掌背相靠。然后，两掌下摇；眼看前下方。从插掌开始，吐"呵"字音。

⑤双手手掌向下插到肚脐前时，膝部弯曲并向下蹲；同时，两掌内旋外翻，掌心朝外，向前慢慢拨出，到两臂成圆；眼看前下方。

⑥双手手掌外旋内翻，掌心向上，于腹前成"捧掌"；眼看两掌心。

⑦两膝逐渐伸直；同时弯曲肘部，两掌捧到胸前位置，掌心向内，两中指与下颌保持同一水平高度，眼看前下方。

⑧向外伸展两臂肘部，与肩保持水平高度；同时，两掌内翻，掌指朝下，掌背相靠；然后双手手掌慢慢向下插，眼看前下方。从插掌开始，口吐"呵"字音。

重复动作⑤~⑧ 4 次。本式共吐"呵"字音 6 次。

5. 呼字诀

①当上式最后一动双手手掌向前拨出后，外旋内翻，转动掌心向内与肚脐相对，指尖斜相对，自然张开五指。双手手掌心间距与掌心到肚脐的距离相等；眼看前下方。

②两膝慢慢伸直；同时，双手手掌逐渐向肚脐方向合拢，距离肚脐 10 厘米左右。

③膝部弯曲并向下蹲；同时，双手手掌向外展开至两掌心间距与掌心到肚脐

的距离相等，两臂成圆形，口吐"呼"字音；眼看前下方。

④逐渐将两膝伸直；同时，双手手掌向肚脐方向合拢。

重复动作③5次。本式共吐6次"呼"字音。

6. 呬字诀

①双手手掌自然下落，掌心朝上，十指保持相对；眼看前下方。

②将两膝逐渐伸直；同时，将双手手掌慢慢向上托到胸前，约与胸部保持同一水平高度；眼看前下方。

③两臂肘部下落，夹肋，两手顺势立掌于肩前，掌心保持相对，指尖朝上。两肩胛骨靠向脊柱，肩部外展胸部扩张，藏头缩项；眼看前斜上方。

④膝部弯曲并向下蹲；同时，肩部放松颈部伸展，两掌慢慢向前平推逐渐转成掌心向前亮掌，同时口吐"呬"字音；眼看前方。

⑤双手手掌外旋腕，转到掌心向内，指间保持相对，双掌之间的距离与肩宽相同。

⑥两膝慢慢伸直；同时弯曲双臂肘部，双手手掌收拢到胸前大约相距10厘米，指间保持相对；眼看前下方。

⑦两肘下落，夹肋，两手顺势立掌于肩前，掌心保持相对，指尖朝上。两肩胛骨向脊柱靠拢，肩部外展胸部扩张，藏头缩颈；眼看斜前上方。

⑧膝部弯曲并向下蹲；同时，肩部放松颈部伸展，两掌向前平推逐渐转成掌心向前，并口吐"呬"字音；眼看前方。

7. 吹字诀

①双手手掌向前推，随后腕部放松手掌前伸，指尖保持向前，掌心朝下。

②两臂向左右方向分开成侧平举，掌心朝后，指尖保持向外。

③两臂内旋，双手手掌向后划弧至腰部，掌心轻贴腰际，指尖朝下；眼看前下方。

④膝部稍微弯曲并向下蹲；两掌沿腰骶、两大腿外侧向下滑动，然而肘部弯曲手臂提起在腹前环抱，掌心朝内，指尖相对，约与肚脐保持水平高度；眼看前下方。

⑤两掌从腰部向下滑时，口吐"吹"字音。两膝慢慢伸直；同时，两掌慢慢

收回，轻轻抚摸腹部，指尖朝下，虎口相对；眼看前下方。

⑥双手手掌向后摩运，直至后腰部，掌心轻贴腰际，指尖朝下；眼看前下方。

⑦膝部稍微弯曲并向下蹲；同时，两掌朝下沿腰骶、两大腿外侧下滑，然后肘部弯手臂提起在腹前环抱，掌心朝内，指尖相对，与脐保持同一水平高度；眼看前下方。

重复动作⑤~⑦ 4 次。本式共吐 6 次"吹"字音。

8. 嘻字诀

①双手手掌环抱，自然下落到体前；眼看前下方。两掌内旋外翻，掌背保持相对，指间朝下；眼看两掌方向。

②两膝逐渐伸直；同时提肘带手，经体前向上提到胸部位置。随后，两手继续上提到脸部前，分掌、外开、上举，两臂成弧形，掌心斜向上；眼看前上方。

③肘部弯曲，两手经面部前向胸前回收，约与肩保持水平高度，指尖保持相对，掌心朝下；眼看前下方。然后稍微弯曲膝部并向下蹲；同时，双手手掌慢慢下按到肚脐前。

④双手手掌继续向下。向左右外分至左右髋旁约 15 厘米，掌心朝外，指尖朝下；眼看前下方。

⑤从上动两掌下按开始配合口吐"嘻"字音。双手手掌背相对合于小腹前，掌心朝外，指间朝下；眼看两掌。

⑥将两膝慢慢伸直；同时，提肘带手，经体前向上提到胸部前。随后，两手继续向上提到脸部前，分掌、外开、上举，两臂成弧形，掌心斜向上；眼看前上方。

⑦肘部弯曲，两手经面部前回收到胸前，约与肩保持水平高度，指尖相对，掌心朝下；眼看前下方。然后稍微弯曲膝部并向下蹲；同时两掌下按到肚脐前，眼看前下方。

⑧双手手掌顺势外开到髋旁约 15 厘米，掌心向外，指尖朝下；眼看前下方。从上动两掌下按开始配合口吐"嘻"字音。

重复动作⑤~⑦ 5 次。本式共吐 6 次"嘻"字音。

9. 收势

①双手外旋内翻，掌心转动保持向内，在腹前慢慢合抱，虎口交叉并相握，轻轻置于肚脐处；同时慢慢伸直两膝；眼看前下方；稍做静养。

②双手手掌以肚脐为中心轻揉腹部，顺时针、逆时针各揉6圈。双手手掌松开，两臂在身体两侧自然下垂；眼看前下方。

三、八段锦教学

（一）八段锦概述

1. 八段锦的起源与发展

至今八段锦的创始人和时间并没有得到肯定的论证。在湖南长沙马王堆 3 号墓出土的《导引图》中，我们可以看到，其中至少有四幅图势与八段锦图势中的"调理脾胃须单举""双手攀足固肾腰""左右开弓似射雕""背后七颠百病消"相似。而最早出现"八段锦"的是在南宋洪迈所著的《夷坚志》中："政和七年，李似矩为起居郎……尝以夜半时起坐，嘘吸按摩，行所谓八段锦者。"这也说明八段锦在北宋已流传于世，并有坐势和立势之分。

在南宋曾燃著《道枢·众妙篇》中，最早出现了有关于立势八段锦的描述，"仰掌上举以治三焦者也；左肝右肺如射雕焉；东西独托，所以安其脾胃矣；返复而顾，所以理其伤劳矣；大小朝天，所以通其五脏矣；咽津补气，左右挑其手；摆鳝之尾，所以祛心之疾矣；左右手以攀其足，所以治其腰矣"。而这时还未对八段锦进行定名。真正定名"八段锦"的是南宋陈元靓所编的《事林广记·修真秘旨》，书中将八段锦定名为"吕真人安乐法"，其文已歌诀化，文献中有记载可考证："昂首仰托顺三焦，左肝右肺如射雕；东脾单托兼西胃，五劳回顾七伤调；鳝鱼摆尾通心气，两手搬脚定于腰；大小朝天安五脏，漱津咽纳指双挑。"

直到清末的《新出保身图说·八段锦》中，首次以"八段锦"为名，并绘有图像，形成了较完整的动作套路。其歌诀为："两手托天理三焦，左右开弓似射雕；调理脾胃须单举，五劳七伤往后瞧；摇头摆尾去心火，背后七颠百病消；

攒拳怒目增气力，两手攀足固肾腰。"从此，传统八段锦动作被固定下来，并在民间广为流传。

2. 八段锦的特点

①松紧结合：松紧结合中的"松"不仅是指肌肉、关节要放松，而且中枢神经系统、内脏器官也要适当放松。"紧"是指练习时要注意适当地用力，但要缓慢进行。

②缓慢柔和：柔和缓慢中"缓慢"是指练习八段锦时身体重心要保持平稳，虚实分明。"柔和"是指八段锦的动作轻松自如。

③动静结合：动静相兼中的"动"是指动作活泼自然，紧密衔接。"静"指的是动作沉稳，特别是需要缓慢用力的部位，在外观上看像是停顿了，但内劲却没有停，继续使肌肉用力，保持牵引动作。

(二) 八段锦手型与步型教学

1. 基本手型

①拳：大拇指抵掐无名指根结内侧，并拢弯曲其余四指。

②掌：掌一为稍微弯曲五指，稍稍分开，掌心微含。掌二为拇指与食指竖直分开成八字状，稍稍屈收其余三指第一、第二指节，掌心微含。

③爪：并拢五指，屈收扣紧大拇指第一指节和其余四指第一、第二指节，伸直手腕。

2. 基本步型

八段锦的基本步行是马步。双脚分开站立，两脚间的距离和本人脚长的 2~3 倍相同，膝部弯曲并向下半蹲，大腿略高于水平。

(三) 八段锦功法套路教学

1. 预备式

身体直立，两臂下垂，全身放松，舌抵上腭，目光平视。

2. 两手托天理三焦

随着吸气，两臂从体侧缓缓上举到头顶，掌心朝上；两手指交叉，内旋翻掌向上撑，伸直肘关节，如托天状；同时两脚跟尽量上提，抬头，眼看手背。随着呼气，两臂经体侧缓缓下落；脚跟轻轻着地，还原成预备式。

3. 左右开弓似射雕

左脚向左横开一步，屈膝下蹲成马步，同时两管屈肘抬起，右外左内在胸前交叉。左手拇指和食指撑开成八字，其余三指扣住，缓缓用力向左侧平推；同时，右拳松握屈肘向右平拉，似拉弓状，眼看左手，此为"左开弓"。两臂下落，经腹前向上抬起，在胸前交叉，右手在内，左手握拳在外。"右开弓"动作与"左开弓"相同，方向相反。

4. 调整脾胃须单举

并步直立，两臂屈肘上抬至胸前，掌心向下。左手内旋上举至头顶，同时右手下按至右跨旁，此为"左举"。左手向下，右手向上至胸前；除左右相反外，"右举"动作与"左举"相同。

5. 五劳七伤往后瞧

两脚并步，头缓缓向左、向后转，眼看后方。上动稍停片刻，头慢慢转回原位。头缓缓向右、向后转，眼看后方。

6. 摇头摆尾去心火

左脚向左横跨一步成马步，两手扶按在膝上，虎口朝里。随着吸气，头向左下摆，臀部向右上摆，上体左倾。随着呼气，头向右下摆，臀部向左上摆，上体右倾。

上体前俯，头和躯干向左、向后、向右、向前绕环一周。同上一动作，方向相反。

7. 双手攀足固肾腰

两脚并步，上体后仰，两手由体侧移至身后。上体缓缓前俯深屈，两膝挺直，两臂随屈体向前、向下，用手攀握脚尖，（或手触地）保持片刻。

8. 攒拳怒目增力气

左脚向左平跨一步成马步，两手握拳抱于腰间，眼看前方。左拳向前用劲缓缓冲出，小臂内旋拳心向下。左拳变掌，再抓握成拳收抱腰间。右拳向前用劲缓缓冲出，小臂内旋拳心向下。左侧冲拳，方法同左前冲拳，推向左侧冲出。右侧冲拳同左侧冲拳，唯左右相反。

9. 背后七颠百病消

两手左里右外交叠于身后；脚跟尽量上提，头上顶，同时吸气。足跟轻轻落下，接近地面，但不着地，同时呼气。

四、《易筋经》教学

(一)《易筋经》概述

1.《易筋经》的起源与发展

"易"，就是改变，往往被理解为改善、增强；"筋"就是筋骨、筋脉、肌肉；"经"则是指规则、指南、方法。《易筋经》就是活动筋骨肌肉的权威性方法。《易筋经》是我国古代流传下来的一套强健肌肉骨骼、增进健康、延年益寿的健身方法。《易筋经》是从我国古代的一种传统体育形式发源而来的，融健身健身为一体，较为广泛地影响着现代中国传统功法和民族体育的发展。

2.《易筋经》的特点

《易筋经》的显著特点主要从以下三个方面得到体现：

（1）简单易学，效果明显

《易筋经》动作简单易学，刚柔并济，适用人群广，对练习场地的要求也相对较低，只要双脚可平稳站立，利于活动即可，开展的广泛程度较高。经常进行《易筋经》的锻炼，能够达到强身健体、祛除疾病的目的，对体弱多病和中老年人来说是非常适合的。

（2）伸筋拔骨，动作舒展

《易筋经》要求练习者在练习中通过"拔骨"来"伸筋"，以牵拉人体各部位的大小肌群、筋膜，大小关节的肌腱、韧带、关节囊等结缔组织，对软组织的血液循环起到积极的促进作用，使软组织的营养代谢过程得到改善，使软组织的活动功能得到提高。

除此之外，《易筋经》还要求练习者在练习过程中把身体的每一个部分都进行一定的伸展，在进行上肢、下肢或者躯干动作时要充分屈伸、收展、扭转。要使人体的关节、肌肉、骨骼在传统定势动作的基础上，尽可能地多方位和广角度活动。

（3）活动脊柱，动作美观

作为人体生存活动的支柱，脊柱支持着体重、运动、保护脊髓及其神经根，对各个器官系统的活动起到重要的控制与协调作用。从现代生理学的角度来说，屈伸与旋转脊柱有利于对脊髓和神经根造成刺激，从而有利于充分发挥与增强脊髓与神经的控制和调节功能。以腰为轴旋转与屈伸脊柱是《易筋经》的主要运动形式。

除此之外，《易筋经》也表现出了一定的武术特点，对动作力度的柔和匀称和各个动作之间的协调与美观较为重视，讲究上下肢与躯干之间、肢体与肢体之间及肢体左右的对称与非对称，要求每势动作的变化过程清晰、柔和；功法的动作速度匀速、缓慢；练习过程中用力圆柔、轻盈、刚柔相济。

（二）《易筋经》手型和步型教学

1. 基本手型

①握固：大拇指抵掐无名指根节，弯曲并拢其余四指。

②柳叶掌：伸直且并拢五指。

③荷叶掌：伸直并张开五指。

④虎爪：分开五指，虎口撑圆，弯曲第一、第二指关节并内扣。

⑤龙爪：伸直并分开五指，除中指外，其余四指头内收。

2. 基本步型

①马步：双脚分开站立，两脚间的距离和本人脚长的 2~3 倍相同，膝部弯曲并向下半蹲，大腿略高于水平。

②丁步：两脚左右分开 10~20 厘米站立，膝部弯曲并向下蹲，提起左（右）

脚脚跟，脚尖与地面接触，虚点地面，放在右（左）脚脚弓处，右（左）腿全脚掌置于地面。

③弓步：两腿前后分开一大步，横向之间保持一定的宽度，前腿膝部稍微弯曲并向前弓，大腿斜向地面，膝与脚尖上下相对，脚尖稍微内扣；自然伸直后腿，脚跟触地，脚尖稍稍内扣，全脚掌与地面接触。

（三）《易筋经》功法套路教学

1. 预备势

并拢双脚垂直站立，两手在身体两侧自然下垂。稍微向内收下颏，嘴唇与牙齿要合拢，自然地将舌贴住上腭。眼睛直视前方。

2. 韦驮献杵第一势

左脚向左方向移动半步，两脚间的距离与肩宽相同，稍微弯曲两膝，两膝之间保持开立姿势。两手在身体两侧自然下垂。从身体两侧向前抬两臂，直至两臂平行；两手掌心相对，指尖朝向前方。稍微弯曲两臂肘，自然向内收肘部，手指大约朝向斜前上方30°，两掌收到胸前，掌间保持一拳左右的距离，掌根与膻中穴持平，虚腋；眼睛向前下方直视。

3. 韦驮献杵第二势

抬起两肘，把两掌伸到平直状态，两手的手指相对，掌心朝下方，掌臂与肩大约在一个高度。向前伸展两掌，掌心朝向下方，指尖对准前方。向两侧平平地举起两臂，掌心朝向下方，指尖向外。并拢五指，坐腕立掌。眼睛对准前下方。

4. 韦驮献杵第三势

放松手腕，向前平平地举起两臂，把两臂向内收。收到胸前位置后平屈，掌心朝向下方，掌与胸之间的距离大约为一拳。眼睛对准前下方。向内旋动两掌，再向外翻转手掌，直至手掌在耳垂下位置时，掌心向上，虎口相对，向外展开两肘大约与肩同高。向前移动重心，前脚掌支撑身体重心，提踵。向上托起两掌直到头顶，掌心向上，向外展肩部，伸展肘部，向内收下颏，舌头抵住上腭，牙关要咬紧。做好上述动作后，保持片刻。

5. 摘星换斗势

①左摘星换斗势：慢慢地使两脚跟落地，两手成拳状，拳心向外，向两侧上举两臂。然后慢慢伸开两拳成掌状，掌心对着斜下方，放松身体。眼睛直视前下方。向左转动身体，膝盖弯曲。向上举起右臂经过身体前方后向下摆动，摆到左髋关节外侧时做"摘星"姿势，自然张开右掌；左臂经过身体侧面向下摆动，摆到身体后方后，左手背与命门轻贴。眼睛直视右掌。膝盖伸直，转动身体保持正站立姿势。右手经过身体前方向额头方向上摆，摆到头顶右上方位置时，手腕放松，稍微弯曲肘部，掌心与下方相对，手指指向左方，中指尖与肩井穴保持垂直；左手背与命门轻贴。眼睛随着手的变化而转动，身体姿势保持不变之后眼睛对准掌心。做好上述姿势后，保持片刻，然后自然伸展两臂，在体侧自然落下。

②右摘星换斗势：与左摘星换斗势动作相同，唯方向相反。

6. 倒拽九牛尾势

①右倒拽九牛尾势：稍微弯曲两膝，向右移动身体重心，向左侧后方撤左脚；右脚跟转向内侧，右腿膝盖弯曲保持右弓步姿势。向内旋动左手，从上到前、下画弧后伸直左手，依次收回五指成拳状，拳心对准上方；右手向前上方画弧，直到与肩保持相同高度时，依次收回五指成拳状，拳心对上方相对，比肩稍高。眼睛注视右拳。先向后方移动身体重心，稍微弯曲左膝。向右转动腰部，用腰部带动肩部，用肩部带动臂部。向外旋动右臂，向内旋动左臂，肘部弯曲向内收回。眼睛直视右拳。然后，向前移动身体重心，膝部弯曲保持弓步姿势。稍微向左转动腰部，用腰部带动肩部，用肩部带动臂部，向前后伸展两臂。眼睛直视右拳。重复二三遍。右脚支撑身体重心，收回左脚，转动右脚尖保持正方向，两脚成开立姿势。两臂在身体两侧自然下落。眼睛注视前下方。

②左倒拽九牛尾势：与右倒拽九牛尾势动作相同，唯方向相反。

7. 出爪亮翅势

左脚支撑身体重心，收回右脚，与左脚保持开立姿势。向外旋动右臂，向内旋动左臂，摆动左右臂使之保持侧平举姿势，两掌的掌心向前，在身体前方环抱两臂，然后向内收两臂，两手成柳叶掌姿势立在云门穴前，掌心保持相对，指尖指向上方。眼睛看前上方。展开肩膀，扩胸，肩膀放松，慢慢向前伸展两臂，并慢慢转到掌心向前，成荷叶掌姿势，指尖指向上方。眼睛直视前方。腕部放松，肘部弯曲，臂部收回，立柳叶掌于云门穴。眼睛直视前下方。

8. 九鬼拔马刀势

①右九鬼拔马刀势：向右转动躯干。向外旋动右手，掌心保持向上；向内旋动左手，掌心保持向下。然后从胸前向内收回右手，使右手经过右腋下向后伸展，掌心保持向外。左手从胸前伸到前上方的方向，掌心保持向外。向左转动躯干。右手经过身体右侧向前上摆动，直到摆至头前上方后弯曲肘部，从后到左绕头转动半圈，掌心做掩耳姿势；左手身体左侧向下摆动，直到摆至头部的左后方，弯曲肘部，手背与脊柱轻贴，掌心保持向后，指尖指向上方。向右转动头部，用右手的中指按压耳郭，用手掌扶按玉枕。眼睛随着右手的转动而移动，最后眼睛对准左后方。向右转动身体，展臂扩胸。眼睛视线对准右上方，保持这个动作片刻。膝盖弯曲，向左转动上体，向内收右臂，含胸；左手尽量沿着脊柱向上推动。视线对准右脚跟。重复三遍。膝盖伸直，转动身体朝向正方。右手向上经过头顶上方向下移动直到保持侧平举姿势；左手经过身体左侧向上转动直到保持侧平举姿势，两掌的掌心朝下。眼睛与前下方对准。

②左九鬼拔马刀势：与右九鬼拔马刀势动作相同，唯方向相反。

9. 三盘落地势

左脚左迈步，脚间离同宽肩，脚尖朝前方向。眼睛视线直视前下方。膝盖弯曲向下蹲。肩部与肘部同时向下沉，用力向下按两掌直到大约与环跳穴保持同样的高度，稍微弯曲肘部，掌心保持向下，指尖朝向外。眼睛注视前下方，同时发出"嗨"声，声音发出之后舌尖轻轻地抵在上牙齿与下牙齿之间，使声音不再发出。翻转手掌，掌心保持向上，稍微弯曲肘部，向上托起直到成侧平举姿势。慢慢直立身体。眼睛注视前方。

10. 青龙探爪势

①左青龙探爪势：收回左脚，两脚保持并立姿势，两脚间的距离与肩宽相同。两手握固，弯曲两臂肘部并向内收回到腰间位置，拳轮与章门穴轻贴，拳心

保持向上。眼睛看前下方。右拳手指伸展变掌，伸直右臂并经下向右方向外展，直到保持比肩稍低的位置，掌心保持向上。眼睛随着手转动。弯曲右臂的肘部与腕部，右掌五指弯曲成"龙爪"，指尖朝向左方，经过下颏向身体左方向平直伸出龙爪，视线随着手转动。躯干向左转动 90°。眼睛视线与右掌指所指方向保持一致。"右爪"五指伸直变掌，向左前方弯曲身体，掌心向下按到左脚的外侧。眼睛看下方。躯干从左前开始向右前方向转动，手臂向外旋动，掌心保持向前。视线随手移动。上体保持直立。右拳随着上体抬起收回到章门穴位置，拳心保持向上。眼睛看前下方。

②右青龙探爪势：动作与左青龙探爪势相同，方向相反。

11. 卧虎扑食势

①左卧虎扑食势：右脚尖 45° 内扣，收回左脚到右脚内侧，保持丁步姿势。向左转动身体大约 90°，两手握固在腰间章门穴位置。眼睛随身体转动。左脚前迈成左弓步，两拳提至肩部云门穴，并内旋变"虎爪"，向前扑按，肘稍屈。目视前方。从腰到胸慢慢屈伸躯干，适当地移动身体重心。两手在躯干屈伸的过程中向下、后、上、前绕环一周。然后向下俯上体，两手下按直到十指接触地面。后腿的膝部弯曲，脚趾与地面接触；稍微抬起前脚跟。塌腰、挺胸、抬头、瞪目。眼睛注视向上方。身体直立，两手收到腰间章门穴位置。向后移动身体重心，左脚尖保持 135° 内扣，向右移动身体重心，身体向右旋转 180°，收回右脚到左脚内侧，保持丁步姿势。

②右卧虎扑食势：与左卧虎扑食势动作相同，唯方向相反。

12. 打躬势

直起身体保持正方向，向后移动身体重心。向内扣右脚尖，脚尖保持向前，收回左脚与右脚保持开立姿势。两手随身体向左转动保持放松，向外旋动两手，掌心保持向前，外展两手到侧平举后，两臂肘部弯曲，两掌做掩耳状，十指扶按枕部，指尖保持相对，用两手的食指弹拨中指击打枕部 7 次。眼睛看前下方。向前俯身，两腿保持伸直，从头部开始经颈椎—胸椎—腰椎—骶椎逐节缓缓牵引向前弯曲，眼睛一直看脚尖。由骶椎至腰椎—胸椎—颈椎—头依次逐节缓缓伸直，身体直立，两掌掩耳，十指扶按枕部，指尖相对。目视前下方。

13. **掉尾势**

保持身体直立，快速拨动两手使之离开双耳。向前方自然伸展手臂，交叉十指成拳状，掌心保持向内。肘部弯曲，翻掌向前伸直，掌心保持向外。再次弯曲肘部，掌心保持向下，向内收肘部直至胸前位置。向前弯曲身体，塌腰、抬头，交叉两手慢慢向下按。眼看前方。头向左后转，臀向左前扭动。目视尾闾。两手交叉，稍停，还原至体前屈。向右后方向转动头部，向右前方扭动臀部。眼睛看尾闾。两手保持交叉，停一会儿后，继续保持体前屈的姿势。

14. **收势**

松开两手，向外炫动两臂，慢慢使上体保持直立。两臂侧平举，掌心朝上方，向上举起两臂，稍微弯曲肘部，掌心保持向下。眼看前下方。肩膀放松，肘部弯曲屈，向内收两臂，两掌经过头、面、胸前向下移动到腹部位置，掌心保持向下。视线对准前下方。

第三节　民族传统体育健身在高校学生体育健康教育中的价值影响

一、传统体育健身的内涵与价值

（一）传统体育健身的概述

传统体育健身以提高和促进人类身体健康为根本目的，是生命科学这一学科的重要组成部分，传统体育健身尊重人在社会发展、健康教育中的核心地位。从起源这一层面来看，传统体育健身有其存在和发展的根本，在发展的初始阶段，其侧重于延长运动者的身体寿命，通过适当的运动、心灵的安稳达到延年益寿的根本目的。随着社会的变革和时代的发展进步，传统体育健身的范围也在随之扩展，但其根本目的并未发生本质性改变，始终以提高人类身体素质、强化生命质量和促进身心平衡为基础，并以此为发展主线不断实现形式和内容的外延。由此可见，传统体育健身是中华民族传统文化的重要内容，是一门具有中华民族特色的传统生命学科，以传统哲学思想中的辩证内容为学科发展的思想基础，通过肢体协调运动、呼吸均衡调整和意志力磨炼等方式，充分调动运动者的身体潜能，实现生命和身体的双向发展。在传统体育健身的发展进程之中，充分体现了中华民族的传统哲学思想，其内容不断吸收和融合中国古代先哲思想理论，通过天人合一的整体观、阴阳学对立观、五行学说相生相克观、精气神学说等内容对传统体育健身中的发展问题进行系统阐述，哲学性特征不言而喻。此外，传统体育健身拥有悠久的发展历史，在我国出土的不少古物之中，均雕刻有健身的花纹或图案，这表明传统体育健身是中华民族传统文化的重要组成部分，兼具传统性和民族性的鲜明特点。传统体育健身以提高人体的器官质量为基础，充分强化骨骼与皮肉筋骨的协调运动，重视环境对身体质量的提升作用，并提升身心愉悦与身心合一的休养方式。同时，传统体育健身强调气息与运动的有机结合，动息相随，相辅相成，进而实现舒经活络、提高身体质量的目的。

（二）传统体育健身的价值

传统体育健身是中华民族传统文化的重要组成部分，在社会经济发展和民族文化的流传之中不断被传承，其根本目的在于强健体魄、提高生命质量，使生命得以延续和发展。传统体育健身思想在历史发展和社会实践过程中有效地吸取了诸子百家的哲学思想、中医理论、宗教思想等内容，并在实践之中不断地验证和落实，动作主张协调统一、虚实结合、屈伸变化，这一过程讲究与气息相一致，利用呼吸的匀速调整实现机体内部身体结构和外部骨骼的相配合，进而达到治病防病、延年益寿的最终目的。传统体育健身不单局限于身体的均衡发展，更侧重于思想意识、价值观念、行为规范、情感升华等方面的相互联系，对人们身体素质的提高、身心全面发展和社会发展具有重要的推动与促进作用，并且具有较高的现实价值。由此可见，传统体育健身能够在很大程度上反映人民的生活态度及价值观念，并对生命的深层次内涵开展有效的探索。

随着社会经济的快速发展和信息科学技术的广泛深入，高新科技作为生活质量提高的重要表现内容，在提高人们生活水平的同时，也提出了一定程度的挑战，主要表现在人们修身养性这一层面上。在传统文化意识不断提升的今天，人们逐渐认识到传统体育健身对缓解生活压力的独特价值，并在社会发展和教学实践过程中不断推崇传统体育健身。大学生是我国社会主义现代化事业的重要接班人，对提高我国的国民经济、提升我国的人才含量等具有重要意义。同时，大学生也是当前我国体育教育事业的主力军和参与者，在运动过程中要注重身体健康和心理健康的均衡化发展，并对相关的保健知识、健康知识有所了解，这是我国素质教育中体育教育的重要任务和主要教育目标。由此可见，体育教育将逐渐朝着科学化、联动化的方向发展。在教育理论、运动理论等方面深入研究的影响之下，传统体育健身在教育过程中侧重于引导学生形成积极良好的生活态度、勇于开拓的进取精神，并且可以有效地弥补近代体育教育中的不足，将素质教育和体育教育的根本目标贯彻和落实于实际的工作之中，并为体育健康教育的科学化发展提供了全新的思路。

二、传统体育健身对大学生体育健康教育的影响

（一）有利于引导学生形成积极的健康观

在高校体育健康教育中融入传统体育健身的内容，有利于引导学生形成积极的健康观。在高校体育健康教育过程中，要以促进学生身心全面发展、提高学生的身体素质为教育的根本和关键，在传授学生基本运动知识、技能的同时，更好地引导学生形成良好的体育思维模式，规范学生的行为习惯和生活方式，并为学生的未来发展奠定重要基础。就目前高校体育健康教育的内容而言，其涵盖和涉及的内容主要有三个方面，分别是心理、身体、环境，这就需要运用正确的教育方式和合理的教育内容加强三者的联动，进而形成科学化和人本化并存的体育健康教育机制。传统体育健身中的健康观和生活观与高校体育教育的目标不谋而合，传统体育健身主张动作轻缓自然，心理情绪活动要与动作保持一致，处于一种相对稳定的平衡状态之中，在教育过程中学会知足常乐。由此可见，传统体育健身对现代体育教育具有重要的开发和研究作用，对高校体育教学体系和学生的

健康观念发展具有双重的推动作用。

(二) 有利于培养学生树立终身体育观念

在高校体育健康教育中融入传统体育健身的内容，有利于培养学生树立终身体育观念。终身体育是观念和行为的总称，主要是指一个人终身接受体育教育和进行体育锻炼，学生作为高校体育健康教育的主要参与者，正处于身心全面发展的关键时期，也是培养学生树立终身体育观念的重要阶段，鼓励学生积极参与体育活动，养成良好的体育锻炼习惯和行为意识，有利于提高学生的身体健康水平，并且可以为其在日后的工作、学习打下坚实稳固的基础，进一步提高学生的生活质量。将传统体育健身与高校体育健康教育紧密结合，可以引导学生在现代体育锻炼内容的基础上扩展锻炼的广度和深度，深化学生对体育健康教育课程的认知水平，树立终身体育观念意识。传统体育健身具有哲学性、民族性和传统性的多重特征，对学生思想意识的形成、行为习惯的培养具有积极的教育作用，也是践行和落实以人为本科学发展观的重要举措，有利于培养学生树立终身体育观念。

(三) 有利于丰富高校体育健康教育内容

在高校体育健康教育中融入传统体育健身的内容，有利于丰富高校体育健康教育的内容，优化高校体育教育结构，提高高校体育教学质量和水平。传统体育健身的内容丰富、形式多样，主要分为导引和武术两部分，其中导引是传统体育健身的主要形式，在劳动和实践过程中所形成自我锻炼的方法与理论，有调身、调息、调心三种要素，简单易学，有修身养性、强身健体、祛病预防的重要作用。传统健身体育中的趣味性和竞技性是当前现代体育所无法比拟的。比如太极拳在动轻缓自然的同时，讲究形式的优美，这在一定程度上提高了学生的审美意识。传统体育健身融入高校体育健康教育，有利于丰富当下体育健康教育的课程内容，构建现代化的体育健康教育体系，进而提升自身的体育健康水平，优化高校体育课程教学结构，实现高校体育教学的科学化发展。

（四）有利于强化学生对传统文化的认识

在高校体育健康教育中融入传统体育健身的内容，有利于强化学生对传统文化的认识，提升学生的文化认同感和民族自豪感，为实现中华民族的伟大复兴提供重要的人才支持。传统体育健身是中华民族传统文化的重要组成部分，其中体现了古代先哲的经典辩证思想，也将极具民族特色的中医保健方式与其融会贯通，一定程度上反映了重要民族的价值观念。传统体育健身在发展和形成过程中，借鉴和融合了中华民族传统文化的内容，也是体育健康教育的重要表现形式。其传统性和现代性并存的教育特点，对学生的学习具有较强的吸引力，能够有效地提升学生的民族自豪感和认同感，对培养和弘扬爱国主义精神、中华民族精神具有重要的现实意义。

综上所述，体育健康教育作为我国高校体育教学体系的重要组成部分，对提高学生的身体素质、促进学生全面发展具有重要的推动作用，是新时代我国素质教育推行的重要方面，高校体育健康教育要不断开拓创新，融入新的发展内容，将传统体育健身作为教学的重要组成部分，在真正意义上实现体育健康教育的最终目标。

第四节　民族传统体育运动性疲劳的消除与损伤处理

一、民族传统体育运动性疲劳的产生与消除

（一）运动性疲劳的产生原因

1. 能量物质耗竭

以传统武术训练为例，在武术运动中，其主要以无氧糖酵解供能为主，直接能量来源于骨骼肌中的 ATP 分解，而 ATP 主要是通过 CP 的分解和糖酵解形成的。在武术运动中，ATP 主要是通过无氧酵解来合成，伴随着运动负荷的增大，

体内肌糖原大量分解消耗，肌肉中的 ATP 和 CP 也大量消耗，同时产生大量的乳酸。因此，在运动时出现 HL 值升高，血 pH 值降低，发生失代偿性酸中毒，致使 ATP 合成量减少，肌肉的运动能力降低，进而产生疲劳。

2. 中枢神经失调

在民族传统体育项目中，有很多的项目具有复杂的动作，变化较多，在运动的过程中，运动者需要内外合一、形神兼备，做到神情专注、情绪饱满，将内在的精、气、神与外部的形体动作紧密结合，手眼相随、手到眼到、形断意连，意识与呼吸、动作协调一致。例如武术运动独特的运动形式使大量兴奋冲动向大脑皮层相应的神经细胞传递。在神经细胞长时间的兴奋冲动中，能源物质大量消耗，为了避免能源物质消耗过多，当消耗到一定程度时，相应的神经细胞就会产生保护性抑制，出现中枢神经的支配失调，运动能力下降，进而产生疲劳。另外，大运动量体育运动，会使血液大量地流入肌肉，从而使大脑的血流量减少，致使脑 pH 值下降，大脑神经细胞的供氧量暂时不足，造成运动能力下降，进而导致疲劳产生。

3. 内环境物质代谢失调

在民族传统体育项目中，武术运动属于亚极量强度的无氧练习，其能量主要来源于糖、脂肪、蛋白质的有氧代谢或无氧代谢。一些研究资料表明，长拳运动的能量主要来自乳酸能，在运动后 5 分钟左右，血乳酸浓度达到最高。在大运动量的武术训练中，由于能源物质的大量消耗，体内维生素含量下降，无机盐、水分等大量丢失，进而引起机体内环境物质代谢功能失调而产生疲劳。

（二）运动性疲劳的表现

通常情况下，将疲劳分为轻度疲劳、中度疲劳和重度疲劳三种。

1. 轻度疲劳

人体在经过运动之后必然会产生疲劳，例如呼吸变浅、变快，心跳加快等。这类疲劳属于轻度疲劳，轻度疲劳在短时间内可以消除。

2. 中度疲劳

中度疲劳表现在以下三个方面：

①在自我感觉方面表现为全身疲倦、嗜睡、头晕、无力等；

②在精神方面表现为精神不集中、焦躁不安、没有耐性、无热心、情绪低落、经常出差错等；

③在全身方面表现为眩晕、面色苍白、肌肉抽搐、呼吸困难、口舌干燥、声音嘶哑、腰酸腿疼等。

在一般情况下，通过采取一系列手段也能很快消除中度疲劳，并且不会对身体健康产生影响。

3. 重度疲劳

当人体出现神经反应迟钝、不易兴奋、烦躁、抵触等现象时，就意味着产生了重度疲劳。肌肉力量下降，收缩速度放慢，肌肉出现僵硬、肿胀和疼痛，动作变得缓慢、不协调。同时，机体抵抗或适应阶段所获得的各种能力消失，并出现应激相关疾病，器官功能衰退，导致重度疲劳。在出现重度疲劳后，如果不采取相应的措施使其及时消除，那么必然会对学习和生活产生影响，并使身体受到损伤。

(三) 运动性心理疲劳的表现

1. 主观体验和行为表现

当运动者产生心理疲劳时，其主管上就会感觉乏力，对接下来的训练和比赛缺乏积极性，运动动机和训练热情都会下降，并且烦躁易怒，对外界刺激特别敏感。在某些情况下，会因对个别技战术缺乏认识或兴趣而产生极度的厌倦心理，进而以一种消极被动的态度应付训练。

2. 适应性

在运动性心理疲劳产生后，如果不能恢复或恢复不足时，心理疲劳会逐渐累积，当累积到一定程度时，就会对运动者的运动行为产生负面影响，从而使他们无法快速地适应训练和比赛。

3. 情绪性抑制反应

运动者在心理疲劳产生之后，其运动能力就会下降，情绪也会不稳定，意志力减弱，甚至还可能导致情感紊乱的加重。相关研究表明，抑郁是心理疲劳产生的征兆。

（四）民族传统体育实践中运动性疲劳的消除

1. 运动中的恢复手段

在经过一定强度的民族传统体育项目训练之后，人体的肌肉中就会堆积一定量的乳酸，这些堆积的乳酸会直接导致肌肉机能的下降。在经过剧烈运动之后，如果采取完全静止休息的方式来恢复，那么肌肉中的乳酸排除就较慢，从而延长恢复所需要的时间，但如果采用一定时间的强度较小的运动，则可以加快乳酸的分解，从而实现快速恢复。另外，如果在运动结束阶段，进行一些游戏性的活动，也能加快恢复的速度，这些都是运动者运用较多的恢复手段。

2. 运动后的恢复手段

（1）睡眠

充足的睡眠是消除疲劳和恢复体力的有效方法。在睡眠的时候，大脑皮层的兴奋程度降低，体内的分解代谢会处于最低水平，而合成代谢则高于分解代谢，这种此消彼长的关系有利于蓄积体内能量。因此，运动者在运动之后，应当保证充足的睡眠时间，一般不可少于8小时，以保证机体的恢复。如果是在大运动量训练和比赛期间，则睡眠时间应适当延长。

（2）按摩

按摩同样是一种积极的消除运动性疲劳的方式。通过对机体进行按摩，可以缓解大脑皮层的兴奋，使神经调节趋于正常。另外，按摩还可以促进身体局部或全身的血液循环状况，促进代谢产物的消除，从而减轻肌肉的酸痛和僵硬，提高肌肉的收缩力，改善关节的灵活性。按摩的方式有人工按摩、机械按摩、水力按摩和气压按摩四种，其中人工手法按摩是最受运动者欢迎的方法，在按摩时以揉捏为主，并交替使用按压、叩击等手法，使运动员在放松的过程获得恢复。按摩的时间可以是在运动结束后，也可以在晚上睡觉时进行，然后根据运动者承受运动的负荷部位，进行局部或全身按摩。在条件允许的情况下，运动者也可采用有振动的机械按摩和脉冲水力按摩及气压按摩。这几种按摩的主要手法是推拿、揉搓、捏拉、拍打、抖动、按压等。

（3）拉伸练习

拉伸练习是根据肌牵张反射引起肌肉放松的原理而给肌肉施加的一种刺激，这种刺激有利于肌肉的放松。对开始出现弹性下降的肌肉进行伸展，可以使挛缩的肌纤维展拉，达到放松、促进血液循环的目的。拉伸练习的生理效果在于改善肌肉血液循环，减轻因运动性疲劳而造成的肌肉疼痛，消除肌肉僵硬现象，使缩短的肌纤维重新拉长，恢复弹性。

（4）药物疗法

适当地服用一些药物也能有效地消除运动疲劳，如维生素 B_1 和维生素 B_{12}、维生素 C 和维生素 E 等，这些药物可以对人体的生理机能进行调节，促进人体新陈代谢，补充能量，改善血液循环，减少组织耗氧量，补充肌肉营养，从而能够有效地促进疲劳的消除。

（5）整理活动

在出现运动性疲劳之后，进行适当的整理活动也能有效地促进疲劳的消除和体力的恢复。在运动后做整理活动，能够使心血管系统、呼吸系统仍保持在较高水平，从而有利于偿还运动时所欠的氧债和使生理机能水平逐渐平缓及逐渐下降到一定的水平上。整理活动的形式有很多种，可以是慢跑，也可以是呼吸操等方式。

二、民族传统体育运动性损伤的预防与处理

（一）民族传统体育实践中运动性损伤

1. 运动性损伤的发生原因

（1）外在原因

①科学训练水平不高

当前，在新运动员中，由于民族传统体育项目的训练科学化训练水平不高而造成的运动性损伤是最多的。其主要表现在许多新运动员在进行技术动作训练时不规范、不合理，主动肌与对抗肌收缩不协调，以及自我保护能力较弱等因素。

②慢性劳损

慢性劳损是运动者身体局部过度活动、长期负重，或某部受到持续、反复的外力作用而造成的慢性积累性损伤。这种损伤一般在老运动员中发生较多。在人的腰部及反复受到牵拉、应力作用的髌骨部位最容易发生慢性劳损，并且慢性劳损的病因很难祛除，伤病也很难治愈。此外，慢性劳损还与不科学的运动训练、新伤的不彻底治疗及重复受伤有关。

③场地、器材条件

在民族传统体育活动中，场地、器材不适宜也是产生运动性损伤的一个重要因素。例如场地滑或粗糙、灯光不适宜等很容易造成运动者摔伤和扭、拉伤。此外，运动者的服装和鞋袜不合适，也会导致意外伤害事故的发生。因此，对运动场地、器材条件也应引起高度重视。

（2）内在原因

①缺乏充分的准备活动和整理活动

运动者在比赛和训练前做好准备活动，也是预防外伤和内伤的一个非常重要的环节。

②运动者生物学机能状态不佳

运动者在生物学机能状态不佳的情况下进行运动或训练也是导致运动性损伤的一个重要原因。例如在过度训练、疾病、生物周期性低潮期、女运动者经期等情况下进行运动或训练，运动者往往很难集中精力，从而使得动作协调性下降，肌肉、关节的本体感受性降低，竞技状态低下，进而造成运动性损伤。此外，在民族传统体育训练中，如果强度太大、运动量太大，也容易造成心血管、呼吸等系统的"内伤"。

③肌肉收缩力下降

在年轻运动者中，由肌肉收缩力引发的损伤比较常见。出现这类损伤的原因主要是运动者技术动作僵硬不合理、主动肌群和被动肌群收缩不协调，或身体大、小肌群力量的不匹配。在这种情况下所受的损伤大多为撕裂伤或拉伤，累及部位多为肌腹、肌肉与肌腱的过渡部位，以及肌腱附着处。

2. 运动性损伤的预防措施

（1）全面准确地了解自身状况

在做预防工作之前对自身的健康状况进行全面的了解是必不可少的。了解自身的健康状况可以从体检和向有关专家咨询两个方面着手，这样能够有效地避免或减少因身体条件所造成的运动损伤的发生。

（2）运动以提高身体素质为目的

在出现的运动损伤中，大部分是由于学生体能或体力差而引起的，因此，运动者在进行运动之前应当根据自身的具体条件来调节运动情绪、运动负荷及运动情绪等，可以根据自身的爱好来发展自身的能力，提高身体素质。这样不但可以有效地防止运动损伤的发生，还能提高自身的身体素质，增强对民族传统体育的喜爱。

（3）对抗性的运动锻炼时需要互助

在民族传统体育项目中，对抗性的运动较多，因而很容易发生冲突、摔倒等现象。对此，运动者应该掌握自我保护身体的运动技巧，以防止出现损伤或减轻损伤的程度。平时多向老师请教运动损伤的处理方法，并学会互相救助的方法，避免较大损伤的出现。互助也是一种重要的防护措施。在一些激烈的仰天比赛中，由于人员的情绪高涨，因而很容易产生粗野的动作，也就相应地增加了出现损伤的风险，因此，在运动中要有运动安全和良好的体育道德，以减少那些人为因素所产生的损伤。

（4）做好充分的准备活动

在进行运动之间做好充分的准备活动可以提高中枢神经系统的兴奋性，使它达到适宜的水平，加强各器官系统的活动，克服各种功能，尤其是植物性功能的惰性通过恢复全身各关节肌肉力量和弹性，并恢复因休息而减退了的条件反射性联系，为正式运动做好充分的准备。需要注意的是，准备活动的运动量和活动内容应根据具体的气候条件、个人各器官系统的功能状况与运动项目的情况而定。

（5）加强易伤部位的训练

对易伤部位和相对较弱部位加强训练，提高它们的功能，以达到预防运动损伤的目的。例如为了预防髌骨劳损，可用"站桩"的方法来提高股四头肌和髌骨的功能；为了预防腰部损伤，可以加强腰腹的训练，提高腰腹肌的力量。

（6）加强医务监督与运动场地安全卫生的管理

在进行运动时，运动者自身要做好自我医务监督，当发现身体有不良反应时，要认真分析原因，并采取必要的保健措施，严格掌握运动置，不宜练习高难动作。另外，对运动场地、器械设备及个人的防护用具要做好认真检查和管理，不要在不符合体育卫生要求的场地上或穿着不符合体育卫生要求的服装、鞋子进行运动等。

3. 常见运动性损伤的处理

（1）挫伤

挫伤是指肌体某部受钝性外力作用，导致该处及其深部组织的闭合性损伤。在民族传统体育的球类运动中，跑、跳等动作极易发生挫伤。例如大腿的肱四头肌挫伤、小腿前部的骨膜挫伤、小腿后部的小腿三头肌挫伤、上肢挫伤、头部挫伤等，在挫伤发生后一般会出现肿胀、疼痛、皮下出血和功能障碍等症状。

处理方法：受伤后应马上进行局部冷敷、外敷新伤药等，并适当加压包扎，抬高患肢，以减少出血和肿胀。肱四头肌和小腿后群肌肉的严重挫伤多伴有部分肌纤维的损伤或断裂，组织内出血形成血肿，应将肢体包扎固定后，迅速送往医院诊治。头部和躯干部的严重挫伤可能会伴有休克症状，应认真观察呼吸、脉搏等情况，休克时应首先进行抗休克处理，使伤员平卧休息、保温、止血、止痛，疼痛严重者，可口服可卡因，或肌肉注射哌替啶，并立即送医院诊治。

（2）擦伤

擦伤是指肌体表面与粗糙的物体相互摩擦而导致的皮肤表层的损害。发生擦伤后一般会出现表皮剥脱，有小出血点和组织液渗出等症状。

处理方法：对一般较轻较小的擦伤，可以用生理盐水或其他药水冲洗伤部，涂抹红药水或紫药水，无须包扎，一周左右就可痊愈。一般情况下较大的擦伤伤口易受污染，须用碘酒或酒精在伤口周围消毒。

（3）拉伤

拉伤是指肌肉受到强烈牵拉所引起的肌肉微细损伤、部分撕裂或者完全断裂。在民族传统体育运动中，比较常见的拉伤为大腿后群肌肉和小腿后群肌肉的拉伤。

发生拉伤后一般会出现局部肿胀、疼痛、压痛、肌肉发硬、痉挛、功能障碍等症状。

处理方法：拉伤时应立即进行局部冷敷，加压包扎，并把患肢放在使受伤肌肉松弛的位置，以减轻疼痛。肌肉、肌腱部分或完全断裂者应在局部加压包扎，固定患肢后，送往医院诊治，必要时还要接受手术治疗。通常拉伤 48 小时后才能进行按摩，手法一定要轻缓。

（4）骨折

骨折是指骨的完整性遭到破坏的损伤。骨折分为闭合性骨折、开放性骨折和复杂性骨折。闭合性骨折是指骨折处皮肤完整，骨折端不与外界相通。开放性骨折是指骨椎端穿破皮肤，直接与外界相通，这种骨折极易感染，易发生骨髓炎与败血症。复杂性骨折是指骨折断端刺伤了血管、神经等主要的组织与器官，发生严重的并发症，引发危及生命的一些症状。处理方法如下：

①骨折固定前最好不要移动伤肢，以免增加伤员的痛苦和伤情，应尽快固定伤肢，限制骨折断端的活动。对大腿、小腿和脊柱骨折应就地固定。

②如果有休克和大出血等危及生命的并发症时，应立即抢救休克和止血，采取简要的止休克措施。

③对有伤口或开放性骨折的伤员，首先要止血，止血多采用止血带法和压迫法。然后用消毒巾或纱布包扎后，及时送到医院治疗。同时应注意，对已暴露在伤口外的骨折断端不要放回伤口内，以免引起感染，也不可任意去除。

④使用固定用具，长短宽窄要合适，长度须超过骨折部的上、下两个关节，夹板与皮肤之间要有垫衬物固定，先固定骨折部的上面和下面，再固定上下两个关节。

⑤伤肢固定后要注意保暖，检查固定是否牢靠。四肢固定时要观察肢端是否疼痛、麻木、发冷、苍白或青紫，如出现这些情况则说明包扎过紧，须放松一些。

（5）撕裂伤

撕裂伤是指受到物体打击而引起的皮肤和皮上组织均出现规则或者不规则的

裂口。

处理方法：轻者可先用碘酒或酒精消毒，然后止血，再用消毒纱布覆盖，并适当加压包扎。如果不能制止出血，应尽量在靠近伤口处按规定缚以止血带，立即送医院治疗。当伤口较深、较大或污染较严重时，应立即送医院进行清创缝合手术，并口服或注射抗生素药物预防感染，并按常规注射破伤风抗霉素。

（6）关节扭伤

关节扭伤是指在运动中关节发生异常扭转，引起关节囊、关节周围韧带和关节附近的其他组织结构损伤。发生关节扭伤时一般会出现关节及周围疼痛、肿胀，有明显的压痛感觉，关节活动障碍等症状。

处理方法：急救时应仔细检查韧带是否部分撕裂或完全断裂，关节是否失去功能，注意以冷敷、加压包扎或固定关节为主，外敷活血止痛的药物。受伤严重时马上送往医院做进一步的诊治。

（7）关节脱位

关节脱位是指关节的骨头从正常位置脱离，导致关节面不再保持正常接触。发生关节脱位时，通常伴有关节囊撕裂，关节周围的软组织损伤或破裂。关节脱位后，受伤关节疼痛，有压痛和肿胀，关节功能丧失，受伤的关节完全不能活动，出现畸形，关节内发生血肿。如果关节复位不及时，血肿会机化而发生关节粘连，增加关节复位的困难。如果没有修复技术，关节脱位后不可做修复回位的手术，以免加重损伤，应马上用夹板和绷带在脱位所形成的姿势下固定伤肢，尽快送往医院治疗。

处理方法：发生肩关节脱位时，取三角巾两条，分别折成宽带，一条悬挂前臂，另一条绕过伤肢上臂，于肩侧腋下缚结。肘关节脱位时，用铁丝夹板，弯成合适的角度，置于肘后，用绷带缠稳，再用小悬臂带挂起前臂，也可直接用大悬臂带包扎固定。

（8）腰部肌肉筋膜炎（腰肌劳损）

腰肌筋膜炎病理改变有很多种，包括神经、血管、筋膜、肌肉、脂肪及肌腱的附着区等不同组织的变化。大多是由于急性扭伤腰部后治疗不彻底就参加运动，逐渐劳损所致。另外，锻炼中出汗受凉也是重要成因之一。腰部肌肉筋膜炎的症状主要有局部酸疼发沉等自发性疼痛、练习前后疼痛等。

处理方法：可采用理疗、针灸、按摩、封闭、口服药物、用保护带（围腰）及加强背肌练习等非手术治疗手段；对顽固病例可手术治疗。

（二）民族传统体育实践中运动性疾病

1. 常见运动性疾病的发生原因

（1）晕厥的发生原因

①精神、心理状态不佳

晕厥一般是因精神过度紧张，情绪过分激动或受惊恐，悲哀，或损伤后导致剧烈疼痛等而出现的，这些现象反射性地引起神经-体液调节紊乱，致使周围血管扩张，进而使脑组织缺血缺氧导致晕厥。

②静脉回心血量降低

在剧烈运动过程中，下肢肌肉内毛细血管大量扩张，血流量明显增加，如果突然停止运动，则下肢的毛细血管和静脉便失去肌肉收缩，从而对其产生节律性挤压作用，进而使得血液大量积聚于下肢血管，导致回心血量明显降低，心排血量也随之减少，导致脑部供血不足而发生晕厥。

③直立性低血压

当长时间站立、久蹲或长期卧床后突然改变或坐或站立体位，则会导致自主神经功能调节紊乱，从而使得体内血管的舒缩反应能力降低，引起回心血量骤减，亦可引起脑部缺血缺氧，进而发生晕厥。

④胸廓内压力增高

在运动时，运动者吸气后用力憋气，使得胸腔和肺内压明显增高，从而影响上、下腔静脉血回流，致使心排血量减少，造成暂时性脑缺血而发生晕厥。

（2）肌肉痉挛的发生原因

①寒冷刺激

在寒冷的环境中运动时，由于未做准备活动或做准备活动不充分，肌肉在低温环境下发生肌肉强直性收缩，出现肌肉痉挛。

②电解质调节紊乱

在运动中，由于体温身高，机体为了散热，必然会导致大量出汗，在出汗的过程中，人体中的电解质也会随之排出体外。当大量出汗时，常出现失水多于失电解质（主要为细胞外液的 Na^+），从而易发生高渗性脱水。严重时，由于细胞外液渗透压增高而引起中枢神经系统功能障碍，即发生肌肉抽搐等现象。

③运动性肌肉损伤

研究表明，反复运动所致的肌肉纤维损伤后，钙离子进入细胞膜内，故肌细胞钙离子增高，使肌纤维收缩丧失控制，从而产生持续性肌肉收缩。另外，由于剧烈运动造成局部组织缺血，致使神经-体液因素调节失调，局部某些致痛性物质增多，引起疼痛，而疼痛又反射性地引起肌肉痉挛。

④肌肉舒缩失调

在剧烈运动中，肌肉连续过快地收缩，放松时间不足，从而使得肌肉收缩与放松不能协调交替，进而引起肌肉痉挛。

（3）运动中腹痛的发生原因

运动中的腹痛主要是由缺乏准备活动或准备活动不充分、运动强度增加过快、机体精神状况不佳、呼吸与动作之间节奏失调、膳食制度不合理、饮食不当等因素引起的。运动中腹痛的发病机理如下：

①肝、脾淤血

出现肝、脾淤血的原因主要是运动前准备不充分，或运动时速度过快或运动强度过大，使得机体各组织器官不能适应承受过重的负荷，影响心脏动脉血的搏出和静脉血的回流，从而使下腔静脉压力升高，引起肝静脉回流受阻，肝脏淤血肿胀。在发生肝淤血后，门静脉回流障碍，从而使得腹腔内不成对器官发生淤血，继而脾脏淤血肿胀，肿胀的肝、脾被膜张力增大，其末梢神经受压而产生疼痛。所以，病人常表现为左、右季肋区或上腹区疼痛。

②胃肠功能紊乱

运动时，肌肉和内脏血液重新分布，而使胃肠道血流量相对减少，即出现胃肠道缺血、缺氧，继而发生胃肠道平滑肌痉挛，从而引起腹痛。此外，饭后过早参加运动，运动前吃得过饱，喝水过多或空腹运动等均可引起胃肠蠕动增加。其疼痛性质可以分为胀痛、钝痛或绞痛。

③呼吸肌痉挛

在民族传统体育运动中，如果未注意呼吸节律与动作的协调，则会致使呼吸肌活动紊乱，呼吸急促而浅，呼吸肌收缩不协调。也就是说过于频繁、过度紧张的呼吸肌运动易发生痉挛或损伤，并引起明显的疼痛。这种疼痛主要表现为患者不能做深呼吸，疼痛部位以季肋部为多见，疼痛性质多为刺痛或锐痛。

此外，运动中腹痛也可因在原有腹腔内、外疾病的基础上，运动后诱发其产生腹痛。

（4）运动性血尿的发生原因

在医学上，运动性血尿的发病机理尚不十分清楚，但可以从以下三个方面对其进行初步解释：

①肾静脉高压

通常来说，耐力性运动者体脂所占百分比不高，肾周围脂肪组织也不多，如果长时间跑、跳运动，则易使肾脏因受震动而发生位移，这样，肾静脉与下腔静脉之间的角度变成锐角或扭曲，从而使肾静脉回流受阻，引起肾静脉高压，而导致红细胞漏出。

②肾缺血

在剧烈运动时，血液主要流向心、脑等重要脏器，而内脏血流量相对减少。当肾脏血流量减少时，就会使得肾组织缺血缺氧，从而影响肾小球的正常功能，其毛细血管壁通透性增加，致使红细胞漏出。

③肾损伤

在运动过程中，肾脏遭受剧烈的震动、挤压或打击，易引起肾毛细血管损伤而出现血尿。

2. 常见运动性疾病的预防措施

（1）晕厥的预防措施

经常坚持体育锻炼，提高心血管机能。同时，应注意以下几个方面：疾跑后应缓冲慢跑一段距离，不要立即站定，调整呼吸；久蹲后应缓慢起身，以防止直立性低血压；饥饿或空腹时不宜参加体育活动；做力量性运动时要注意呼吸与运动配合，避免过度憋气；在进行剧烈运动后，应休息约半小时再洗浴，防止因周围血管扩张而导致心脑组织缺血，避免晕厥的发生。另外，一旦感觉晕厥前兆发生时，应立即俯身低头或平卧。

（2）肌肉痉挛的预防措施

注意加强体育锻炼，提高机体的耐寒能力。另外，在每次运动前要做好充分的准备活动。对于运动中承受负荷大或易发生痉挛的肌肉，进行适当的运动前按摩。冬季运动要注意做好保暖措施。夏季运动时或剧烈运动或长时间运动时，要及时补充水分、电解质和维生素。饥饿、疲劳时不进行剧烈运动。游泳下水前注意用冷水冲淋全身，以提高身体对寒冷环境的适应能力。

（3）运动中腹痛的预防措施

合理安排膳食，不宜过饱、过饥或过度饮水，安排好进餐与运动的间歇时间，在进餐后应休息两小时左右再进行剧烈运动。运动前充分做好准备活动，运动中注意呼吸的节奏，中长跑运动时应合理地分配速度。平时注意加强全面身体训练，以提高生理机能，并合理地增加运动负荷。对于因各种疾患引起的腹痛症状，应及早就医确诊，彻底治疗。病愈后须在医生指导下进行体育活动。

（4）运动性血尿的预防措施

合理安排运动量，注意个人防护和个人卫生。防止在过硬的地面上反复跑跳，避免长时间做腰部的猛烈屈伸运动。

3. 常见运动性疾病的处理

（1）晕厥的处理

晕厥是指突然发生的、暂时性的意识、行为能力丧失的一种生理现象。其主要发病机理是脑部一时性缺血、缺氧所致。

处理方法：处理原则是保持安静，注意保暖，对症治疗。首先使病人处于平卧或头略低位，松解衣领及束带，立即用热毛巾做面部热敷。同时，做双下肢向心性按摩。待患者清醒后给以热饮料或热开水，并注意休息。若经上述处理神志仍未能及时恢复，应将患者及时送医院做进一步抢救。

（2）肌肉痉挛的处理

肌肉痉挛俗称抽筋，是肌肉不自主地强直性收缩的一种现象。肌肉痉挛在所有运动项目中都有可能出现，在游泳、举重、长跑、蹴球、跳苗鼓舞、跳绳等运动过程中出现较多。

处理方法：对较轻微的肌肉痉挛，通常只要采用以牵引痉挛肌肉的方法，即可得到缓解。一旦某块肌肉出现强直性收缩（痉挛），即用手握住其相应肢体，向其肌肉收缩的相反方向牵拉。牵引时切忌用暴力，用力宜均匀、缓慢，以免造成肌肉拉伤。

在游泳中常发生肌肉痉挛，也常见于小腿腓肠肌痉挛。其解救的关键是，首先不应惊慌，而应立即呼救，同时自救。深吸一口气，仰浮于水面，再用痉挛肢体对侧的手握住痉挛侧的足趾，用力向身体方向拉，同时，用发生痉挛肢体的一侧手掌压在其同侧膝关节的髌骨上，用力帮助其膝关节伸直，可连续多做几次，待缓解后，慢慢游回岸边。上岸休息时，应注意保暖及做局部组织按摩。要注意一般在肌肉痉挛缓解后，不宜再继续运动。

（3）运动中腹痛的处理

腹痛是疾病的一种症状。运动中腹痛是指体育运动引起或者诱发的腹部疼痛，其疼痛的程度与运动量的大小、运动强度等因素成正比关系。

处理方法：如果在运动中出现腹痛，应立即降低运动强度或减慢运动速度，加深呼吸，调整呼吸及运动节奏；用手按压疼痛部位，或弯腰慢跑，一般疼痛症状可减轻或消失。若经过少许时间仍无缓解，即应停止运动。

（4）运动性血尿的处理

血尿是一种临床症状，引起血尿的原因有很多，如果在无器质性疾病前提下，单纯由剧烈运动而引起血尿者，称为运动性血尿。运动性血尿在跑、跳、球类和拳击项目中比较常见，民族传统体育中的抢花炮、跳绳、高脚马、摔跤、散打等多项运动亦可能发生运动性血尿。

处理方法：运动性血尿诊断成立之后，可以参加训练，但要调整好运动量和运动强度。加强医务监督，定期尿检，并给予适当的治疗。

第七章 多维视角下民族传统体育的发展及教学创新

本章从多个角度审视了民族传统体育的发展现状与未来趋势，并探讨了教学方法的创新。首先，章节讨论了民族传统体育在国际交流中的作用，强调了通过国际合作与交流提升民族体育的全球影响力。其次，从身心素养的角度出发，探讨了高校民族传统体育教学的重要性，以及如何通过教学活动促进学生身心健康的全面发展。接着，章节着眼于现代教育技术，特别是在智慧学习环境下，如何构建和优化高校民族传统体育教学，利用信息技术提高教学效率和学生的学习体验。最后，章节基于文化传承与创新的角度，深入研究了高校民族传统体育教学的发展，探讨了如何在保持民族特色的同时，融入创新元素，使民族传统体育更加符合现代社会的需求。

第一节 民族传统体育的国际交流

一、民族传统体育国际交流的意义与作用

中华民族传统体育在世界范围内的广泛传播，一方面扩大了我国在世界范围内的影响；另一方面也丰富了世界体育运动的内容。民族传统体育国际交流的意义深远，它在促进中华民族传统体育的发展、提升国家文化软实力等方面发挥了重要作用。

（一）民族传统体育国际交流的意义

人类社会各行各业的发展都离不开相互影响、相互交流、相互融合、相互促进。当今世界，稳定、合作、交流、发展已成为主流，民族传统体育开展国际交

流，具有多方面的意义。

1. 有利于加快民族传统体育走向世界的步伐

虽然我国有些民族传统体育项目已经被许多国际友人所接受，但大多数民族传统体育项目仍保持着相对独立的发展态势。虽然已有许多个国家和地区加入了国际性的民族传统体育组织（如国际武术联合会、国际健身气功联合会、国际龙狮联合会等），但是真正参与和投入到中华民族传统体育运动行列里来的国家与人数仍很少，国际社会对我国民族传统体育文化的全面了解还远远不够。因此，必须采取措施，加大力度，积极宣传，推进中华民族传统体育运动国际化发展，真正使得越来越多的国家和人们投入到中华民族传统体育运动行列中来。

2. 有利于提高民族传统体育发展的质量

大多数民族传统体育项目虽然历史悠久，传承有序，但在竞赛组织、评判、管理，甚至宣传推广方面都还亟待提高。这就需要国际交流，了解和借鉴其他国家开展得比较成熟的体育项目，学习他们在竞赛、管理、推广等方面的经验。国际交流将会促进民族传统体育规范化发展，提升发展的质量。

3. 有利于民族传统体育国际化人才的培养

任何一个项目的发展，都需要高素质的专业人才，民族传统体育国际交流一方面需要精通民族传统体育项目的人才；另一方面，需要更多的有国际沟通能力的人才。通过民族传统体育国际化交流，还能够培养出一大批既懂项目技术，又会外语交流的国际化人才。

大力开展民族传统体育的国际交流，可使更多的民族传统体育项目走向世界。要实现民族传统体育文化的更大社会价值，以民族性走国际化发展的道路是必然的选择。因此，将民族传统体育推向世界是 21 世纪中国体育发展的主流方向。通过中华民族传统体育的国际交流，增进各国人民之间的友谊，使古老的中华民族传统体育运动焕发出新的生机。

（二）民族传统体育国际交流的作用

民族传统体育在海外传播的过程中为世界人民提供了不同的体育健身运动形

式，在促进自身的和谐发展和不断完善、推广中华民族的健康运动方式、提升国家文化软实力等方面发挥了重要的作用。

1. 促进民族传统体育的发展

中华民族传统体育与西方体育由于地域和文化环境不同而处于两种不同的文化体系之中，但在世界一体化的国际环境中，不同民族文化的交流、融合和共同发展已成为全球的共识。世界不同文化的丰富多彩需要不同民族文化的加入，增添新鲜血液和营养元素。民族传统体育文化带着中华民族独特的思维方式、行为习惯、审美体验、情感模式、人生价值和宇宙观念，理应融入世界一体化的滚滚洪流之中。中华民族传统体育以开放和含纳的胸襟与世界各国的文化进行沟通、交流、融会贯通，必定会促进自身的发展。

2. 推广民族传统体育的健康运动方式

中华民族传统体育传承着中华民族的历史文化基因，拥有多层次的价值、功能和作用，其独特的艺术文化魅力受到世界各国的赞赏。中华民族传统体育的强大技击搏斗属性，特别是健身养生价值和功能，受到世人的推崇和热爱。民族传统体育的健身养生模式为世人的健康贡献了中华民族独特的力量，促进了世人的身心健康，彰显了中华民族的独特智慧。

3. 提升国家文化软实力

中华民族传统体育源于中国，属于世界。全球化的世界竞争当前更重要的是文化软实力的竞争。如前所述，民族传统体育作为中国的文化，是中国文化软实力的重要体现之一，它除了健身、防身、修身和养生之外，同时作为中国文化的载体，又是与世界沟通的肢体语言、友谊桥梁和文化使者，为促进人类健康、世界友谊和国际文化经济产业发展，发挥着积极的作用，提升了中国的国家软实力，扩大了中华文化在世界的影响力，不断塑造中国文明进步的文化大国形象。

二、民族传统体育国际交流的方法与途径

民族传统体育在国际交往过程中需要正确的方法和良好的途径。只有掌握了正确的方法和良好的途径，民族传统体育在国际交流中才会得到更好的发展。

（一）民族传统体育国际交流的方法

民族传统体育国际交流的方法是指为获得民族传统体育的国际交流而采取的手段与行为方式。民族传统体育国际交流的方法很多，主要有搭建交流平台、依靠名人效应、加强媒体宣传等。

1. 搭建交流平台

搭建交流平台是民族传统体育国际交流的基础，也是国际交流的具体方法。搭建平台不仅要搭建组织平台，如成立国际联合会或区域性项目联合会，还要搭建交流展示的平台，如设立各项目国际交流比赛。在搭建的平台上一定要开展各种项目的培训工作，大量地培训教练员、裁判员和习练者，这样就能更好地为民族传统体育国际交流储备人才。

2. 依靠名人效应

追星是当下时髦的话题，任何项目的名人一定会促进该项目的发展，吸引更多人参与。名人效应已经在生活中的方方面面产生深远影响，比如名人代言广告能够刺激消费、名人出席慈善活动能够带动社会关怀弱者等。民族传统体育国际交流也需要依靠名人效应来推波助澜。

3. 加强媒体宣传

民族传统体育的国际交流需要传播媒介的宣传和报道。要想扩大其国际交流的影响，必须加强媒体宣传。当今社会发展迅速，各种媒体宣传方式层出不穷，需要根据民族传统体育活动自身的特点来选择媒体宣传形式。加强民族传统体育的媒体宣传切不可忽视网络宣传的力度，它打破了传统的传播媒介受众被动的局面，集合了所有媒介的优点，交互性强。随着我国互联网的普及，网络媒体在中华民族传统体育传播中必将发挥越来越大的作用。因此，应该充分利用网络媒体的优势，凭借其良好的交互机制和导航、链接方式，使人们方便、快捷地了解中华民族传统体育的有关知识、技艺等，促进民族传统体育国际交流的效率。

（二）民族传统体育国际交流的途径

民族传统体育国际交流的途径是指民族传统体育国际交流内容经传播者而到

达传播对象的通道和路径。根据不同的标准和角度，其交流的途径也不同，如官方途径和民间途径、师徒和师生途径、媒介途径等。

1. 建立国际交流组织通道

通过国际联合会在世界各国建立官方的国际培训中心和交流基地，依靠国际民间团体的力量，在国外开办各种文化中心、会所等民间组织，并通过协同配合、通力合作、相互支持，共同推进民族传统体育的国际交流。官方组织要给予民间组织政策、资金、器材、人才、培训方面的支持，民间组织要配合、支持官方组织的工作。官方的培训中心和交流基地要接待与安排好所派遣的巡回表演团、演讲团、教练团、教官团，定期举办国际教练员、裁判员、运动员培训班，举行国际段位制的培训和考评，安排好各种国际竞赛、表演、学术等活动。民间国际组织可举办中国文化体验培训班，举办国际段位考试，举办商业性国际娱乐交流赛事。竞赛是民族传统体育发展的杠杆和重要途径，民族传统体育一旦进入奥运会，成为奥运会的正式竞赛项目，就会迅速地在国际上广泛传播。因此，民族传统体育国际交流需要开展各种竞赛。

2. 建立国际教育途径

建立国际教育途径需要通过教育部与国外教育机构开展合作。可以通过孔子学院进入国外各高等和中等学校，也可以在国内著名的体育院校、高校开设民族传统体育国外留学生教育；可以通过国内外高校联合办学，开设有学分的民族传统体育选修和专项课程，也可以让国内高校在国外创办分校，设立民族传统体育专业。民族传统体育的国际传授方式和习练场所需要拓展，传授方式除传统的家族、师徒之外，还可以拓展到师生、教练员和运动员、学员、网络视频等；传承场所由运动队、公园与绿地、大中小学校拓展到健身房、体育会所、俱乐部、电视台演播室和互联网等。

3. 建立人物和事件传播的途径

国际交流也可通过人物和事件传播的途径，武术人物如影视明星成龙、李连杰、甄子丹等；事件传播如普京访问少林寺，增加了俄罗斯人习练少林武术的人数和积极性等。

4. 建立产业化的推广途径

民族传统体育交流可以通过建立产业化的推广途径来进行保障。各种民族传统体育项目都需要对使用的器械、服饰、礼品、书籍、音像制品等进行开发，使习练者的基本需求得到满足，并进行技术、文化和传播推广的人才培训。可以通过开发旅游和文化体验项目，使国外的习练者体验到中华民族传统体育的深厚历史文化和优美秀丽的风景；也可以通过商业演艺和娱乐赛事，如功夫舞台剧、实景演艺等演出刺激欣赏者的眼球，打动欣赏者的心灵，吸引欣赏者的习练热情。

民族传统体育交流还需要对民族传统体育的信息资讯进行产业化、专业化运作，如赛事报道、交流活动的宣传、民族传统体育知识和文化的宣传、民族传统体育用品市场买卖信息的发布等。

第二节　身心素养视域下高校民族传统体育教学探讨

一、身体素养视域下高校民族传统体育教学模式的构建

(一) 身体素养的概念阐释

首先，它表现出来的是一种身体能力，是我们生活所需要和必需的，是在身体活动过程中表现出来的速度、耐力、柔韧及平衡力和全身协调等。这些不完全是天生的，可以通过教育而习得，是连续的、不断完善的。其次，身体素养还是参与者的一种内在的情感需要，是自发自愿的，整个过程充满吸引力和乐趣，这种内在的动力始终激励着身体活动者去忘情地投入和不断探索。再次，信心，即身体活动者有较高的身体自尊与自信，不论整个活动过程多么曲折和艰辛，环境和场地及具体项目多么陌生，他都始终相信自己能够完成。换句话说，就是身体活动者无论什么情况下对自己的身体能力都有足够的信任。最后，认知，即对身体、身体活动及活动内容有较好的理解力和认识力，能够积极应对，能根据所拥有的知识进行概念的迁移，从而很快地应对。

身体素养概念的提出可以为终身体育的实现提供可操作的具体途径；可以将各个阶段学校体育的目标串联起来，使之具体化；使群众体育和竞技体育互相包容，相互关联和衔接，不再界限明显、格格不入；可以使生活和体育水乳交融，相互渗透，生活体育化和体育生活化；同时，身体素养的出现还为决策者制定有关的体育政策提供了理论依据。

可见，在休闲时间日益增加的坐姿时代，体育素养概念的提出，为大众体育和学校体育提供了具有可操作性的具体途径。拥有了较高身体认知、动机、能力和自信的公民，日常生活不再只有电视和手机。体育融入生活，公民拥有了五彩斑斓的活动内容，身体素质将进一步提升，慢性病和亚健康状态将得到改善。

（二）身体素养视域下高校民族传统体育教学模式的探讨

1. 改进教学方法

（1）要领法

谁要练，谁要学，谁要说。教师要对所设民族传统体育项目的每一招式和要点进行总结，在教授的过程中讲解并复述给学生。学生在练习的过程中进行复述，熟读背诵烂熟于心之后，在练习的过程中无意识地就会想起并注意到动作要领。这也使学生在习练过程中精力集中，习练效果得到提高。这一教学方法也吻合了身体素养中身心合一、身心一元的具身认知论。在民族传统体育项目的习练过程中，身心交融，合二为一，身体的感官系统和意识相互补充、互相依存。

（2）动作分解法

由于民族传统体育项目学习的时间通常较短，有些教师为了赶教学进度，忽略了手法、步伐、准备活动等专项素质练习，效果却适得其反。在教授新课之前，教师可以在准备活动中将本节课用到的或者将来要用的动作进行分解教学，这样学生学习新课的时候就不会感到复杂而难以接受，还可以提高学生对民族传统体育项目的认知和学习兴趣。

（3）根据体育项目调整教学节奏

民族传统体育项目的整体习练节奏因项目而异，如果整堂课按一个节奏进行教授，学生的精力难以一直集中，学习效果就会打折扣。教师教授的过程中可以不断改变节奏，遇到技击性强的动作，学生兴趣很浓，可以慢慢地教授；遇到动作缓慢的招式，学生精神容易涣散，可以加快节奏，强迫学生精力高度集中。快慢结合的教授方法使学生的精力始终处于紧张状态，教学效果也会大大提高。

（4）将适宜的小游戏等融入准备活动，增加学生学习民族传统体育项目的动机。

准备活动中可以增加一些适宜的小游戏的练习，这些练习能够使学生熟悉民族传统体育项目的节奏和韵律，培养他们"阅读环境"的能力，从而熟悉这些套路，掌握民族传统体育项目所需要的身体灵活性，学习时就能建立自信，身体自尊也会进一步提高，学习起来就会如鱼得水、游刃有余。

（5）差异性

学生成长的环境不同、身体素质不同，在学习民族传统体育项目时难免会具有差异性。教师应根据学生的差异进行教学方法的选择，可以是教师统一教授再分别指导，还可以是学生之间互相观看、互相模仿、相互点评和指导。

（6）遵循生理运动规律

每一项运动项目的教学都要遵循人体固有的生理规律。在教授过程中要做好对身体各组织和关节的保护，科学的学习和训练才能保证健康的练习者长期进行民族传统体育项目的练习。

（7）教与学的顺畅沟通

在课堂教学过程中教师是主导，但是受教对象大学生也有很强的主体意识。在整个教学过程中，在教学进度、教学方法、教学节奏等的把控方面，教授者和学习者要有顺畅的沟通，保证教学有量更有质，使学生和教师都终身受益。

2. 建立共享民族传统体育项目公众号和小程序

"共享单车"在全国成功推行，"共享"时代也随之到来。我们可以依托高速发展的互联网技术，建立共享民族传统体育项目的相关公众号和小程序，利用此程序使民族传统体育项目的相关知识和视频在高校校园中普遍传播。这类公众号可以很好地对民族传统体育项目进行宣传和推广，普及民族传统体育项目的起源、发展、功效、运动损伤的防护等科学常识，并且共享民族传统体育项目大师讲座和大型演出信息。

民族传统体育项目相关小程序可以共享民族传统体育项目大师的教学视频及精彩的民族传统体育项目比赛视频，吸引大众的目光。

3. 建立以课堂教学为基础的 N+1 模式

将民族传统体育项目课堂教学、学校民族传统体育项目协会训练及校级运动队训练有机地融为一体，在科学的教学原理的指导下有计划地将课堂教学、课余训练、校外竞赛有机结合起来，使民族传统体育项目不断拔高、提升，获得深厚的群众基础，从而得到广泛的认可、开展。

4. 考教分离的结业方式

高校现有的考核方式大多是刻板的教师随堂考核，很少能激发学生学习民族传统体育项目的自发性。因此，我们可以以民族传统体育项目比赛的形式、表演的形式、教师班级互换监考等形式来作为学习结业的方式，从而提高学生对民族传统体育项目练习的主动性。

二、人文关怀视域下高校传统体育教学模式的探讨

长期以来，在实证主义思潮的影响下，高等教育过分地突出了科学知识的地位，重分析轻综合、重实科轻人文、重归纳轻演绎等倾向在高等教育中司空见惯，人为地造成了科学与人文之间的疏远和隔绝，并直接体现为科学对人文传统的轻视。因此，在人文视野下建构民族传统体育教学效能模式，必须在遵循教学规律和课程规律的前提下，弘扬民族传统体育的人文内涵，树立民族传统体育文化自信，提倡人文关怀，重塑学科教师的人文素养和人文意识，真正提高民族传统体育的教学效能。

一是合理安排教学内容，加强民族传统体育项目的文化内涵研究，提高课程资源效能。

首先，教师应悉心钻研、分析和处理教学内容，做到合理取舍，把握传授内容的知识点、重点和难点。同时，加强与其他西方竞技体育项目的横向比较，了解其纵向的发展历史和现状，适度调整或重组有关内容主题，并渗透相应的解剖学、生理学等基础知识和竞赛规则，实现对教学内容的科学搭配、筛选和组合，优化课程资源。与此同时，教师要创造性地开展工作，重视对民族体育教学内容

的二次加工、改编或创新，甚至微调一些危险项目的竞赛规则，以减少对学生的人身伤害，并以教材为载体，注重对民族传统体育文化的取舍和对生命安全的人文关怀，加强教学内容的教育性、健身性、综合性，活化课程资源。

其次，要加强对民族传统体育文化内涵的研究。为数众多的民族传统体育项目依附于生产、生活、练兵、娱乐和礼教的活动，几乎都有自己的发展历史和属于自己的小故事，蕴含着丰富的文化内涵。虽然现阶段民族传统体育文化中的传统因素因暂时无法充分发挥而不经意间导致了"传统"与"现代"间的断裂现象，使其自身发展面临巨大的瓶颈。但是，许多学者的研究指出，当前流行的几十种竞技项目并不能代表全部，要使当前世界体育不仅是少数天才和多数观众的世界，要想成为更多的身体力行者投入的广阔天地，就应使现代体育与传统体育相结合，发扬光大民族传统体育这一宝贵的人类体育文化财富，这才是现代体育发展的最佳途径。由于民族传统体育蕴含着丰富的哲学、美学、伦理、医学、民俗、宗教、文学、历史和军事等方面的理论与知识，因此应与人类学、民族学、历史学、文化学、哲学、美学等进行跨学科、跨领域的系统研究，获取对民族传统体育文化的本质特征、价值功能及其发展规律的认识，并多方位、多层面地探索民族传统体育中所蕴含的文化内涵，并在此基础上，添新去陈，充实和丰富传统体育文化，才能够有效激发学生的学习兴趣和热情，提高学生对民族传统文化的认同感与归属感，增加课程的吸引力。

最后，要重塑任课教师的人文素养。我们不能要求学科教师通晓天文地理和古今之变。因此，只有完善培训体制，提高任课教师的人文素养，才能有效解决民族传统体育教学中教师自身的困惑并改善教学行为，为学生提供优质的教学服务。

二是以人为本，强调对话合作，应用多种教学形式提高效率效能。

首先，贯彻以人为本的教育理念、确立学生的主体地位既是时代发展对教学工作的必然要求，也有利于创建新型的师生关系、生生关系。因此，坚持以人为本，一方面，要给予学生较大的选择空间，使其可以根据特长和兴趣选择喜爱的民族传统体育项目，在参与中了解民族传统体育文化，掌握练习的方法及竞赛规则等，必要时教师要主动帮助学生根据自己的身体条件和状况制定学习进度；另一方面，要确立学生在教学过程中的主体地位，聆听和重视学生的合理诉求，既突出学生的主体地位，又注重发挥教师主导作用，不唯教师为中心，也不唯学生为中心，调动学生学习的积极性、主动性和创造性，增强教学工作的实效性，提高教学效率。

其次，使平等对话、相互交往、相互合作和促进贯穿教学全过程。长期以来，学校体育教育被公认为是一种强势体育教育，学生的活动基本上在教师的控制范围内，学习的内容是规定的，练习的方法也是规定的，这与思维活跃、信息来源广泛、对民族传统体育充满"新、奇、美"的想象的大学生们的期待有着相当大的距离。因此，建立师生平等的对话关系和合作关系，通过交往形式建立师生融洽的人际关系，才能够真正做到以学生发展为中心，尊重学生的需要，关注学生的个体差异，重视学生的情感体验，有利于激发学生学习民族传统体育知识技能的极大兴趣，提高学生的学习效率。

最后，要克服各种偏差的教学行为，积极开展参与式教学、研究式教学、咨询式教学等形式多样的教学形式。民族传统体育项目的内容虽然近年来得到了不断的丰富和发展，但有的项目还存在着一些技术性问题，因此教学中要克服"我教什么你就得学什么"，或者弱化对学习者运动技能的教学与训练，转而追求表面自主等各种偏差的教学行为。通过重视教学过程中"人"的因素，引导学生特别是少数民族学生积极参与教学设计，使教学过程中多启迪少强制，多交流少灌输，实现师生交往与有效互动，积极创造一种开放式的学科秩序与结构，使学生不再是以被动地模仿运动技术为主，而是在教师的指导下，在参与中、对话与合作中培养和提高自身的思维能力、动作表现力与创新创造力等，从而提高课程的效率效能。

三是尊重个体差异，多元评估学习过程，提高评价的反馈和激励效能。

体育教学评价的激励导向作用在体育教学实践中是显而易见的。如果评价的标准和内容能够全面反映《课程标准》的要求，能体现学生全面发展的方向，体育教学评价所发挥的导向作用就是积极的、有益的。体育教学是以肢体活动为媒介的一种教育活动，人的体能和运动技能状况并不仅与其后天练习和训练有关，还与其先天遗传、后天营养、发育程度及日常的体育锻炼密切相关。因此，人文视野下的体育评价，一方面，强调评价者与被评价者之间要建立一种平等、信任的对话关系，保证评价的真实性和公平性；另一方面，要提倡评价主体多元化、评价方法灵活化、评价内容的全面化，即将运动参与、运动技能、身体健康、心理健康和社会适应五个体育课程领域的目标列为学生学习评价的主要内容之一，不再仅仅是对学生的运动参与和运动技能进行横向优劣的比较，应当重视学生在原有基础上的提高和学生个性的发展的特征，并端正态度和情感在评价中的比重，提倡多元化、综合性的教学评价。此外，由于学校体育的终极目标是培养学生终身体育的意识和能力，教学也存在着大量不易量化的人文因素（体育态度、思想品德、心理素质、社会适应能力）等，综合性评价和鼓励性评价都是必需的，以提高评价的反馈和激励效能。

第三节　智慧学习环境下高校民族传统体育教学模式的构建

一、智慧学习环境概述

智慧学习环境能够实现物理环境与虚拟环境的融合，能更好地提供适应学习者个性特征的学习支持和服务。智慧学习环境下的学习将以知识联通学习为主，这种学习方式强调构建规格多型、路径多样、评价多元的教学生态环境。智慧学习环境为"通过物联网技术、大数据系统和人工智能技术等现代高科技来全面感知学习情境、识别学习者特征，提供合适的学习资源与便利的互动工具，自动记录学习过程和测评学习结果"的智慧学习系统提供了有效的支持。

(一) 智慧学习中心的概念与体系结构

智慧学习中心是高等教育之后的继续教育阵地，其所承担的任务决定了它至少应该围绕大学所应该具备的"教学、科研、社会服务"功能中"教学、社会服务"功能来开展活动。从技术的角度来定义，智慧学习中心是将云计算、物联网、移动互联网、人工智能等多种信息技术在学习中心的综合、全面应用，实现更灵活的信息化基础支撑、更广泛的互联互通、更透彻的学习情境感知、更智能的数据资源应用、更深入的智能控制、更绿色的能耗管控。

智慧学习中心在内涵和外延上都有自身的特点。一方面，学习中心应该按照定位和分工打造自身的智慧校园，实现学习中心全流程信息化；另一方面，学习中心与总部（校）有着紧密的联系，体现在信息化层面则可以理解为总部的公有云与学习中心的私有云能够实现无缝衔接。因此，智慧学习中心在体系上应该至少包括智慧学习、智慧管理、智慧行政、智慧绿色校园、智慧空间、智慧健康服务六个部分。

1. 智慧空间

空间所建置的环境具有情景教学的实质影响力，校长和居领导职位者的教育理念可透过物质学习环境的规划设计与布置，引领学校空间规划和教育革新与发展。基于此，有必要对学习中心空间进行整体规划，合理构建与之相适应的教育项目种类和教学形式。通过前期建设阶段的空间规划，实现空间规划带动课程发展、引领教学创新、丰富教学模式、促进行政改革，提高服务周边社区的能力。

2. 智慧管理

以服务教学各个环节为中心，梳理过程中对后勤保障的要求，并将其与服务评价一并设计，将其封装在学习中心教室管理 APP 中，实现一键预约保洁、订餐、维修、快速安保响应等服务。

3. 智慧行政

以学习中心原有的人事管理、财务管理、行政办公、教务管理等常规信息系统为基础，按照"互联网+"的理念在实现数据互联互通的基础上，以服务为核心，采取多端融合的方式改造原有业务，为学习中心教学服务人员提供空间动态申请服务、各类教学项目投入产出分析及成本核算服务、人员绩效管理服务、学习中心管理范围内各类行政服务、办公审批服务。

4. 智慧绿能

智能感知学习中心运转情况对各空间能源进行有效调控，实现了对智能化管理中心能源使用的高效优化。

5. 智慧学习

围绕学习中心各类空间设计相应的学习环境，为移动学习及不同种类的学习模式（如协作学习、探究式学习等）提供支撑，以及课堂教学与云教学平台的无缝衔接，打造高效课堂和时时、处处可以学习的优良环境。

6. 智慧健康服务

围绕传感设备对学习中心人员体温等健康数据进行采集监控、对中心各空间环境数据进行实时监控并提供智能管理，在保证安全的前提下尽可能优化环境指标，为学习中心各类用户提供智能化的环境管理服务。

（二）智慧学习环境的内涵及特征

构建学习环境是实现学与教方式变革的基础，智慧学习环境是信息技术发展的必然结果，对教与学有着革命影响。智慧学习环境是以适当的信息技术、学习工具、学习资源和学习活动为支撑，科学分析和挖掘全面感知的学习情境信息或者学习者在学习过程中生成的学习数据，以识别学习者特性和学习情境，灵活生成最佳适配的学习任务和活动，引导和帮助学习者进行正确决策，有效促进学习者智慧能力发展和智慧行动出现。综合已有学者对智慧（智能）学习环境研究的分析，智慧学习环境将突显以下基本特征：第一，全面感知，具有感知学习情境、学习者所处方位及其社会关系的性能；第二，无缝连接，基于移动、物联、泛在、无缝接入等技术，为学习者提供随时、随地按需学习的机会；第三，个性化服务，基于学习者的个体差异（如能力、风格、偏好、需求）提供个性化的学习诊断、学习建议和学习服务；第四，智能分析，记录学习过程，便于数据挖掘和深入分析，提供具有说服力的过程性评价和总结性评价；第五，提供丰富资源与工具，提供丰富的、优质的数字化学习资源供学习者选择，提供支持协作会话、远程会议、知识建构等多种学习工具，促进学习的社会协作、深度参与和知识建构；第六，自然交互，提供自然简单的交互界面、接口，减轻认知负荷。期望通过在这样的学习环境中设计多种智慧型学习活动，能够有效降低学习者的认知负载，提高知识生成、智力发展与智慧应用的含量；增强学习者的学习自由度和协作学习水平，促进学习者个性发展和集体智慧发展；拓展学习者的体验深度和广度，提供最合适的学习支持，增加学习者对成功的期望。

1. 个性的学习

满足学习者的个性需要是智慧学习的显著特征。在智慧学习过程中，学习者的需求能够被系统自动感知。学习者所处的地点、时间，甚至当时的情绪都能被智慧环境及时感知，智慧学习系统根据学习者所处的物理环境，结合学习者的成长记录，及时为学习者提供当前需要的或具有潜在需求的个性化学习资源和学习服务。智慧学习中的即时交互使学习者能够获得教师一对一的个性化服务。协作群组服务能够帮助有相同学习需求和兴趣的学习者自动形成学习共同体，就某个问题开展深入的互动交流。

2. 高效的学习

在智慧学习过程中学习者通过资源订阅和智能推送的方式第一时间获取最新的学习资源。智慧环境通过情境感知、数据挖掘等方法可以提前预知学习者潜在的学习需求，自动推送其可能感兴趣的资源，节约学习者盲目查找资料的时间。智慧学习环境中的各种学习工具是集成的、智能的、微型的、无处不在的，学习工具是人们可穿戴的物品（如谷歌眼镜、智能手表等），甚至是植入皮肤表面和大脑、成为身体一部分的智能芯片，学习者可以及时享受各种工具提供的便捷的学习服务。此外，智慧环境为学习者应用知识提供了条件，如智慧教育探究基地可以允许学习者对课上所学物理、生物等科学知识进行快速验证。

3. 沉浸的学习

智慧环境具有感知性、个性化、适应性、泛在性等特征，学习者在智慧环境中能够更加投入、轻松、沉浸地学习。感知性和个性化的特征让学习者有"环境懂我"的亲切感，当"所想即所得"成为现实时，学习就变得乐在其中了。智慧学习环境可以作为学习者的学习伴侣，可以与学习者开展自然的对话，如学习者可以通过智能手机获取某个知名建筑的历史信息。学习者还可以在环境中留下信息，如对某个国外景点添加中文介绍。学习者与环境之间的相互融合，使智慧学习具有更强的沉浸感。适应性与泛在性让学习过程变得更加顺畅、无障碍，保证学习者的学习积极性不会因学习环境的改变而减退。沉浸式的智慧学习有利于学习者摆脱技术的束缚，更加专注于学习本身。

4. 自然的学习

智慧学习能充分满足学习者的个人需求、兴趣，适应其偏好、风格，允许学习者在一种"自然的（非外力控制的）"的学习环境中以更加自我的方式进行学习。智慧学习的自然性表现在学习内容、学习场景及媒体技术等方面。智慧学习中提供的学习内容都是贴近实际生活的，具有实践意义，这种自然的学习内容更容易激发学习者的兴趣；智慧学习不仅会发生在智慧教室、智慧校园，还能够发生在图书馆、博物馆、社区、商场等社会场所，这些生活场所通过网络实现无缝连接，实现学习过程的连续性；智慧学习需要有多种媒体技术支持，但这些技术对于学习者而言是"隐形的"，不会被学习者所察觉，因而也就不会成为学习者开展智慧学习的障碍。

5. 持续的学习

持续的学习是指学习者不断寻求新的知识，发展新的能力，实现新的目标。持续学习的开展需要学生具有强大的自身意志来与学习环境融合。在智慧学习过程中，学习者能够更好地了解自己的个性特征，明确自己的发展目标，从而激发持续学习的欲望和动力。外界源源不断提供的个性化学习资源、实时的反馈、多元的评价、和谐的氛围等都将为学习的持续性提供外部保障。正式学习与非正式学习的相互融合，独立学习与协作学习彼此结合，使学习活动更灵活。课堂、校园、图书馆、博物馆、社区等各种学习环境的整合，使学习变得更便捷、有趣、可持续。

二、智慧学习环境下高校民族传统体育教学模式构建的可行性

（一）基于高校民族传统体育项目创新要求

随着"互联网+"与高校教育改革的不断融合，高校民族传统体育的教学形式也逐步增加了信息化的特色。例如教师和学生可利用移动客户端、电脑PC客户端等在网络中搜索与高校民族传统体育项目密切关联的内容与信息，从而获得

丰富的教学素材、资源。智慧学习环境作为一种可感知学习情境、提供适宜的学习资源与便利的互动工具，具备自主记录、评测、识别学习者学习成果及特征，敦促学习者有效学习的功能。在智慧学习环境塑造的要求下，高校民族传统体育的项目开发及改良，势必需要以学生的实际需求、项目的特质与传承要求等为基础。

但是考虑到高校民族传统体育教学的电子教材梳理与种类较少，大多需要教师自行设计与制作。如此，在高校民族传统体育与智慧学习环境融合的教学模式中，教师就需要考虑如何使用现实技术为学生呈现高校民族传统体育项目教学所需的各类真实场景，以便在提升学生学习动机、兴趣的同时，增加学生身临其境的感觉。这个过程恰好是教师重新学习、了解、研究、理解、创新高校民族传统体育的过程。如果教师可以真正抓住智慧学习环境构建的要求，在以学生为本的教学改革下加大高校民族传统体育项目的创新与传承力度，那么在实践应用中，教师方面"高校民族传统体育的本质与特性难以发挥"的问题很有可能将得到一定程度的解决。

（二）基于学生自主探究兴趣培养的要求

目前，很多高校在开展高校民族传统体育项目时，需要教师预先学习，继而传授给学生，并非学生真正参与到高校民族传统体育项目的开发与创新中。然而高校民族传统体育与其他体育项目相比，存在诸多的特殊性，如不同的项目需要与之匹配的体育器材、表现技法等，这就要求教师不但需要掌握每个项目的体育运动技能，还需要了解该项目的民族文化内涵等。高校民族传统体育与学生需求错位意味着在高校民族传统体育教学过程中，学生的实际兴趣和需求还需要进一步被重视并在项目选择与创新设计中充分得到考量。

众所周知，兴趣是学生深入学习的基础。但是在"教师+讲解示范+练习"的高校民族传统体育项目教学模式下，学生很难找到学习的兴趣与积极性。面对此种情况，智慧学习环境要求教师使用集成化课堂控制系统来控制学习终端，为学生推送学习资源。学生使用便捷的交互学习工具，在与教师和其他同学互动沟通的同时，可及时反馈自己的学习成效、成果，以及在学习感悟过程中的所思所想、存在的问题等。智慧学习环境所提供的虚拟学习社区、微博、QQ、MSN、微信等同步沟通通信工具，能很好地解决教师在教学过程中对学生的学习进程把控不足等问题，使教师能及时了解学生的兴趣和需求，继而及时调整教学内容。基于此，结合高校民族传统体育项目需要和学生需要创新开发的要求，在高校民族传统体育项目的选择和教学中建立智慧学习环境，有利于教师将智慧性的学习与高校民族传统体育项目的开发、学生综合素质的培养与提升等进行有机结合，从而反哺学生的高校民族传统体育学习与探究。

三、智慧学习环境下高校民族传统体育教学模式的构建途径

(一) 以"教学社群+学习社群"模式构建体育项目内容体系

在高校民族传统体育项目教学改革创新中引入智慧学习环境，首先就需要在教学模式与学习资源两部分进行调整。当前国内高校民族传统体育教学应用比较广泛的地区，大多为少数民族聚集、聚居较多的地区，高校民族传统体育在引入高校后，高校所选择的项目大多表现为可有机补充高校课程，利于提升高校体育专业师资力量和科研水平，利于帮助高校拓展多元化、有特色的教学活动。比如：根据学生所在民族地区的风俗开展相近的民族体育项目，如壮族的抛绣球、跳竹竿、板鞋竞速运动、各类民族舞蹈，以及汉族的扭秧歌、花样跳绳、拔河等。在着手学习资源和教学方式开发与创新时，教师可利用互联网与学生一起筛选可引入的本土民族体育项目，对学生感兴趣的民族体育项目进行排序遴选，再结合学校的硬件设施及资金情况，选出符合教师实践教学、学生智慧学习的体育项目及配套资源。

有效学习是群体与个体共同构建的产物，按照目前高校民族传统体育项目改革需求及改革过程中存在的问题，建议将教学社群与学习社群结合，共同开发符合学生兴趣爱好和研究探索要求的体育项目内容体系。比如：太极系列有太极推手、太极剑、简化的太极拳，木兰系列有木兰双圈、木兰扇、木兰拳，武术系列有鞭、棍、刀、剑、拳等，其他如抛绣球、滚铁环、踩高跷、跳竹竿、板鞋竞速、珍珠球、秋千、放风筝、八段锦、民间舞等都可作为高校开设民族体育课程

特色内容体系的选择对象，供给教学社群和学习社群共同研究、分析和选择。在此过程中，按照弘扬民族文化、开发现有资源的目的，教学社群与学习社群可利用自然资源、校内外资源及媒体资源等，改造和开发本土民族体育项目，将其渗透到体育俱乐部、社区体育、家庭体育等，通过改造和利用来提升教学社群与学习社群的合作能力、创新开发能力。

（二）以丰富互动研讨模式搭建网络互助平台

在实践应用中，智慧学习环境需要教师与学生在学习管理系统中充分利用好其他积累要素。从高校民族传统体育项目改革的视角出发，建议教师充分利用好微信、QQ 等社交工具，作为时时发布"高校民族传统体育项目"研究课题、项目和课程相关信息，布置作业，为学生答疑解惑的平台。微信群、QQ 群的视频上传功能，可作为教师与其他学生共同分享和评估上传者动作练习情况的渠道。从"互联网+"层面着眼，有条件的学校可探究具有校本特色的高校民族传统体育项目，并搭建项目教学网络互助平台，制作高校民族传统体育项目虚拟教学模型。可利用多媒体教学方式增加理论课节数，并利用互联网的便利性，与其他高校体育教师共同在互助平台中为学生在线答疑解惑、教师之间随时互动探讨，甚至在网站平台中增加典型的民族体育优秀教学视频，便于学生和教师随时观阅与学习。此种操作方式一方面可作为"教学社群+学习社群"研究模式的补充；另一方面有利于丰富民族体育教学模式、内容、评估体系等。

第四节　基于文化传承与创新的高校民族传统体育教学发展研究

一、民族传统体育文化的功能与价值

（一）民族传统体育文化结构与功能的关系

民族传统体育文化结构是指，民族传统体育文化系统内部诸文化要素相互联系和相互作用的方式。它是民族传统体育文化系统保持整体性及具有一定功能的内在根据。民族传统体育文化功能是民族传统体育文化系统与外部环境相互联系和作用过程的机制和能力，民族传统体育文化功能的发挥既受民族传统体育文化系统内部结构的制约，又受外部环境变化的制约。

可以说，文化功能是一种特定的文化结构，功能所体现的是结构与外部环境之间的物质的或精神的、能量的或信息的输入与输出的交换关系。文化结构决定文化功能，文化功能反作用于结构，无结构即无功能，也就没有系统。民族传统体育文化也毫不例外。

但是，文化结构内部每一个子系统与特质都有相对的独立性，都具有某种独立功能，一般说来，体育物质文化的功能主要是获取和创造功能，体育制度文化的主要功能是整合功能，体育精神文化的主要功能是认知和价值定向的功能。同时，一个文化结构的功能又不是各个子系统和特质的简单相加。因此，调整民族传统体育文化结构内部各子系统和特质的地位和组合，使之达到整体大于各个部分之和的效益，具有十分积极的意义。

民族传统体育文化是一个系统，具有一般系统的整体性、结构性、层次性、非加和性、制约性。民族传统体育文化系统的核心要素是人，人是一切文化的核心，更是民族传统体育文化核心的核心。民族传统体育文化的结构功能都统一于这个核心——人，通过体育锻造出来的身心健全的人。人的需要和人的追求是民族传统体育文化的动力，民族传统体育文化又推动人的需要的不断拓展。于是，民族传统体育文化的结构和功能达到了发展中的统一。

(二) 民族传统体育文化的功能

根据不同的角度和出发点，人们对文化的功能做出了多种多样、并非统一的划分和归类。如有人指出，总的来说，文化系统的功能是整合功能、适应功能、目标获取功能、创造功能，当然也存在对应的负功能。也有人认为，文化功能根据性质可以分为享受和发展功能（生存、审美、认知）、社会化功能、控制功能（对人的行为导向、整合、指挥、润滑和摩擦）、区别功能。有人认为，文化功能弥漫于政治、经济和社会生活各个领域，主要有效益、决策、规范、宣泄等。还有人认为，文化功能大体有满足、认识、改造、组织、整合、教化、选择、向心等。

对民族传统体育文化功能的看法也是同理。有人认为可以分为本质和非本质功能，有人认为应该分为基本功能和派生功能，有人认为应从身、心、群的角度对体育功能进行归类……

也有学者认为，作为一种文化系统的民族传统体育，应该从人的主体性发挥的视角透视它的功能，应该立足于文化结构的分化和组织及其矛盾运动来考察它的功能，应该高屋建瓴地对它的大量具体功能进行抽象和提炼，使之具有文化学的意义。在这个意义上，创造和超越是体育文化最具有文化学意义的功能。两者合二为一，创造的过程就是超越的过程，当一个运动员打破一项世界纪录时，既是一种对原有纪录的超越，又是一次新的纪录的创造。民族传统体育文化的创造和超越包含了潜能与现实、革新与继承、人与自然、人与社会四对矛盾，四者相互联系构成了统一的民族传统体育文化功能，展示出人的主体性。体育哲学的五大范畴——身心关系、天人关系、生死关系、动静关系、自我与超越关系，在这里与民族传统体育文化功能的四对矛盾相契合。

首先，民族传统体育文化功能的发挥是人的主体性从潜能到现实的生生不息的运动。民族传统体育对于人的潜力的挖掘，从人们最初依靠自然和神进步到依赖自己的体力和智力，这是民族传统体育文化功能不断发挥的过程。人类依靠科技、医学、政治经济关系等培植民族传统体育文化，在交往的过程中提高人的身心发展水平，满足人的各种需要，把人类世代的理想变成活生生的现实。这是一种对人的身体、智慧和意志的超越。

其次，民族传统体育文化功能的发挥实质上也是民族传统体育文化不断创造发展的过程，是在保存民族传统体育文化的基础上对新的和外来的体育文化加以新的创造、阐释、发挥，并对其意义做出新的规定。这是一个批判与继承、创新与延续的矛盾运动。没有一成不变的民族体育文化，也没有完全封闭的民族体育文化，民族体育文化总是在创造中生存和发展。

再次，通过民族传统体育文化功能的发挥，人们拓展了自己的活动范围，把自在之物转化为自我之物。动物与自然界的联系无中介，人则通过文化作为中介与自然界联系，民族传统体育文化作为锻造人的身心的文化具有尤其突出的地位。体质和精神、感性和理性、自然性和社会性统一的人就是民族传统体育文化给人类文化的最大财富。

最后，民族传统体育文化功能的发挥改变了人与社会的关系。原始人类只有通过群居生活方能生存，当前社会的高度组织化又束缚了人的自由发展，民族传统体育文化作为调节人与社会关系的手段，对于保证人与社会发展的一致性具有重要意义。

（三）民族传统体育文化价值及其与功能的关系

基本的民族传统体育文化要素是民族传统体育文化功能的物质基础，民族传统体育文化价值是人的需要和行为赋予民族传统体育文化功能的体现。在要素、功能和价值三个因素中，要素是客观的（当然不是绝对的，也是人的观念物化的产物），功能是客观对主观的作用，主观为条件范畴，价值则是主观对客体作用的结果。

只有在这个意义上，我们才能认识到民族传统体育文化价值的成因及其与民族传统体育文化功能的关系。

增强体质为民族传统体育文化的本质功能。科学和合理的民族传统体育文化是体育的前提，而科学和合理的动作带来的第一个功能便是增强体质，这是不以人的意志为转移的。至于其余的娱乐、审美、社交、政治、经济等功能都是衍生和依附的。民族传统体育不大可能只是增强体质这个单一功能。因为人们参与民族传统体育的目的很少仅仅是健身而没有其他意图。功能是本身固有的，价值是人的需要和主观行为的结果，是人的主观需要与事物功能的客观性统一。因此，民族传统体育文化的功能是由人体和人体运动的客观规律决定的，民族传统体育文化的价值是人们对民族传统体育文化功能的认识水平和人的需要发展水平的统一。在一定的时空环境下，民族传统体育文化的某些功能可能不转化为价值，即没有得到利用和展示。人们的体育需求也可能超越民族传统体育文化功能的限度而造成民族传统体育文化价值的失真。

值得注意的是，在一定条件下，体育文化的价值需求可以推动体育文化功能的拓展（不摆脱客观规律的制约），展示人的主观能动性，如足球场上没有守门员的时候，客串守门员的其他位置的队员可能会表现出色。此时，非守门的球员就暂时获得了守门员的价值。

民族传统体育文化的社会价值往往表现为对体育个体价值的放大和体育基本功能的深化，如体育运动为人格发展提供机会，继而以社会活动形式出现的大众体育似一股巨大的文化潮流进入人们的生活方式，对提高人们的文化生活质量起到特殊作用，再如现代体育运动的竞争性、公正性、公开性等精神与时代需要合拍，推动社会价值观念的进步。

二、民族传统体育文化在高校体育教学模式中的渗透与推广

（一）教学指导思想和教学目标

1. 指导思想：技术传习和文化传授并重

民族传统体育文化在高校课堂教学模式中渗透与推广的一个基本指导思想是技术传习和文化传授并重。民族传统体育包含着丰富的文化内容，在教学中不能局限在体育技术层面，还须关照文化层面的东西。技术传习与文化传授相辅相成，才能真正实现民族传统体育可持续的传承发展。技术是文化的基础和动力，文化是技术的发展方向和目的。文化教学需要技术来充实、饱满，而非空洞的说教或者纯粹的理论讲授；技术教学需要文化来提高、升华，而不单单是浅层次的技术方法传授或技术效度的评判。因此，民族传统体育教学必须树立技术传习和文化传授并重的教学指导思想。将民族传统体育的技术传习与文化传授融为一体，不仅对民族传统体育的保护传承具有重要的意义，也有利于大学生文化素养的培植。

2. 教学目标：动作技术与文化素养兼顾

民族传统体育文化在高校课堂教学模式中的渗透与推广，其教学目标为掌握动作技术和培植文化素养。而培植文化素养又有两层含义：掌握民族传统体育文化知识；传递民族传统体育的内在精神。

（1）掌握民族传统体育的动作技术

体育的一个基本特征是"动"，动作是任何一种体育形态的基本构成要素，民族传统体育的文化要素常以动作为依托，民族传统体育的内在精神也要通过动作予以表达。因此，动作技术是民族传统体育教学最基本的内容，缺少动作技术的体育课堂教学是不可思议的。

（2）掌握与民族传统体育相关的文化知识

民族传统体育包含着丰富的物态文化内容，如体育器物、体育服饰和体育图腾物等；也包含着丰富的制度文化，如体育规则规范、民俗禁忌和奖罚措施等；同时，也包括许多相关的民俗文化，如生产文化、生活文化、节庆文化、民间信仰等。掌握体育文化知识也是提高大学生人文素养的重要一环。

（3）传递民族传统体育的内在精神

民族传统体育包含着丰富的精神文化，如体育的审美意识、价值观念和精神诉求等。这些精神内容是民族传统体育文化的最核心部分。向学生传递体育内在精神，不仅可以培植学生的体育文化素养，还可以强化民族传统体育的保护传承意识。

（二）教学内容：体育技术与体育文化俱全

1. 体育技术

民族传统体育文化在高校课堂教学模式中渗透与推广的内容之一，是动作技术。体育是一种以"动"为主要特征的文化形式，传授动作技术是民族传统体育教学的题中之义。关于这一点，在体育界是有共识的。例如桂东南采茶舞教学的基本内容就是动作技术传授。采茶舞一般包含开荒、点茶、烧茶山、采茶、炒茶、盘茶、送茶和卖茶等内容，其特色动作包括半蹲步、全蹲步、羊叼脚、三性步、鸦雀步等，还有内外八字扇花、点扇、遮羞扇、滚扇花、拖盘扇、四点扇、小碎步、云步、小跳步、三进三退步等。上述动作是构成采茶舞的基本动作要素，体现着地域特色，是采茶舞教学应重点讲解的内容。

2. 体育文化

民族传统体育文化在高校课堂教学模式中渗透与推广的内容之二，是体育文化。根据文化层次结构论，体育文化包括物质文化、制度文化和精神文化三个层次。民族传统体育的这三个层次的文化内容如下：

（1）体育物质文化

物质文化是指由人类加工自然物而创制出的各种器物。民族传统体育的器具、场地、服饰等都属于体育物质文化。例如桂东南采茶舞中的物质文化包括以下三种：①表演道具，如花篮、花扇、彩帕、绸带、小茶杯等；②伴奏乐器，如二胡、唢呐、笛子、鼓、钹、木鱼等乐器；③服饰，如男性戴黑色彩绣头圈，腰缠红腰带，脚穿黑布鞋，女性戴红色彩头圈，脚穿绣花鞋，身穿淡黄色壮族斜襟上衣、红色百褶裙，或穿红色大襟衣、青色长裤等。在采茶舞教学中，应根据学校的具体情况，有选择地选取运用，并讲解它们的文化内涵。

（2）体育制度文化

制度文化是由人类在社会生活中逐步建立的一系列社会规范体系。民族传统体育的制度包括活动规则、仪式规范、组织制度等。例如采茶舞表演时，女演员一般左手提茶篮或拿手绢，右手持彩扇，表演内容大多是从茶的生产劳动流程提炼出来的生产、生活方式。教师在体育课堂教授采茶舞时，应讲解当地生产、生活中的规则、规范。

（3）体育精神文化

精神文化是人类在社会实践和意识活动中经过长期孕育而形成的价值观念、审美情趣、思维方式、道德情操、宗教信仰、民族性格等，是文化的核心部分。民族传统体育蕴含着丰富的精神文化。例如桂东南采茶舞体现着桂东南人民祈福求丰的情感。采茶舞"饱含着情感世界的虚拟和象征，它通过质朴、优美的形态动作来表达人们内心世界的自豪、赞美、明朗和浪漫，集中反映出劳动人民的人生观和审美观"。教师在教授时，应引导学生透过采茶舞的动作表象，解析动作背后的精神内涵。

（三）教学方法

1. 技术教学方法

关于体育技术的教学方法，在以往的论著中已有较为详尽的论述。这里仅从

"文化植入"角度，说明民族传统体育的教学方法。民族传统体育的技术动作与传统文化往往具有同构性。民族传统体育的技术教学，应理清传统文化逻辑，从文化与动作的关系中寻找技术教学的切入点。

民族传统体育大都产生于传统文化土壤，其技术动作与传统文化高度统一，我们在传授民族传统体育的动作技术时，就应遵循传统文化的逻辑。动作性服务于文化性，文化性驾驭动作性，文化性是动作性的目的和价值体现。两者合理结合，缺一不可，构成一个整体。因此，我们必须依托传统文化，从传统文化与技术动作的关系中寻找技术教学切入点。若讲解民族传统体育项目的动作技术，教师就应从传统文化中寻找切入点。同时，在传授这些动作时，就要首先讲透动作背后的生产文化依据，加深学生对技术动作的理解。

2. 体育文化的教学策略

（1）借助现代教学技术"植入"文化

现代教学技术，如多媒体技术和网络技术等，是文化渗透与推广的有力手段。借助现代教学技术，教师可将与民族传统体育相关的文化元素，动态、形象地呈现在学生面前，帮助学生清晰地了解民族传统体育的民间形态、历史脉络和文化环境。例如在讲授民族传统体育项目时，可以通过计算机等媒介，将与之相关的民俗风光、活动流程和原生态文化等形象地展示出来。教师特别应借助网络手段，创设多样化的教学情景，有效地"植入"传统文化。网络具有方便快捷、信息量大的优势。教师可将体育文字、图片和视频等资料上传存储，方便学生检索浏览。学生也可将学习心得、作业、练习视频等上传到教学网站，方便教师指导。总之，互联网可弥补传统体育课堂教学受限于教学内容和时空固定等因素，以及无法形成多样化、长久驻留的缺陷。

（2）以"文化讲解"模式引导技术传习

民族传统体育文化在高校教学模式中的渗透与推广，不仅是一种形体动作的传习过程，也是一种文化讲解的过程。在教授民族传统体育时，教师应首先以"文化讲解"为引导，讲清体育项目的形成和由来，介绍体育流传地的风土人情及民族心态，让学生了解相关的体育文化知识。在教学中，教师除了要传授民族传统体育的动作技能，使学生掌握各民族传统体育的"形"外，还要讲授民族传统体育所蕴含的文化内容。比如在讲授太极拳时，既要把太极拳形成的历史文化讲解透彻，也要讲解太极拳服饰风格，将其中蕴含的民族文化、审美观念和价值追求等渗透到技术教学中去，加深学生对太极拳的理解，从而达到"以文化讲解引导技术教学"的目的。

（3）运用"情景教学"模式强化教学效果

"情景教学"是指在教学过程中，教师有目的地引入或创设具有一定情绪色彩的、以形象为主体的生动具体的场景，以引起学生一定的体验，从而帮助学生理解教材，并使学生的心理机能得到发展的教学方法。情境教学法的核心在于激发学生的情感。情景教学是民族传统体育文化在高校教学模式中渗透与推广的重要方式。教师可组织学生到民族传统体育流传村落，深入民族传统体育文化情景，考察当地自然环境和人文环境，参与当地居民的传统体育活动，感受民族传统体育的文化魅力，接受民族传统体育文化熏陶。

一些民族传统体育活动多在传统节日或重大庆典时举办，体育教师可利用这一时机，组织学生深入民间，观察和了解民族传统体育项目的历史文化，参与当地民众的赛事或庆祝活动，采集民族传统体育项目的文化脉络和形态精髓，强化学生对民族传统体育项目的感性认识。

需要注意的是，情境教学法在教学过程中的运用，关键在于创设或引入恰当的教学情境。而创设或引入的情境既要符合教学目标和教学内容，又要与学生的经验相一致，否则就不会取得预期的效果。

参考文献

[1] 喻瑜. 民族传统体育的传承与发展研究［M］. 北京：人民体育出版社，2024.

[2] 杜宇峰. 民族传统体育发展与实践研究［M］. 北京：中国书籍出版社，2023.

[3] 梁仁春. 民族传统体育的传承与发展研究［M］. 北京：中国纺织出版社，2023.

[4] 武振. 民族传统体育课程应用与创新［M］. 湘潭：湘潭大学出版社，2023.

[5] 李治. 民族传统体育文化的国际传播研究［M］. 北京：中国社会科学出版社，2023.

[6] 周姝熠. 非遗视角下民族传统体育文化保护与传承研究［M］. 延吉：延边大学出版社，2022.

[7] 张丰. 非遗保护视角下民族传统体育文化的传承与发展研究［M］. 长春：吉林大学出版社，2022.

[8] 段洪华，谭勇，田祖国. 武术与民族传统体育教程［M］. 长沙：湖南大学出版社，2022.

[9] 翟翠丽，钟贞奇，赵飞燕. 民族传统体育项目教程［M］. 北京：人民体育出版社，2022.

[10] 蔡金明. 民族传统体育传承与发展2022［M］. 昆明：云南人民出版社，2022.

[11] 彭友. 民族传统体育教学与文化传承研究［M］. 北京：群言出版社，2022.

[12] 张绍俊. 民族传统体育的科学化训练研究［M］. 长春：吉林大学出版社，2022.

[13] 路光. 民族传统体育与项目教学研究［M］. 北京：九州出版社，2022.

[14] 符传铭，赵倩情. 民族传统体育发展与传播［M］. 长春：吉林人民出版社，2021.

[15] 石丽华，吕涛. 我国民族传统体育文化传承与发展研究［M］. 太原：山西经济出版社，2021.

[16] 张丽. 我国民族传统体育文化的传播与发展研究［M］. 长春：吉林出版集团股份有限公司，2021.

[17] 吕吉勇，周滨. 民族传统体育专业学生实习教程［M］. 哈尔滨：黑龙江教育出版社，2021.

[18] 陈扬，陶朔秀. 民族传统体育项目技术与理论［M］. 北京：人民体育出版社，2021.

[19] 赵秋菊. 民族传统体育理论与实践若干研究［M］. 北京：人民体育出版社，2021.

[20] 艾丽. 民族传统体育理论与教学实践研究［M］. 北京：中国社会科学出版社，2021.

[21] 蒋菠，肖宇翔. 学校民族传统体育特色课程建设［M］. 重庆：西南师范大学出版社，2021.

[22] 康冬. 民族传统体育文化传承与发展研究［M］. 北京：九州出版社，2021.

[23] 袁静. 民族传统体育及其在体育教学中的应用探究［M］. 长春：吉林大学出版社，2021.

[24] 魏丽. 民族传统体育文化生态保护与传承研究［M］. 哈尔滨：哈尔滨出版社，2021.

[25] 朱剑权，张炳刚，李立超. 高校民族传统体育课程教学理论与实践［M］. 长春：吉林大学出版社，2021.

[26] 郭玉成，丁丽萍. 武术与民族传统体育专业课程思政教学指南［M］. 北京：人民体育出版社，2021.

[27] 袁建军. 民族传统体育在高校教学中的实践探索［M］. 北京：中国商务出版社，2021.

[28] 黑生林. 高校民族传统体育教学理论与方法研究［M］. 长春：吉林大学出版社，2021.

[29] 陈宏. 我国高校民族传统体育训练基地文化传承研究［M］. 北京：北京体

育大学出版社，2021.

［30］于炳德. 高校民族传统体育教学改革 ［M］. 哈尔滨：哈尔滨出版社，2020.

［31］宋迪涛. 民族传统体育传承与和谐社会构建 ［M］. 北京：九州出版社，2020.

［32］梁田. 高校民族传统体育教学模式的创新性研究 ［M］. 长春：吉林人民出版社，2020.

［33］刘东彪. 民族传统体育与学校体育融合研究 ［M］. 延吉：延边大学出版社，2020.